제2판

Future of Medical Education

의학교육의 미래

전우택

박영story

제2판

서문

오래전부터 준비한 것이 마무리 되어 출간되는 책이지만, 의도치 않게, 그 어느 때보다도 국가적, 사회적, 전 국민적 관심이 '의학교육과 의사양성'에 집중된 때에 이 책이 출간되는 것 같다. 이것도 이 책의 운명일 것이다.

이 책의 마지막 장(18장)은 다음과 같은 문장으로 시작한다.

"의학교육은 '미래'를 바라보는 일이다. 오늘 우리 앞에 있는 의대생들과 전공의들을 열심히 가르치는 이유는 이 학생들과 젊은 의사들이 '미래'에 훌륭한 의사로서 활동하기를 바라기 때문이다. 그런 의미에서 의학교육이란 '미래'를 위하여 현재 속에 존재하는 일종의 '시간차 게임'이다.

그런데 그 의학교육은 다시 두 부분으로 나뉜다. 첫째는, 지금 내 앞에 있는 학생들과 전공의들을 최선을 다하여 가르치는 일이다. 즉 '미래를 위한 현재'에 최선을 다하는 것이다. 둘째는, 아직 내 앞에 나타나지 않은, 미래에 내 앞 또는 내가 하는 학문과 전공 영역 앞에 나타날 학생들과 전공의들이 지금보다 더 나은 교육을 받을 수 있도록, '미래 교육'을 준비하는 것이다. 즉 '미래를 위한 미래'에 최선을 다하는 것이다. 이 둘은 서로 연결되어 있으면서도 완전히 다른 것이다. 지금 현재의 교육을 최고 수준으로 만들기 위하여 노력하는 것이, 지금과는 모든 면에서 완전히 달라질 미래에 이루어질 의학교육의 최고 수준을 보장하는 것은 아니기 때문이다. 이것은 마치 전기차 시대로 접어드는 지금 시대에, 복잡한 내연기관 엔진 수리하는 법을 최선을 다하여 조수에게 가르치는 자동차 정비 장인의 모순적 모습 속에서 볼 수 있다. 미래의 사회와 의과학 기술, 그리고 의료의 상황 변화에 대하여 의학교육은 끊임없이 예측을 하면서 그에 대한 대응과 준비를 단기, 중기, 장기적 안목에서 철저히 해 나가야 하는 이유가 거기 있는 것이다."

1994년 정신과학교실 소속 교수로 시작하였던 의과대학 교수직을 2005년부터는 의학교육학과 소속 교수로 바꾼 이유는 이런 '의학교육의 미래'에 대한 일종의 책임감이었다. 그리고 20년의 세월이 흘렀다. 많은 도전이 있었고 그에 따른 좌절과 성취가 있었다. 그 과정을 통하여 생각하고 토론하고 연구했던 내용들은 다양한 방식의 글들과 논문들로 정리되어 발표되곤 하였다. 그것들이 여러 곳에 흩어져 있어서, 그 중 일부는 한 번 묶어 보는 것이 여러 모로 좋을 것 같아 이 책을 준비하게 되었다. 사실 이런 작업은 2016년에 이미 한 번 있었다. 〈의학교육의 미래〉 1판(박영사, 2016)이 그것이었다. 저자가 속해 있는 연세의대 의학교육학과의 창립 20주년을 맞이하면서 같은 생각과 목적을 가지고 준비한 책자였다. 그리고 다시 10년 가까운 시간이 지났다. 그러면서 그 이후에 쓰여 진 원고들, 1판에 싣지 않았던 과거 원고들, 그리고 1판 원고 중 2판에 들어가는 것이 좋을 것 같다고 생각된 원고들 중 몇 개를 묶어 이제 〈의학교육의 미래〉 2판으로 출간한다.

그러다 보니 이 책의 원고들은 2001년부터 2024년까지 그 쓰여진 시기에 있어 매우 큰 시차를 가지고 있다. 2001년 글에 썼던 그 '미래'는 이미 현재와 과거가 되었다. 마찬가지로 2024년 현 시점에서 글에 쓴 '미래' 역시 곧 현재와 과거가 될 것이다. 그러므로 이 책은 '미래 그 자체를 예측'하는 내용을 다루었다기보다는 '미래를 바라보고 준비하여 갔던 과정에 대한 경험'을 다룬 책이라고 하는 것이 더 정확할 것이다. 그러나 그런 경험들을 누적시켜 다시 새로운 미래를 준비하여야 하는 것이기에, 앞으로 그 역할을 담당하실 분들에게 이 책이 그런 의미에서 조금이라도 도움이 되면 좋겠다. 다양한 시기에 쓴 글들이 묶여 있기에, 매 장마다 그 마지막에 〈후기〉를 붙였다. 그 원고의 출처 및 그 내용에 대한 지금 시점에서의 저자의 의견 등을 간단히 쓴 것이다.

앞에서 언급한 바와 같이, '의학교육과 의사양성'이 전 의료계와, 전 사회와, 전 국민의 화두가 되었다. 진료와 연구 업무만으로도 너무도 바빠서 "의대생들에게 좋은 교육을 제공하는 것"은 도저히 엄두도 못 내고 있던 의과대학 상황 속에서 이것이 "마침내" 중대 이슈가 된 것이다. 그러나 의사 양성 및 의대생 정원 문제는 산술적이고 정치적으로만 논의될 수 있는 것이 아니다. 그에 앞서 의료와 의학교육의 본질이 무엇인지(이 책의 1부), 의대생을 교육하고 의사를 양성하여야 하는 의학교육 미래의 주제와 이슈들은 무엇인지(2부), 그 교육을 수행해 나가야 하는 의대교수들은 어떤 생각과 활동을 해야 하는지(3부), 그리고 그것이 의학교육 현장에서는 어떻게 이루어져야 하는지(4부)를 먼저 생각해야 한다. 이 책은 그에 대한 책이다. 4부는 저자가 그동안 의학교육 관련 활동들을 수행해 왔던 그 현장, 연세의대의 의학교육에 대한 내용들을 담은 것이다.

이 책 2부에서 미래 의학교육의 10가지 주제를 다루기는 하였으나, 이것이 의학교육의 가장 중요한 핵심주제들을 모두 망라한 것은 아니다. 여기에서는 의학교육의 영역 중 저자가 관심을 가지고 글로 썼던 10가지 주제만을 다룬 것이고, 그보다 더 핵심적인 주제들이 많이 있다. 그리고 그것들을 저자보다 훨씬 더 깊은 학문적 수준과 경험들을 가지고 가르치고 실행하고 계신 분들이 전국 40개 의과대학에는 많이 계신다. 저자는 2020년 9월부터 2022년 8월까지, 한국의학교육학회 회장으로서 그 분들을 모시고 함께 일할 수 있는 기회를 가지면서, 그분들로부터 너무도 많은 것들을 배울 수 있었다. 소속 대학뿐만 아니라, 우리나라 전체 의학교육의 발전을 위하여 문자 그대로의 '헌신'하고 계신 그분들에게 깊은 존경의 마음을 전한다. 그분들은 저자보다도 더 '의학교육의 미래'를 걱정하시고, 준비하시는 분들이시다. "한 명의 아이를 키워내기 위하여는 온 마을이 필요하다"는 아프리카의 옛 속담이 있다. 이것을 의학교육에 적용한다면 "한 명의 의대생을 키워내기 위해서는 전국 40개 의과대학 모두의 협력이 필요하다"라는 말이 될 것이다. 그 협력에 기꺼이 나서고 계신 모든 교수님들께 이 책을 바친다.

책을 마무리 짓다 보니, 감사한 말씀을 올려야 하는 분들이 너무도 많이 계시다. 이 책의 1판에서 이미 감사의 말씀을 올린 분들을 여기서 다시 반복하지는 않으려 한다(1판 서문 참조). 2판에서는 가장 먼저, 같이 긴 세월 연세의대 의학교육학교실에서 함께 활동하여 온 양은배 교수님, 안신기 교수님께 깊은 감사의 마음을 전한다. 그리고 연구교수로서 수고하며 함께 길을 걸어온 이영준 교수님, 김혜원 교수님, 정한나 교수님께 감사를 드린다. 이분들이 아니었으면, 저자 또한 이 길을 지금까지 이처럼 걸어오지는 못하였을 것이다. 교실의 겸무교수로서 긴 세월 함께 하여 주셨던 박경아 교수님, 김승호 교수님, 이민걸 교수님, 안덕선 교수님, 이종은 교수님, 김동석 교수님, 김덕용

교수님 등 많은 분들이 계셨다. 그리고 새로이 교육중점교수 일을 시작하시는 김영삼 교수님과 임범진 교수님도 계신다. 교실에서 연구강사 및 박사 후 과정생으로 함께 활동하여 주셨던 역대 모든 분들에게 감사를 드린다. 연세의대에서 출간하고 있는 의학교육 학술지 〈의학교육논단〉의 편집인으로 저자가 20년 넘게 활동해 오는 데 있어 편집위원으로 함께하여 주신 존경하는 국내외 여러 대학의 교수님들, 그리고 헌신적으로 긴 세월 그 총무간사로 수고하여 주신 김동희 선생님께 깊은 감사를 드린다. 의과대학 교육부와 학생부에서 지금도 수고하고 계신 자랑스러운 직원분들에게도 감사를 드린다. 연세의대에서 필자가 학생부학장, 교무부학장 등으로 활동하면서 대학 내 교육 변화를 모색할 수 있도록 만들어 주셨던 전임 학장님이신 정남식 교수님과 윤주헌 교수님께 깊은 감사를 드린다. 그리고 연세의대의 교육과정 개편인 CDP 2004, 2013, 2023 등을 준비하면서, 저자보다도 훨씬 더 크게 교육 변화를 꿈꾸고, 저자보다 훨씬 더 헌신하여 주셨던 많은 교수님들께 감사드리며, 특히 허지회 교수님과 신전수 교수님, 박용범 교수님, 박인철 교수님, 이유미 교수님께 이 자리를 빌려 깊은 감사의 마음을 전한다. 연세의대 내에 동곡의학교육원이 설립되어 활동할 수 있도록 지원하여 주셨던 기부자 동곡 김건철 장로님과 학장님이셨던 장양수 교수님, 유대현 교수님, 그리고 이은직 교수님께 깊은 감사를 드린다. 동곡의학교육원을 함께 시작하며 기초를 놓아온 센터장님들과 부센터장님들(이 책 18장에 기록), 그리고 모든 겸무교수님들에게 깊은 감사를 드린다. 학교 밖에 계신 분들에게 드릴 감사는 더 크다. 한국의학교육학회 전임 회장님들로서 필자로 하여금 의학교육에 대한 더 큰 시각을 가지도록 늘 가르침을 주셨던 존경하는 아주의대 이성낙 교수님, 가톨

릭의대 맹광호 교수님, 연세의대 정명현 교수님, 서울의대 이윤성 교수님, 고대의대 안덕선 교수님, 동아의대 서덕준 교수님, 전남의대 이정애 교수님께 감사드린다. 그리고 저자로 하여금 학회 내에서 임원으로 일할 수 있도록 하여 주셨던 전임 회장이신 아주의대 임기영 교수님과 영남의대 이영환 교수님께 깊은 감사를 드린다. 의학교육에 더욱 정진하도록 자극을 주셨던 인제의대 이병두 교수님과 순천향 의대의 김영창 교수님, 이화의대 한재진 교수님, 고려의대 한희철 교수님, 경희의대 윤태영 교수님, 서울의대 신좌섭 교수님, 인제의대 이종태 교수님, 한양의대 박훈기 교수님, 원주의대 예병일 교수님, 울산의대 박주현 교수님께도 감사를 드린다. 필자가 학회장이었을 때 함께 이사로서 참여하여 주셨던 모든 교수님들, 특히 부회장 및 총무이사로 함께 고락을 하여주셨던 서울의대 박중신 교수님과 동국의대 황지영 교수님께 깊은 감사를 드린다. 마지막으로, 비록 1판에 썼었으나, 가장 큰 마음을 담아, 연세의대 의학교육학과의 전임 학과장이셨고, 저자로 하여금 이 길을 걷게 하여 주셨던 스승이신 이무상 교수님과 이수곤 교수님께 감사의 큰 절을 올린다.

2024년 3월

또 다시 새로운 의과대학 학기를 시작하면서

저자 전우택 올림

초판
서문

필자가 연세의대 정신과학교실 소속 교수로 근무를 시작한 것은 1994년 3월이었다. 그리고 의과대학 의학교육학과 소속 전임 교수로 자리를 옮긴 것은 2005년 3월이었다. 정신과 전문의로서 필자에게 가장 익숙한 '정신과 환자 진료'하는 일과 '정신과 논문 쓰는 일'들에서 그야말로 "낯선" 의학교육의 일을 하겠다고 나서 소속 교실을 바꾼 것은 단 한 가지 이유에서였다.

"의과대학의 기능 중 가장 중요한 것은 교육이다. 그러나 의과대학 교수들은 진료와 연구만으로도 너무 벅찬 시간들을 보내고 있다. 그러다 보니 의과대학 교육에서 이루어져야 하는 변화와 혁신은 이루어지기 매우 어려운 상황이다. 그러니 이제 의과대학 교수 중 누군가는 이 일에 헌신하여야 한다."

이런 결정을 하는 데 가장 큰 자극을 주었던 것은 1997년 7월부터 1999년 7월까지 2년 동안 있었던 미국 Harvard 의과대학에서의 연수였다. 의과대학 사회의학과(Department of Social Medicine)에서 난민들의 정신건강 등을 연구하고 공부하면서 만난 Harvard 의과대학의 학생교육 시스템과 운영은 당시 필자에게는 큰 충격이었다. '이렇게 가르치고 이렇게 배우고 있구나. 우린 지금 어떻게 하고 있는 거지? 우리 학생들은 어떻게 가르쳐야 이 학생들과 경쟁할 수 있을까?' 이 질문들은 필자를 점차 의학교육이라는 영역으로 몰아가고 있었다.

그러나 의학교육학과로 소속을 옮기고 대학의 교육 문제에 집중하려는 마음은 세 가지의 어려움을 각오하여야 했다.

첫째, 필자는 의학교육을 전문적으로 공부하고 교육학이나 의학교육학으로 학위를 가지고 있는 사람이 아니라는 점이었다. 정신과 영역에서 전문의를 취득하였고, 정신의학의 연구를 수행하여 박사학위를 취득한 사람으로서 이 새로운 영역에 뛰어드는 것이 과연 적합한 일인가하는 걱정이 있었다.

둘째, 의과대학 내에서 기존의 기초학교실이나 임상교실들과는 달리, 의학교육학과라는 조직은 그 분명한 위상을 아직 가지지 못한 조직이라는 점이었다. 우리나라 최초로 1996년 의학교육학과가 창설되어 활동을 시작하였으나, 전임교원은 당시 1명(교육학을 전공하신 양은배 교수)뿐이었고, 필자가 들어가면 2명이 될 참이었다(사실은 지금까지도 전임교원은 2명이다). 임상교실들처럼 별도의 레지던트 과정을 가지는 것도 아니었고, 일반 학생교육 관련 지원 행정부서에서 하는 일과의 구분이 어떤 면에서는 모호한 부분도 있을 수 있었다. 또한 학장님이 누구시고 의학교육과 의학교육학과에 대하여 어떤 "생각"을 가지고 계시냐에 따라 그 존재 자체가 흔들리기도 하는 애매한 조직이라는 것이었다. 그 전에 의학교육학과 과장을 맡아 크게 수고하여 주셨던 분들도 모두 본래 소속 임상교실에 속하여 계시면서 겸무교수로서 의학교육학과 일을 하셨지, 필자처럼 완전히 소속 교실을 바꾸신 것은 아니었다.

셋째, 임상교실에서 특수목적학과로 분류되는 의학교육학과로 옮기게 되면서 급여가 상당 부분 줄어들어야 했다. 진료를 하지 않게 되었기에 기초학교실 교수 급여로 조정되는 것이었다. 이것은 무엇보다도 아내의 동의를 얻어야 하는 것이었다.

위와 같은 세 가지의 어려움에 대하여 필자는 다음과 같이 접근하였었다.

첫째, 필자가 의학교육학으로 학위를 가지고 있는 전문가는 아니었으나, 대학이 해야만 하였던 의학교육의 변화와 혁신은 시간이 촉박하였다. 결국 의학교육 학위를 갖춘 전문가들은 필자 자신보다는 후배 중에 나오도록 하고, 필자 자신은 그런 일을 돕는 사람이 되면 된다고 생각하였다. 대신 공부와 전문성이 부족한 것은 "열심히 공부하는 것"으로 해결하기로 하였다. 의학교육학과로 옮겨가던 시기의 학장이셨던 백광세 교수님은 의학교육학과로 옮기면 의학교육학으로 다시 한 번 해외연수를 보내시겠다고 말씀하셨다. 필자도 그렇게 하겠다고 말씀드렸었다. 그러나 당시 CDP 2004라는 새로운 커리큘럼을 도입한 의과대학에서 교육 관련된 다양한 일들이 폭주하면서 그런 "야심찬" 계획은 이루어지지 못하였다. 대신, 가급적 국내외 학회에 열심히 나가 공부하고, 또 많은 자료들을 보고 공부하는 것으로 이 문제를 해결해 나갈 수밖에 없었다. 이 책의 2부에 실린 글들은 의학교육학과로 옮긴 후 얼마 동안 열심히 해외 학회를 참석하며 공부한 흔적들의 기록이다. 그러나 그 무엇보다도 가장 큰 공부가 된 것은 "의학교육 현장의 문제들과 직면하면서 해결하려고 노력한 과정" 그 자체에서 이루어진 것이라 할 수 있었다. 흔히 하는 말로 '의학교육은 바람 잘 날이 없는 일'이기에, 온갖 일들을 겪고 경험하면서 의학교육에 대한 공부는 이루어졌다고 할 수 있다.

둘째, 의학교육학과의 존재와 위상에 대한 것은 결국 학과가 의학교육에 관한 일들을 얼마나 열심히 하는가 그 자체와, 의학교육에 참여하시는 교수님들을 얼마나 더 많이 연결할 수 있는가를 가지고 해결할 수밖에 없다고 생각하였다. 지난 수십 년간 지속되어 온 의학교육 시스템과 내용을 그대로 유지할 것이라면, 의학교육학과는 별로 필요가 없는 학과일 것이다. 그러나 정말로 세계적 경쟁력을 갖추고, 세계의 보건의료 문제를 주도적으로 유능하게 해결해 나갈 수 있는 책임감 있는 의사들을 양성해 내는 일을 도전적으로 추진한다면, 의학교육학과의 역할은 늘 학교의 중요 영역 중 하나가 될 것이라 생각하였다. 다행히도 의과대학에서는 연구강사와 연구교수, 특임교수 자리를 학과에 허락하여 주셨고, 그 분들과 함께 학과를 구성하면서 많은 일을 해 나갈 수 있었다. 그리고 무엇보다도 의학교육학과 겸무교수 등으로 교육을 향하여 함께 나서주신 교수님들이 많이 나타나시면서, 이 분들의 헌신적인 노력과 수고에 의하여 의학교육학과는 그 위상을 가지고 그 역할을 할 수 있었다.

셋째, 급여가 상당 부분 줄어드는 것을 받아들이는 것은 좀 개인적인 배경이 그 이유가 되었다. 필자의 아버님은 1957년 연세의대를 졸업하신 일반외과 전문의이시다. 그런데 아버님의 아버님, 즉 필자의 조부님은 가난한 시골교회 목사님으로 평생을 사신 분이셨다. 조부님에게는 아들을 당시의 세브란스 의과대학에 보내 공부시킬 재정적 능력이 전혀 없으셨다. 그런 가운데 아버님은 세브란스 의과대학 입학시험에 합격을 하셨고, 그러자 조부님께서는 당시 세브란스 의과대학의 학장이셨던 김명선 교수님을 찾아 가셨다. 사정을 들으신 김명선 학장님은 4년간의 장학금을 약속하셨고, 그 약속을 지키셨다. 그래서 아버님은 무사히 의과대학을 졸업하실 수 있으셨고, 나중에는 몽골에 의료선교사로 들어가셔서 몽골 연세친선병원 초대 원장으로 활동하신 바 있다. 그리고 그렇게 공부하신 분의 아들이 필자였다. 그런 의미에서 필자는 연세의대에 급여 문제로 운운할 입장이 아니었다. 그러나 필자의 아내 입장은 당연히 좀(?) 달랐다. 그래서 필자는 열심히 아내를 설득하였다. 외래 진료를 하는 것이 아니므로 방학 기간에는 다른 일반 대학 교수들처럼 긴 방학도 가질 수 있는 등 장점이 많다고. 그러자 개인적 배경 등을 잘 아는 아내도 마침내 동의를 해 주었다. 그러나 그때는 그 생각을 미처 못 하였다. 의과대학은 겨울 방학 기간이 의학교육 관련하여 가장 바쁜 계절이고, 학교가 쉬지 않기에 여름에 의학교육학과도 쉴 수 없다는 것을… 아내에게 결코 의도적인 거짓말을 한 것이 아님을 다시 한 번 밝힌다. 그리고 정신과학교실 오병훈 주임교수님의 배려로 필자는 일주일에 한 번 외래 진료를 지속하여 왔다. 일반 환자들을 대상으로 하는 진료가 아닌, 필자의 사회정신의학 영역 특성을 따른, 통일 및 특별한 사회적 트라우마와 연관된 환자들의 진료를 하면서 정신과 의사로서의 정체성을 가져갈 수 있었다.

그러면서 어언 10년의 세월이 흘렀다. 부족하지만 많은 교수님들과 함께 새로운 의학교육의 꿈을 가지고 수많은 토론과 논쟁, 그리고 좌충우돌하면서 새로운 커리큘럼의 준비와 시행을 2004년, 2013년 두 차례에 걸쳐 할 수 있었다. 동시에 교육 시간의 효율화, 특성화 선택과정 도입, 선택과목 도입, 인문사회의학 교육 강화, 학생 개발 프로그램 운영, 절대평가 도입, 학습공동체(Learning Community) 구성, 학생연구, 진로지도 시스템 구축 등 다양한 일들을 이루어져 우리 대학 및 우리나라 다른 의과대학들의 의학교육 변화에도 의미 있는 역할을 할 수 있었다. 돌이켜보면 정말 필자의 역할은 그 중 아주 작은 것뿐이었고, 열정적으로 새로운 교육에 대한 꿈을 꾸셨던 많은 교수님들의 활동 결과였다. 의학교육학과는 그분들의 그런 활동을 위한 마당을 만들어 드린 것이었다.

이 책은 그런 과정 속에서 생각하고 쓴 글들을 묶은 것이다. 다만 그동안 몇 가지 주제에 대하여 쓴 글들은 먼저 나온 책들에 실려 여기에는 포함되지 않는다. 인문사회의학교육에 대한 내용은 〈의료의 문화사회학〉(전우택·성명훈·천병철 편저, 몸과 마음, 2002), 〈인문사회의학과 의학교육의 미래〉(전우택·양은배 저. 연대출판부, 2004), 〈인문사회의학〉(전우택·오승준, 김상현 저, 청년의사, 2010)으로 출간되었고, 의학교육과 상상력에 대한 글은 〈의학적 상상력의 힘〉(전우택 외, 21세기 북스, 2010)으로 출간되었다. 학생들의 진로선택과 진로지도에 대한 것은 〈예비의료인의 진로선택 가이드북〉(1판 전우택·양은배·김은경 편저, 군자출판사, 2006년; 2판 전우택·양은배·이수현 편저, 군자출판사, 2014)라는 책으로 출간되었다.

이 책은 총 3부로 구성되어 있다.

1부 〈미래를 향한 의학교육〉은 그동안 새로운 의학교육을 위한 시도와 도전을 하면서 가장 치열하게 하였던 생각들을 묶은 것이다. 이 글들이 의학교육을 좀 더 거시적 시각에서 보는 데, 그리고 의학교육의 변화를 추구하는 교수님들께 작은 도움이라도 되면 좋겠다.

2부 〈세계의학교육의 흐름〉은 의학교육학과로 소속을 옮기고 나서 열심히 의학교육 관련 해외 학회를 다니면서 보고 듣고 생각하였던 내용들을 정리한 것이다. 이제 보면 시간이 좀 지난 학회들의 이야기를 한다는 느낌도 있지만, 그때 다루어졌던 주제들이 지금도 중요한 주제로서 여전히 다루어지고 있기에 여기에 싣는다. 해외 학회를 참석하여 바쁘게 자료를 모은 것이다 보니 학회에서 발표를 한 학자들의 이름이나 출처 문헌을 다 적어놓지 못하여, 어떤 내용들은 참고문헌을 제대로 달지 못한 부분들도 있다. 그런 부분은 나중에라도 다시 보완할 수 있기를 바란다. 원고가 학회별로 정리가 되어, 주제별로는 정리가 안 되어 있다. 이를 보완하기 위하여 뒤에 간단한 색인을 붙였다.

3부 〈의대생들, 그 영원한 희망〉은 특히 정신과 의사로서 학생들을 만나고 상담하고, 이들의 문화를 관찰하며, 인문사회의학교육을 시행하면서 생각한 내용을 묶은 것이다. 다양한 시각과 경험들을 보실 수 있으면 좋겠다. 그리고 마지막 〈닫는 글〉에는 필자가 15년 전에 쓴 의대생 생활에 대한 시가 한 편 있다. 그 글에 대한 설명은 그 글 앞의 '저자 주'에서 하였다. 재미있게 읽어보아 주시면 감사하겠다.

책으로 묶고 나니 그동안 감사하였던 너무도 많은 분들이 생각난다. 먼저 지금도 함께 연세의대의 의학교육을 위하여 어려운 여건 가운데서도 혼신의 힘을 다하여 애쓰고 계신 많은 교수님들께 깊은 감사를 드린다. 그분들의 활동에 필자는 늘 함께 묻어서 갔다는 느낌이다. 그리고 의학교육의 변화가 실제로 이루어지는 데 있어 그 일을 지도하여 주시고 격려하여 주셨던 역대 연세의대 학장님들께 정말로 깊은 감사를 올린다. 황의호, 허갑범, 백광세, 김세종, 김경환, 서일, 정남식, 윤주헌, 이병석 학장님들의 의학교육에 대한 큰 관심과 지원이 그동안 의학교육의 변화를 만들어 왔었다. 그리고 의학교육의 시행은 교수님들만이 아닌, 유능하고 헌신적인 직원 분들 및 의학교육지원실과 같은 지원인력의 역할이 절대적이다. 그런 면에서 연세의대는 정말로 큰 은혜, 또는 행운을 가져 왔었다. 권성준 파트장님을 포함한 모든 분들에게 깊은 감사를 드린다. 모든 면에서 부족한 필자에게 의학교육의 뜻과 지혜를 밝혀 주셨던 연세의대 밖 전국 의과대학들의 많은 의학교육 관련 교수님들께도 깊은 감사를 올린다. 그분들을 통하여 너무도 많은 것을 직·간접적으로 배워 왔다.

특히 이 자리에서는 그동안 연세의학교육을 위하여 큰 가르침을 주시고 새로운 의학교육을 이루기 위한 선구자적 역할을 하셨던, 그러나 지금은 대학에서 은퇴하신 교수님들에게 감사드린다. 정신과 레지던트 2년차 때 본과 2학년 전체 강의를 하도록 명하셔서 필자로 하여금 떨리지만 강의자로서의 삶을 생각해 볼 수 있도록 만들어 주셨던 김병수 교수님, 연세의대에 '의학교육'이라는 새로운 화두를 던져 주셔서 필자가 처음으로 의학교육에 대한 구체적 관심을 가질 수 있도록 하여 주셨던 김일순 교수님, 연세의대 의학교육학과를 창설하시고 초대 과장을 하시면서 지금도 새로운 아이디어를 쏟아내 주고 계신 이무상 교수님, 의학교육학과의 초창기 시절부터, 의학교육을 위하여 헌신하여 주셨던 김영명, 정명현, 오희철, 박경아 교수님, 2대 의학교육학과 과장으로 수고하셨고 연세의학교육의 많은 변화를 만들어 주셨던 이수곤 교수님께 깊은 감사를 드린다. 학과가 창설되고 지난 20년 동안 의학교육학과에서 교수, 겸무교수, 연구교수, 특임교수, 연구강사, 조교로 활동하시면서 기쁨과 어려움을 함께 하여 왔던 모든 분들에게 깊이 고개 숙여 감사를 드린다.

책을 마무리하고 나니, 지난 10년의 기간이 이 한 권의 책에 모두 녹아들어간 기분이다. 2005년 3월, 정신과 교수실에서 의학교육학과 교수실로 옮겨왔던 그 첫 날의 낯설음과 새로움이 아주 오래간만에 다시 기억나기도 한다. 그러나 지금까지 왔던 길보다, 앞으로 가야 할 길이 더 멀다는 생각이 든다. 우리의 의학교육이 변해왔던 것만큼, 그 사이 전 세계의 의학교육 역시 끊임없이 변화해 갔기 때문이다. 그 변화를 파악하고, 그 변화를 따라잡고, 다시 그 변화를 선도해 나가실, 앞으로 의학교육에 그 열정을 쏟아내실 우리 대학과 우리나라의 모든 의과대학의 교수님들께 이 책이 작은 도움이라도 되었으면 좋겠다.

2016년 1월

연세의대 의학교육학과 20주년을 맞이하면서

저자 전우택

차례

PART 03 **의학교육과 교수**

PART 04 **의학교육의 현장**

차례

PART 01 의료의 본질

PART 02 의학교육 미래의 10가지 주제

PART

01

의료의 본질

CHAPTER 01

우리 시대의 아우슈비츠 의사들

1998년 12월 3일, 미국 보스턴에는 눈과 비가 반쯤 섞여 내리는 뉴잉글랜드 지역 특유의 날씨가 계속되고 있었다. 그리고 당시 연수 중이던 필자는 하버드 의과대학을 향해 가고 있었다. 1년마다 한 번씩 열리는 의료윤리 특별초청 강연인 조지 게이 강연(George W. Gay Lecture)이 있는 날이었기 때문이다. 그해 초청 연사는 1986년도 노벨 평화상 수상자인 엘리 위셀(Eili Wiesel)이었다. 루마니아 출신인 그는 15세 때 나치에 의해 아우슈비츠 강제수용소로 가족과 함께 끌려갔다. 그곳에서 그의 부모와 두 형제는 죽음을 당했다. 아우슈비츠 강제수용소의 굳게 닫혔던 문이 다시 열리던 날, 그의 가족 중에는 그와 그의 누이, 남동생만이 살아남아 있었다. 그 후 그는 그 경험을 평생의 문학적 주제로 삼아 활동해왔다. 1998년 당시 그는 보스턴 대학교 교수로 재직 중이었다.

시간에 맞추어 도착한 하버드 의과대학의 가장 큰 강의실인 월터 앰피시어터 홀(Walter Amphitheater Hall)은 이미 청중들로 가득 차 있었다. 안내장에는 오늘 특강 제목이 "Lessons from the Doctors' Trial at Nuremberg: Medicine and Humanity in the Wake of

Holocaust"라고 씌어 있었다. 그것은 1946년 독일 뉘른베르크에서 있었던 나치 전범 재판 중, 나치 의사들에 대한 재판을 말하는 것이었다. 그다운 제목이라는 생각이 들었다. 박수를 받으며, 호리호리한 체구에 반백의 머리를 한 그가 연단에 섰다.

제가 오늘 여기 와서 강의하는 것은 일종의 미래를 위한 투자입니다. 언젠가는 의사인 여러분에게 도움을 받아야 하니까요.

미소를 지으며 그의 강의는 그렇게 시작됐다.

저는 15살 때 아우슈비츠에 갔었습니다. 그리고 그곳에서 죽기 전에 단 하루라도, 단 한 시간이라도 더 살기 위해 애를 쓰고, 살아 있다는 것을 너무도 소중하게 생각했던 수많은 사람들을 보았습니다.

그에게 있어서 인간은, 삶은 그런 존재였다.

제2차 세계대전 중 나치에 의하여 150만 명의 어린 아이가 죽었습니다. 루마니아에서도 5,000명의 어린 아이들이 나치에게 끌려가 죽었습니다. … 그러나 지금도 이 세계에서는 1분마다 한 명의 어린이가 기아에 의한 질병으로 죽어갑니다. … 저는 얼마나 많은 의사들이 그 현장들로 가고 있는지 궁금합니다.

아우슈비츠 강제수용소는 이미 오래전에 문을 닫았다. 그러나 여전히 이 세계는 그때 아우슈비츠에서 벌어지던 일들과 똑같은 일들이 벌어지는, 또 다른 아우슈비츠가 되어 있었다. 세계의 의사들은 지금 모두 어디에 있는 것일까? 지금쯤 한국의 의사들은 다 어디에 가 있을까? 그들은 지금 자신들의 의술로 어디서 무엇을 하고 있을까?

솔직히 말해서 저는 의사들보다 간호사들을 더 좋아합니다. 그들은 제가 아플 때 저에게 더 가까이 와 주는 사람들이었기 때문입니다.

그는 고통을 경험한 사람이었다. 그리고 자신이 고통을 당할 때 자신의 곁에 와서 도움을 주는 사람들에게 매우 민감한 사람이었다. 저런 말을 하는 것을 보니, 그가 그동안 의사들에게 조금은 실망한 경험이 있던 것이 아니었나 하는 생각이 들었다.

의사는 환자에게 희망이고 약속입니다. 그러므로 여러분이 환자를 만날 때는 미소를 지으며 그들의 손을 잡아주십시오. 여러분은 의사로서 그것이 얼마나 큰 의미가 있는지를 알아야 합니다. … 나는 때로 왜 의료윤리라는 것이 따로 필요한가라는 의문을 갖곤 합니다. 의료가 곧 윤리인데 말입니다.

의료란 무엇일까? 의사들에게 있어서 의료가 아닌, 일반인들에게, 환자들에게, 고통 받는 이들에게 의료란 무엇일까? 제2차 세계대전 당시, 나치 의사들은 다양한 역할들을 수행하였다. 그리고 그 역할 중에는 사람이 죽지 않을 만큼까지만 고문하는 데 적극적인 도움을 주고, 강제수용소에 수감된 유태인들을 포함해 많은 사람들에게 가한 인체실험 등이 포함되어 있었다.

나치의 정신과 의사들은 신체장애자나 정신질환자들을 많이 죽였습니다. 어떤 정신과 의사는 정신과 환자들을 더 이상 죽이지 말라고 적극적으로 반대하기도 하였습니다. 지금 정신과 환자들을 다 죽여 버리면 앞으로 자신이 할 연구에 쓸 재료가 부족하다는 것이 그 이유였습니다. … 대부분 가정환경이 좋은 사람들이 의과대학에 가고 의사가 되었습니다. 그런데 그들이 그런 일들을 자행한 것입니다.

의사에 대한 그런 슬픈 기억을 가지고 있는 그였다. 그러나 그는 아우슈비츠에서 만난 또 다른 의사들에 대한 기억도 가지고 있었다.

그러나 저는 기억합니다. 아우슈비츠에도 저와 같이 강제수용소에 끌려온 의사들이 있었습니다. 그들은 약도, 진찰 기구도, 아무것도 없는 의사들이었습니다. … 그러나 그들은 그 상황에서도 우리 수감자들에게 가장 큰 현실적인 도움을 주는 사람들이었습니다. … 그리고 그들은 우리가 처한 그 절망적 상황 속에서 구원의 상징(Symbol of Redemption)이었습니다.

다른 수감자들과 똑같이 머리카락을 짧게 깎이고, 초라한 수감자들의 옷을 입고, 추위와 배고픔에 떨고, 언제 그 자신들이 가스실로 끌려갈지 모르는 그런 극단의 공포에 휩싸인, 그런 상황에서 다른 수많은 사람들과 함께 수감된 의사들이 있었다. 정말로 그들에게는 아무런 약도, 진찰 기구도, 수술실도 없었다. 그러나 그런 가운데서도 그들은 여전히 그곳에서 '의사'였다. 고통 받는 사람들에게 그들은 맨손과 입만 가지고도 '환자'들을 '치료'했고, 아픔을 같이했으며, 위로했고, 조언해주었고, 그래서 그들의 고통을 덜어주었다. 그랬기에 아우슈비츠의 처참한 상황 속에 놓여 있는 수많은 사람들에게 그 '의사'들은 곧 '구원의 상징'이었던 것이다.

의사가 한 시대, 한 공간 안에서 사람들의 '희망'이 될 수 있을까? 인간에게 고통이 있는 한, 그리고 그 고통스러워하는 인간 곁에 의사가 함께 있어 주는 한, 의사는 그 시공간 속에서 분명 구원의 상징이고 희망의 상징이 된다. 그러나 의사들은 그 사실을 때로 잊고 있을지도 모른다. 우리에게 합리적이고 정의로운 의료제도가 없다 하더라도, 그것을 의사들과 함께 만들어나갈 줄 아는 그런 지혜롭고 균형 잡힌 정부와 시민단체들이 없다 하더라도, 의사들은 그것만을 탓하고 환자들을 붙잡은 그 손을 놓을 수는 없다. 아우슈비츠 강제수용소에 있던 의사들처럼 …. 그런 의미에서 의사는 천직일 수밖에 없는 측면이 있다. 의사들에 대한 사회의 조건과 보답이 좋든 나쁘든, 의사는 인간의 고통을 향한 그들의 활동을 멈출 수 없기 때문이다. 의사는 그런 역할을 스스로 선택한 사람들이다.

제가 기억하는 바로는 나치의 의사들과 수감된 의사들은 많은 경우 함께 같은 의과대학에서 공부한 사람들이었습니다. … 저는 의사 여러분들에게 말하고 싶습니다. 이것은 결국 선택의 문제입니다. 의사로서 어떤 삶을 살아야 하는지에 대한 선택 말입니다.

의사의 진료란 크고 작은 선택으로 구성되어 있다. 무엇을 검사할 것인가? 그 검사를 무엇이라 해석할 것인가? 어떤 치료 방법을 쓸 것인가? 언제까지 치료를 지속할 것인가? 환자를 진료한다는 것, 그리고 의사로서 활동한다는 것은 이와 같이 끊임없는 선택을 의미한다. 그러나 그중에서도 가장 큰 선택은 의사로서 과연 자신은 누구를 위하여 어떤 삶을 어떻게 살 것인지에 대한, 스스로의 삶에 대한 선택일 것이다.

저는 의사들을 존경합니다. 그들은 인간의 '생명'을 구하기 때문입니다.

그 날, 그의 강연은 그렇게 끝났다.

그때 아우슈비츠에는 분명 두 종류의 의사들이 있었다. 인간의 고통을 만들어 내는 의사들과 인간의 고통에 맞서 투쟁한 의사들. 우리가 가지고 있는 이 의술은 그 두 면을 동시에 가지고 있는 양날의 칼이다. 이 책이 또 다른 아우슈비츠가 되어 가는 이 세계 속에서, 고통 받는 인간들의 곁에 서서 그들과 함께 고통을 견디며 그들을 돕는 현재의 의사들과 미래의 의사들에게 작은 도움이 되기를 바란다.

후기

이 글은 전우택, 성명훈, 천병철 편 <의료의 문화사회학>(2002년. 몸과 마음)의 서문으로 저자가 쓴 "우리 시대의 아우슈비츠 의사들"(pp.7-13)을 수정한 것이다. 1998년도의 경험을 가지고 2002년에 쓴 원고이니 이미 오래전 원고이다. 인간의 고통을 만들어 내는 의사가 있을까 싶지만, 알게 모르게, 의도하지 않든 의도하든, 의사는 늘 그럴 위험 앞에 서있는 존재인 것은 지금도 변함없다. 그래서 자신의 존재가 가지고 있는 그 모든 가능성에 대하여 스스로 엄격하여야 하는 것이 의사이다. 이 세상은 여전히 아우슈비츠와 같기 때문이다.

CHAPTER 02

인간의 고통과 의료의 본질

I 시작하는 말: 고통의 모습

40대 한 여성이 2개월 전부터 가슴에 만져지는 덩어리가 있어 남편과 함께 병원을 찾았다. 담당 의사는 조직검사와 방사선 검사를 시행하였다. 조직검사 결과는 악성 암이었고 방사선 검사 결과 이미 간에 암세포가 전이된 것으로 나타났다. 의사는 환자와 보호자인 남편에게 비록 간에 전이되기는 했으나 그 전이된 덩어리가 하나만 나타나고 있는 이상, 아직 포기하기는 이르니 최선을 다해 치료해 보자고 이야기하였다. 그 순간부터 '암'은 그 여자 환자의 삶에 있어 어떤 것일까?

검사 결과를 듣고 나오는 병원 앞에서 보는 하늘, 건물, 풍경들은 검사 결과를 듣기 위해 조금 전 병원으로 들어가던 그 순간의 그것들과 하나도 바뀐 것이 없다. 그러나 검사 결과를 듣고 나오는 순간부터 이 환자의 삶은 모든 점에서 달라져 버린다. 그것은 단순히 암세포가 그 환자의 몸속에서 자라고 있다는 그런 '병태생리학적(Pathophysiology)' 의미를 넘어서는 것이다. 수술과 항암제 치료 등을 위하여, 우선 그동안 부업으로 다니던 아르바이트 일도 모두 그만두어야 한다. 초등학교 3

학년과 6학년에 다니는 두 아이의 엄마로서의 역할은 그 순간부터 많이 달라질 수밖에 없다. 무슨 일을 잘못했기에 하나님은 나에게 이런 벌을 주신 것일까 하는 생각이 머릿속을 떠나지 않는다. 이제부터 들어갈 치료비를 남편의 경제력만으로 감당하기 힘들어 보여 그동안 사이가 나쁘던 친정아버지에게 도움을 요청해야 할지 고민한다. 직장이 마음에 안 든다고 퇴직을 고려하던 남편에게는 의료보험이 계속 유지되도록 그 직장에 한동안 더 다니라고 이야기하는 것이 필요하다는 생각을 한다. 친척 중 한 사람이 찾아와서 수술 받는다고 몸에 칼을 대서는 절대 안 되며, 한방과 민간요법으로 치료받는 것이 더 좋다는 이야기를 한다. 한 친구는 찾아와서 우선 병원에 입원하는 것보다도 기도원에 같이 갈 것을 강력히 권유한다. 어떤 치료를 받아야 할지가 계속 혼란스럽다. 그러고 보니 의료보험으로 처리가 되지 않는 많은 치료비용이 계속 걱정이 된다. 그동안 의료보험료는 꼬박꼬박 내고 살았는데도 왜 정작 지금과 같이 꼭 필요할 때, 의료보험으로 모든 치료가 다 안 되는 것인지. 그러나 무엇보다도 자신이 이제 곧 유방을 절제하는 수술을 받고나면 자신의 몸은 흉하게 변할 것이고, 더 이상 여성으로서의 매력을 상실한 그런 자신을 남편이 과연 계속 사랑해줄까 하는 걱정이 된다. 아니, 그보다도 항암제 치료를 받으면서 머리카락이 모두 빠진 모습으로 통증에 몸부림치던 13년 전의 시어머니 모습이 눈에 어른거린다. 자신도 그런 추한 모습을 자식들에게 보이게 된다면 차라리 먼저 죽어 버리는 것이 낫겠다는 생각을 한다. 이제부터 얼마나 더 살 수 있을까? 그동안 살아온 나의 인생은 어떤 의미가 있는 것일까? 결국 암으로 죽게 될지 모르는 이제부터의 나머지 삶은 어떻게 살아야 하는 것일까? 암이라는 진단을 받는 순간 그녀는 그런 고민을 하는 다른 존재로 바뀌고 있었다.

인간의 병이란 그런 것이다. 그것은 한 인간의 내면 세계 및 삶 전체와 연관을 맺고 있으며 그 인간을 둘러싸고 있는 가족들, 사회 전체와 강하게 연결되어 있다. 그런 의미에서 인간의 신체적 질병은 단순한 하나의 '신체 질환'이 아니라 '총체적인 고통(Suffering)'이다. 그리고 의사란 그런 총체적 고통을 받고 있는 인간을 만나고, 그들을 돕는 존재이다(Kleinman 등, 1997; Scary, 1985). 그러나 현대의학과 의사들은 인간의 질병에 있는 수많은 측면 중 오직 하나, 병태생리학적인 측면만을 자신의 관심 대상으로 규정하고 있다. 이것은 당연한 것처럼 보일지 모르나 실은 그렇지 않다. 역사적으로 볼 때 인간의 질병을 치유하던 치유자들이 환자의 병태생리학적인 측면에만 자신들의 관심을 제한한 것은 오직 현대 서구의학의 의사들만이 가진 특이하고 예외적인 특성이기 때문이다.

II 고통의 이해

오늘날과 같은 의과학의 지식이 발달하기 이전에, 인간은 질병에 대한 이해와 그 치료에 있어서 오늘날과는 다른 시각을 가지고 있었다. 즉 질병의 원인을 생물학적인 측면만이 아닌, 심리적, 도덕적, 영적인 측면에서 보았던 것이다. 예를 들어 질병에 걸린 것은 병에 걸린 당사자나 그 가족 중 누군가가 무언가 남들이 모르는 죄를 지은 것의 결과이든지, 또는 초자연적인 신의 뜻이나 분노 등이 연관되어 있는 것으로 보았다. 그러기에 치료에 있어서도 그 병이 가지고 있는 의미와 목적을 중요하게 여겼고, '도덕적이고 영적인 힘(Moral, Spiritual power)'이 치료적 인자로서 중요하게 간주되었다(Brodwin, 1996; 이종찬, 1995).

생물학적 과학 지식이 발달한 이 시점에서 다시 그 시대의 시각으로 돌아가는 것은 분명 적절한 것이 아니다. 그러나 적어도 인간의 신체 질병을 한 인간의 삶 전체와 연관시켜 보았고, 그 해결책 역시 그러한 각도에서 찾아보려고 하였다는 점에서, 과거의 의료는 오늘날의 의료 이상의 그 무엇을 가지고 있었다고 생각할 필요가 있다. 과거나 지금이나 신체적 질병으로 고통을 받고 있는 사람들은 그것을 통하여 다양한 고통과 고민을 가지게 되고 그 해결의 도움을 의료에서 기대하고 있는데, 현대 의료는 그런 점에 있어 매우 협소한 활동 영역을 스스로 설정하고 있기 때문이다. 실제로 현대 서구의학은 인간의 질병으로 말미암은 여러 사회, 문화, 종교, 실존적인 고통을 완전히 무시하는 내부적 논리를 가지고 있다. 즉 그런 고통이 환자에게 있기는 하겠으나, 그것이 환자의 병태생리학적 상황과는 아무런 연관도 없으며, 의사들은 병태생리학적 현상에 집중하기도 바쁘므로, 그 나머지 문제들은 환자 스스로 해결하든, 아니면 가족들이 해결하면 된다고 생각하는 것이다. 그런데 현대의학이 이런 태도를 견지하는 것에는 단순히 실용적인 이유를 넘어선 좀 더 깊은 배경이 있다고 할 수 있다. 즉 '인간'과 '인간의 고통' 그 자체에 대한 현대 사회의 태도이다.

과학의 발전으로 인하여 인류 역사상 가장 풍요로운 물질적 환경과 건강을 누리고 사는 현대인들은 삶의 의미나 구원의 문제를 생각하는 것은 본질적인 문제라기보다는 개인의 취향 정도의 문제라고 본다.

그러기에 인생을 살면서 겪게 되는 고통이란 그저 불편한 것이며, 따라서 피할 수 있으면 당연히 피해야 하고, 설사 고통을 겪게 된다고 할지라도 그것에 심각한 의미를 부여하지 말고 빨리 빠져나와 버리면 그것으로 잘된 것이라는 식의 생각을 가지고 있다. 그러기에 신체적 질병도 객관적인 병태생리학적인 현상이며, 인간의 질병 경험도 그 자체로는 아무런 의미나 목적이 없는 것으로 본다. 심지어는 죽음도 그저 "생명 활동이 끝나는 객관적 현상"으로만 보고 그 이상의 의미는 부여하지 않으려고 한다. 따라서 이러한 고통에 대한 이해 아래서 현대의학은 환자를 기계적이고 효율적으로 살려 놓는 것과 통증을 없애는 것에만 관심을 가지게 되었다. 의학의 활동결과 평가도 오직 그 잣대 하나만으로 하게 된 것이다(Kleinman 등, 1997). 그러나 문제가 있다. 인간은 그와 같이 "기계적이고 병태생리학적인 존재"만은 아니기 때문이다. 앞서 유방암 환자의 이야기에서 보았듯이, 우리가 아무리 질병의 생물학적 측면만 보려고 하여도, 그 병을 앓고 있는 환자는 너무도 다양한 사회적, 문화적, 영적 고통을 경험하고 있는 것이다. 의사들이 질병으로 인한 인간 고통의 여러 측면을 볼 수 있는 능력을 가져야 하는 이유가 거기에 있다.

Ⅲ 질병이 주는 고통의 사회적 성격과 의미

질병이 인간에게 야기하는 총체적 고통에 대한 이해에 있어 특히 의사들에게 필요한 것은 질병의 '사회적 성격'에 대한 이해이다(전우택, 2000; 2001). 우리는 의과대학 교육에서 '병의 자연 진행과정(Natural

Course of Illness)이라는 말을 흔히 듣는다. 이것은 어떤 질병이 발생했을 때, 아무런 중재(Intervention)도 가하지 않고 가만히 두면 그 병이 어떤 식으로 진행되는지를 말하는 것이다. 이것은 병의 성격을 이해하는데 있어 중요한 개념이다. 그러나 사실, 그런 병의 자연 진행과정이란 존재하지 않는다. 그것이 당뇨병이든, 심근경색이든, 대퇴골 골절이든, 조현병이든, 인간이 가지고 있는 모든 질병은 언제나 인간에 의하여 어떤 중재 행위를 받기 때문이다. 그것이 생의학적 중재든, 문화적 중재든, 사회적 중재든 간에 말이다. 정말 완전한 형태의 자연 진행과정을 보기 위해 그 환자에게 아무런 조치를 취하지 않고 방치하며 관찰하였다면, 그것 자체가 매우 강력한 '사회적 조치'를 취한 것이다.

한 환자의 질병에 대하여 취해지는 여러 조치들은 사실 그 환자의 경제적 수준, 사회 전체의 문화와 사회적 발달정도, 생의학적 발달정도 등에 강력히 영향을 받는다. 그런 의미에서 결국 모든 질병은 자연 과정(Natural Course)이 아닌 사회적 과정(Social Course)만을 가지고 있을 뿐이다. 그러나 유감스럽게도 의사들은 환자를 진료하면서, 그런 사회·문화적 요소들을 다 무시하거나 인식하지 못하고, 그 어디에도 존재하지 않는 자연 진행과정(Natural Course)만을 머릿속에 간직하고 있다. 그러므로 의사들이 만나는 환자는 진짜 고통을 당하는 '실제 환자'가 아니라, 의사의 머릿속에 그리는 '허구 환자'일 경우가 많은 것이다. 예를 들어보자. 의사는 외래 진료실에서 환자를 보고 나서, 환자에게 병을 의학적으로 설명하고 처방해주면, 환자들은 그 처방전을 가지고 약국에 가서 약을 사고, 자신이 지시한 대로 약을 먹은 후, 다음 예약 시간에 올 것이라고 예상한다. 아니, 상상과 기대를 한다. 그러나 그 바쁜 진료 시간 동안 환자가 다 이야기하지는 못했지만, 환자가 최근 심한 경제적 어려움 속에 있었다면 그런 약을 살 돈은 없었을 것이다. 혹은 환자 자신이 믿는 종교에 의하여 이런 약물 치료보다는 기도로 나아야 한다는 생각을 가지고 기도원으로 갈 수도 있다. 또 환자의 가족들과 친척들이 의사의 의견에 반대하고 환자를 전혀 다른 치료방향으로 이끌어갈 수도 있다. 아니면 환자 자신이 의사의 말과 행동이 마음에 들지 않아 다른 의사를 찾아갈 수도 있다. 사실 이런 변수는 의사의 진료 자체보다도 환자의 치료에 훨씬 더 강력한 영향을 끼친다. 의료란 결코 의사들이 기대하는 것과 같은 그런 '생의학적인 현상'에만 국한되지 않는 '종합적 현상'이기 때문이다. 그러나 이런 사실을 의사들이 부정하고 '생의학적인 현상'이라고 집착하는 순간, 의사는 환자에게서 멀어지고, 의료의 본질에서도 멀어지는 현상이 생긴다. 환자의 '고통'에서 동떨어진 의사가 되기 때문이다. 그러기에 질병은 '신체적 고통'일 뿐 아니라 '사회적 고통(Social Suffering)'이라고 할 수 있다.

이와 같이 인간의 고통을 특히 '사회적 고통'이라고 부르는 것을 다음과 같은 몇 가지 이유로 정리할 수 있다(Kleinman, 1997; Kleinman 등, 1997).

첫째, 한 사람이 고통을 겪게 되면 그 가족 또한 고통을 겪는다. 즉 고통이 타인에게 전달되는 것이다. 그런 의미에서 인간의 고통은 '인간관계 속'에 존재하는 현상이다.

둘째, 고통은 사회구조 안에서 그것을 인식하는 문화적 방법에 의하여 강한 영향을 받는다. 예를 들면 동양에서는 고통이 있을 때 그것을 표현하지 않고 참는 것을 더 성숙한 인간의 태도라고 보는 문화가 있다. 또 남자는 아파도 여자보다 아프다는 것을 나타내지 않아야 한다는 문화적 압력이 있다. 이와 같이 인간의 고통은 사람들 사이의 '문화 속'에 존재하는 현상이다.

셋째, 인간의 고통은 그것에 대하여 의학이 전문적으로 분류하고 기술적으로 중재할 때만 진짜 고통으로 '인정'받는다. 즉 환자가 아무리 주관적인 통증을 호소한다고 하더라도, 의사들이 검사상 발견할 수 있는 소견이 없으면 그것을 고통으로 '인정'하지 않게 되고, 그러면 그 고통은 사회 속에서 하나의 '실체'로서 인정받지 못하는 것이다. 그런 의미에서 인간의 고통은 '사회적인 틀 속'에 존재하는 현상이다.

이와 같이 인간의 고통은 '사회적 성격'을 띠고 있기에 동시에 '사회적 기능'을 갖는다고 할 수 있다. 즉 인간은 각자의 고통으로 인해 다른 사람들과 연결되어 있는 것이다. 예를 들면 가족이란, 한 인간이 고통 받을 때 그것을 가장 강렬하게 공유하는 집단이기 때문에 '가족'이다. 만일 그런 고통의 공유가 없다면, 그것은 실제적 의미에서 가족이 아니다. 이런 고통의 공유는 더 확장될 수 있다. 예를 들어 한 국가의 국민이 된다는 것은 같은 국가의 국민들이 가지는 고통을 어떤 형태로든 나누어 가지는 존재가 된다는 것을 의미한다. 자신이 일하여 번 돈으로 세금을 내면 그것이 가난한 사람들의 국가 의료보호 예산으로 지출됨으로써 그들의 건강으로 인한 고통 문제를 공유하게 되기 때문이다.

이것은 더 확장될 수 있다. 아프리카의 어느 나라에 내란이 발생하고 기근이 들어 많은 난민들이 병으로 죽고 있다는 소식을 듣고 정말로 마음 아파하는 그런 '고통의 공유'가 일어난다면, 그래서 그들을 돕는 활동을 어떤 형태로든 하려고 나선다면, 그때부터 공유된 고통은 나 자신을 '인류의 한 일원'으로 만드는 결과를 만든다. 국경 없는 의사회 등이 세계 곳곳의 어려운 지역에 가장 먼저 달려가 구호 의료 활동을 하는 것에 일반사회가 감동하는 것은 그들이 그곳에 가서 그곳 환자들의 '신체적인 질환을 치료'한다고 보기 때문이 아니다. 그들이 인간의 '고통'이 있는 곳의 마지막 경계선까지 가서 고통을 같이 아파하고 고통에 동참한다고 보기 때문에 감동하는 것이다.

어쩌면 고통 그 자체는 아무런 의미도 없을 수 있다. 그러나 타인의 고통에 관심을 가지고, 그것에 동참해 주고, 그것을 나의 고통으로 함께 받아들이는 순간, 그 고통은 '의미'를 가지게 된다. 그리고 의료란 그런 '인간의 고통'에 손을 내밀어, 그 고통에 총체적으로 접근하는 인간의 의미를 향한 행위라 할 수 있다. 그것이 의료의 본질이다.

Ⅳ 의료의 본질과 의사의 역할

따라서 의사는 인간의 '고통'이 가지고 있는 총체를 볼 수 있는 시각과 그것에 접근하여 중재할 수 있는 능력이 있어야 한다. 그런 의미에서 의사의 의료 활동 내용은 세 가지 측면을 가진다고 할 수 있다 (전우택, 2001).

첫째, 직접적인 신체 고통의 해결이다. 이것은 당연히 의료가 가지고 있는 1차적인 활동이 되어야 한다. 의사가 일반 상담자들이나 환자의 보호자들과 다른 점은 의사는 "신체적인 중재(Physical Intervention)"를 직접적으로 할 수 있다는 것이다. 그러기에 이에 대한 생의학적인 연구와 그 기술을 발전시키려 노력하는 것은 의사로서 가장 중요한 역할이다.

둘째, 환자들의 심리적·영적 고통의 해결이다. 의사들은 자신들이 그것을 인식하든 하지 못하든, 환자들의 신체적인 고통뿐만 아니라 환자들의 심리적인 고통과 영적인 고통을 다룬다. 회진을 돌기 위하여 의사가 병실 문을 열고 들어가는 순간, 환자들은 의사의 표정과 말에 심리적으로, 또 영적으로 큰 영향을 받는다. 환자들은 의사에게 자신들의 고통과 고뇌에 대한 이해를 기대한다. 의사가 그들에게 하는 일상적인 인사말 속에서 그들은 인간적인 만남, 공감과 위로를 기대한다. 때로는 이러한 질병의 영적 의미까지를 의사와의 대화 속에서 발견하기 원한다. 그러기에 의사는 환자들에게 너무도 큰 존재다. 그런데도 의사들이 그에 대한 인식을 하지 못하고, 그런 것은 목사님이나 신부님, 또는 주변 가족이 담당해야 할 몫이라고 생각한다면 그것은 잘못된 것이다.

셋째, 환자들의 사회적 고통에 대한 해결이다. 환자들은 그 질병으로 말미암아 신체나 마음만 아픈 것이 아니다. 그들은 질병으로 말미암아 학교를 포기하기도 하고, 실직의 위협 속에도 들어가고, 이혼의 위험 속에 빠질 수도 있다. 즉 질병은 환자에게 '사회적 위기(Social Crisis)'가 되는 것이다. 의사들은 그것을 이해하고 그것에 접근하여야 한다. 이것은 그런 모든 문제를 의사가 직접 해결해주어야 한다는 것을 의미하는 것은 아니다. 그러나 의사가 그에 대해 분명하게 이해하고, 필요할 경우 그것을 환자들과 상의할 수 있으며, 다른 전문가를 소개해 주기도 하고, 때에 따라 직접적인 중재도 할 수 있어야 함을 의미한다. 작게는 가난한 환자의 진료비를 의사가 개인적으로 돕는 행위에서부터, 사회구조적으로 이런 사회적 고통과 위기를 합리적으로 해결할 수 있도록 하는 국가적 의료제도를 만드는 일까지가 의사에게 필요한 역할이 되는 것이다.

이러한 의료의 본질을 인식하는 의사들은 이 시대 속에서 어떤 존재여야 하는가?

첫째, 의사란 그 시대의 인간 고통과 투쟁하는 존재여야 한다. 인간에게 신체적 고통을 주던 주체는 시대에 따라 변화해 왔다. 때로는 인간의 '무지'가 고통의 원인이었다. 예를 들면 페스트나 장티푸스, 나병 등의 전염병에 대한 의과학적인 이해가 없던 시절, 인간들은 이런 질병들로 인하여 큰 고통을 당하면서 주술적 기도밖에 할 수 없었다. 때로는 인간의 '가난'이 고통의 원인이 되었다. 열악한 상·하수도 시설과 불결한 작업환경, 영양결핍 등은 수많은 질병을 만들어냈다. 때로는 인간의 '증오심'이 고통의 원인이 되기도 한다(Proctor, 1988). 수많은 인간을 죽게 하고 불구자로 만드는 전쟁이 그 대표적인 예이다. 때로는 인간의 '잘못된 의학지식'이 고통의 원인이 되기도 했다(Eigenberg, 1995). 처음 에이즈가 미국 사회에서 문제되기 시작했을 때, 원인을 잘 모르는 상황에서 그 병의 진원지가 아이티라는 잘못된 의학적 조사 결과들이 나왔다. 그러자 미국에 거주하던 수많은 아이티 출신 사람들이 직장에서 해고되고, 그들이 운영하는 가게에는 전혀 손님이 오지 않는 일들이 벌어졌다. 이로 인하여 아이티 사람들은 사회적, 경제적, 심리적으로 극심한 고통을 겪어야만 하였다. 이러한 고통은 에이즈에 대한 정확한 지식이 생기고서야 해결될 수 있었다(Farmer, 1992). 때로는 '잘못된 의료제도'가 원인이 되기도 했다. 예를 들면 어떤 국가에서 부유한 자들은 그들의 소득에 비해 턱없이 적은 의료보험료를 지불한다. 그리하여 전체적인 의료재정은 적자가 되었고, 그로 인한 피해와 고통은 가난한 자들이 가장 크게 받는다. 그러한 의료정책의 문제점을 제대로 시정하지 못한다면, 의료는 퇴보하고 인간은 퇴보한 의료로 말미암아 고통을 받는 것이다. 이와 같은 다양한 원인에 대하여, 시대마다 뜻 있는 의사들은 그들의 지식과 능력의 한계 안에서 최선을 다해 그 인간 고통의 원인을 향하여 투쟁해왔다. 의과학적 지식을 쌓기 위해 수없이 많은 밤을 지새우며 연구 활동을 해왔다. 가난과의 투쟁에 헌신한 의사들도 있었다. 전쟁 속에서도 인간의 존엄성과 치유를 위하여 처절하게 야전병원에서 애를 쓴 의사들이 있었다. 잘못된 의학적 지식에 항거하여 인간을 고통에서 보호하려는 노력을 한 의사들도 있었다. 그리고 잘못된 사회의식과 의료제도를 대상으로 끝없이 투쟁한 의사들도 있었다. 그 투쟁의 내용이 무엇이든, 역사 속에서 이들 의사들의 공통점은 하나다. 즉 인간의 고통에 대항하는 것이 의사의 사명임을 자각하고 의사로서의 책임을 다하기 위하여 노력했다는 것이다. 그런 의미에서 의사는 인간의 고통에 맞서 투쟁하는 사람이라는 의식이 있어야한다.

둘째, 인간의 고통에 예민하고 공감하는 일의 한계에 도전하는 존재여야 한다. 아라비아 사막 베두인족의 여섯 살 난 어린 소년이 서럽게 울고 서 있다. 양을 치다가 소년의 새끼 양 한 마리를 거친 황야에 모르고 그냥 두고 왔다는 것이다. 우리는 울고 있는 그 소년의 감정을 공감할 수 있을까? 의사는 직업적으로 다양한 인간의 고통에 직면한다. 그때 중요한 것은 의사가 얼마나 인간의 고통을 심정적으로, 그리고 총체적으로 공감하는가이다. 의사는 환자의 History, 즉 병력

(Medical History)이 아니라 Story, 즉 '사연'을 들을 수 있는 사람이어야 한다. 울고 있는 베두인 소년에게 '소아 우울증'이라는 진단을 내리는 능력만으로는 결코 좋은 의사라고 할 수 없는 것이다. 그러나 이 시대는 점차 인간의 '이야기(Story)'를 잃어가고 있다.

모든 것은 디지털화되고 숫자화 되어 간다. 의사들은 오직 검사 수치와 기계가 만들어놓은 방사선 의료 영상(Image)에만 관심을 둔다. 그러기에 의사가 환자의 고통을 이해하는 일에서는 점점 멀어진다. 이제는 설사 환자의 이야기를 들어도 의사가 그것을 이해하기가 어려워지는 상황이 되어 가고 있다. 그러기에 의학교육은 중요하다. 그러한 고통에 대한 예민한 공감능력을 가지도록 의과대학 교육이 이루어져야 하기 때문이다. 그러나 한 인간이 타인의 고통을 예민하게 인식하고 공감한다는 것은 본질적으로 거의 불가능한 일이다. 자신의 직계가족 정도의 범위 안에 들어서는 관계에서만 그것이 겨우 가능할까, 말까 하는 일이기 때문이다. 그러므로 의사들에게, 자신과 아무런 개인적 관계도 없는 환자들의 고통을 이해하고 공감하도록 요구하는 것은, 사실 인간의 한계에 도전하도록 하는 것이다. 그런 측면에서 의사는 인간의 한계에 도전하는 존재다.

셋째, 의사들은 사회가 합리적이고 지혜롭게 의료자원을 분배할 수 있도록 영향력을 행사하는 존재여야 한다. 어느 사회고, 사회는 그 사회의 모든 자원(인적·물적·정보 자원 등)을 어떤 필요와 원칙에 의하여 배분하여 사용한다. 국가가 한 해 예산을 짜면서, 국방비는 얼마를, 도로 건설비·교육 지원비·의료비는 어느 정도 지출하겠다고 정하는 것이 그 대표적인 예이다. 이러한 국가예산은 그 국가가 어떤 사회를 지향하는가를 가장 선명하게 보여주는 지표가 된다. 그러므로 그런 자원 배분이 합리적이고, 사회 발전과 통합을 위하여 잘 이루어지는 사회를 우리는 성숙한 사회라고 한다. 그러나 국가와 사회의 지향점이 불분명하거나, 또는 잘못되어 있을 때, 그 자원을 배분하는 내용에는 많은 모순이 생기기 시작한다. 그런데 어느 사회고, 그것이 성숙한 사회든 아니든, 이러한 자원의 배분문제에는 언제나 사회 집단 간 이익의 갈등이 있기 마련이다. 개인이나 집단은 자신의 이익이 걸린 쪽으로 더 많은 자원이 유입되어 들어오기를 바라기 때문이다. 그러므로 특히 인간의 생명과 건강을 담당하는 의사들은 사회가 합리적이고 지혜롭게 그러한 자원 배분을 할 수 있도록 돕고 지도하는 역할을 수행해야 한다. 더구나 그 사회가 아직 미성숙한 사회일 때, 이러한 의사의 활동은 훨씬 더 어려우면서 동시에 중요하게 된다. 그런데 의사들이 이러한 사회적 자원 배분의 과정에 참여할 수 있으려면 두 가지 조건이 필요하다. 하나는 의사 자신이 '단순 의료기능공'이 아닌 '전문적 사회 지도자'가 되어야 한다는 것이다. 그저 환자의 질병만을 볼 줄 알고 그 이상의 이야기는 시켜도 제대로 된 말을 할 줄 모르는 그런 '무식하고 무능한 의료기능공'들에게 현대사회는 첨예한 자원 배분과정에서의 역할을 맡기지 않는다는 것을 철저히 인식해야 한다. 따라서 의사는 사회 지도자로서의 자질과 능력을 갖추어야 한다. 즉 질병만이 아닌, 인간과 사회와 역사를 폭넓게 인식하는 사람이 되어야 한다(전우택, 2000). 다른 하나는 인간에 대한 깊은 이해 속에 의사가 아닌 다른 사람들과의 공동 선(善)을 향한 연계를 이룰 줄 알아야 한다는 것이다. 의사들이 인간의 고통을 다루면서 자신들만이 이러한 문제의 전문가이며 다른 사람들은 모두 의사들의 말에 그저 순종해야 한다는 식의 의사 중심적 사고를 가질 위험성이 있다. 그러나 사실, 인간의 모든 직업과 활동은 어떤 의미에서 인간 고통의 문제를 해결하기 위한 노력들이다. 따라서 의사들은 자신들이 하는 이 숭고한 일의 중요성을 다른 사람들이 몰라준다고 흥분하고 탓하기보다는, 의사들이 합리적이고 지혜로운 의견에 동참하고, 더 발전된 의견을 낼 수 있는 사회의 다른 분야 사람들과 연계하는 일에 최선을 다해야 한다. 의료 문제란 의사들의 집단이익을 넘어서는 인간의 보편적인 문제이다. 따라서 의사가 의사의 집단이익을 보호하는 것처럼 보일 수 있는 태도에서 조금만 벗어날 수 있다면, 얼마든지 건전한 사회 집단 및 개인들과 연계할 수 있는 측면이 있다는 확신을 의사들은 가지고 있어야 하고, 행동해야 할 필요가 있는 것이다.

넷째, 의사다운 사회적 영향력을 갖기 위하여 노력하는 존재여야 한다. 현대사회에서 한 집단이 타인들을 움직이는 요소에는 크게 두 가지가 있다. 하나는 '힘'이다. 이러한 힘은 돈이나 집단행동, 높은 정치의식을 통한 각종 선거에 대한 참여 등으로 나타날 수 있다. 이것은 일반적으로 모든 사회집단이 쉽게 선택하는 방법이다. 그러나 타인을 움직이는 또 다른 요소가 있다. 그것은 바로 '영향력'이다. 그것은 혼란스럽고 혼탁한 상황 속에서 사람들이 인격적인 신뢰감을 가지고 어느 집단의 의견에 스스로 귀를 기울이게 하는 것이다. 따라서 영향력은 도덕성과 일반적으로 깊은 연관이 있다. 사람들은 이러한 두 가지 요소들을 상징하는 명칭을 사용하여 왔다. 즉 힘을 상징하는 '영웅'과 영향력을 상징하는 '성자'라는 용어가 그것이다. 의사는 우리 시대 속에서 영웅이어야 할까 아니면 성자여야 할까? 혹자는 이런 대답을 할 것이다. 우리 의사들은 영웅도, 성자도 아닌 그저 한 평범한 의사로 살기를 원한다고. 아파하는 어린아이들과 사람들을 치료해주고, 그들과 이런저런 이야기를 나누면서, 그렇게 사람들의 좋은 이웃으로, 보통사람으로 살고 싶다고. 가난한 사람들의 치료비는 얼마든지 너그러이 깎아주고, 그렇게 살면서도 생활인으로 별 경제적인 어려움이 없는 그런 삶을 살고 싶다고. 그러므로 그런 영웅이니 성자니 하는 엄청난 용어는 사용하지 않는 것이 좋겠다고…. 그러나 중요한 점이 있다. 조금 전 이야기한 그런 '보통 의사로서의 삶'에 대한 소망의 내용은 바로 전형적인 '성자적인 삶'의 모습이라는 것이다. 사실 현실 세계에서의 의사들은 완전한 성자로도, 그렇다고 엄청난 영웅으로도 존재할 수 없다. 그러나 우리가 좀 더 의식해야 하는 것은, 본질적으로 의사라는 직업 활동이 고통 받는 사람들을 돌보아주고 돕는다는 점에서, 정복하고 다스리는 영웅의 이미지보다는 성자적 성격이 강하며, 그러기에 의사들은 사회 속에서 '힘'을 가지려고 시도하기보다는, '영향력'을 가지려는 노력을 해야 한다는 것이다. 사실 이것은 일반인들이 가지고 있는 의사들에 대한 이미지이자 기대이기도 하다. 그것이 바로 사회의 자원분배에 있어, 의사들이 생각하고 희망하는 더 합리적이고 건강한 제도를 만드는 것에 기여할 것이다. 의사들이 사회 속에서 힘을 추구할수록, 사회는 더욱더 강한 반발을 하고, 의사들을 압도하려 들 것이다. 그럴수록 인간의 고통 문제는 더욱 어려워만 진다. 그러나 의사들이 영향력을 추구한다면, 우리는 훨씬 더 많은 일을 자유로이 할 수 있을 것이다. 그러므로 이 사회에서 영향력 있는 의사들의 숫자가 증가하여 가는 것이 매우 중요한 시점이다.

다섯째, 인간의 성숙과 의미 발견을 돕는 존재여야 한다. 인간은 고통을 통하여 성숙해 가는 존재이다. 그리고 신체의 질병이란 인간이 가지는 가장 대표적인 고통이다. 그러므로 의사는 질병을 통하여 인간의 성숙을 도울 수 있는 가장 중요한 위치에서 그 활동을 하고 있는 사람들이다. 단순히 환자들의 신체적 불편을 덜어주고, 그 생명을 연장시키는 것만을 자신의 활동 내용이라 생각하고 있는 의사는 제대로 된 의사라 할 수 없다. 사실상 의사는 그 이상의 존재이기 때문이다. 이것은 마치 초등학교 교사가 정해져 있는 교과목의 내용을 아이들의 머릿속에 주입을 해주는 기계적 작업을 하는 존재 이상의 존재가 되어 주어야 한다고 우리가 믿는 것과 마찬가지이다. 또한 인간은 삶의 의미와 목적을 찾는 존재이다. 질병은 인간이 그것을 찾도록 하는 좋은 기회이며, 의사는 환자들이 신체적 고통 속에서 삶의 의미와 목적을 찾을 수 있도록 돕는 역할까지를 담당하는 일에 조심스레 도전할 수 있어야 할 것이다. 그런 점에서 의사란 매우 독특한 위치에서 독특한 역할을 하는 존재들인 것이다.

V 마치는 말: 당당한 의사들에게

의사의 활동은 크게 두 가지 특성을 가진다고 할 수 있다.

첫째는 현장성이다. 의사는 멀리 있는 사람들의 막연한 고통이 아닌, 지금 내 앞에 있는 사람의 구체적인 고통 문제를 다룬다는 직업적 특성이 있다.

둘째는 '일 대 일(一對一)'의 특성이다. 가수나 운동선수들은 TV 등을 통하여 동시에 수천, 수만, 때로는 수십억 사람을 대상으로 자신의 활동을 할 수 있다. 그러나 의사는 그렇지 않다. 의사는 지금 자신의 눈앞에 있는 '단 한 명의 환자'만을 대상으로 활동한다. 그런데 현대사회에서 이런 현장성과 일 대 일의 특성은 점차 더 저급한 일의 성격이 되어가고 있다. 즉 현장에서 일하는 사람들보다는 현장을 벗어난 사람들이 더 큰 돈과 더 큰 힘을 가지고 있고, 일 대 일보다는 불특정 다수를 상대로 하는 사람들이 더 큰 인기와 힘을 가지고 있는 사회인 것이다. 예를 들면 공장에서 일하는 사람들보다는, 어느 곳에서든지 인터넷을 연결하여 주식시장에 들어가 무형의 돈으로 공장의 주식을 사고파는 사람들이 그 공장에 대하여 더 강한 힘을 행사하는 사회이다. 또한 일 대 일로 동네의 작은 가게에서 물건을 파는 사람의 수입보다는 수많은 사람들을 대상으로 한 TV 광고물을 제작하는 사람의 수입이 더 큰 사회이다. 우리는 그런 시대 속에서 의사생활을 하고 있다. 따라서 늘 현장 속에 있으며 일 대 일로 활동해야 하는 의사들의 힘은 현대사회 속에서 점차 더 왜소해지고 있다. 비록 세계적으로 제약산업이나 건강산업의 규모는 더 커진다고 할지라도, 그것이 의사의 구체적인 사회적 힘과 연결되지는 않는 것이다. 그러나 그렇다고 하여 의사들이 활동이 가지는 의미와 중요성이 줄어드는 것은 아니다. 인간의 고통은 본질적으로 늘 '현장에서 일 대 일'로 인간을 돕는 의사의 도움이 필요하기 때문이다. 따라서 현장에서 일 대 일로 일하는 의사들의 '영향력' 역시, 변하는 것은 아닌 것이다.

의사란 그런 존재이다. 인간이 태어나면서 자기 어머니보다 먼저 그 손길을 만나게 되는 존재이다. 인간이 죽으면서 가족들보다도 더 의지하는 존재이다. 인간이 행복할 때보다도, 고통 속에 들어갔을 때 가장 먼저 찾는 존재이다. 그가 자신의 곁에 있을 때 모든 사람들이 안심하는 그런 존재이다. 한 인간으로서, 한 인간의 역할로서, 이보다 더 아름답고 숭고한 직업이 또 있을까? 적어도 의사라면 그런 분명한 의식과 자부심이 있어야 한다. 그리고 그런 자부심을 가진 존재답게, 이 시대 속에서 우리의 역할을 준비하고, 수행하며 살아가야 할 것이다. 설사 우리들의 주변 여건과 환경이 일시적으로 나쁘다 할지라도, 그것이 의료와 의사들의 본질을 훼손할 수 없다는 사실을 잘 알고 있는 '당당한 의사들'이 필요한 시대이다.

의사가 되는 순간은 정부 발행의 의사면허증을 받는 순간부터가 아니다. 그것은 스스로 의사라는 존재의 '의미'와 '당당함'을 깨닫고, 현장에서 일 대 일로 환자들을 만나는 그 순간부터일 것이다.

후기

이 글은 전우택, 성명훈, 천병철 편 <의료의 문화사회학>(2002, 몸과 마음)에 실린 필자의 글 "인간의 고통과 의료의 본질"(pp.17-37)을 수정보완한 것이다. 보통은 의예과 1학년 학생들이나 본과 1학년 학생들의 학년 첫 수업 때 저자가 주로 강의하던 내용이다. 자신들을 단지 "생물학적, 신체적 고통"을 치료하여 주는 존재로만 규정하려는 시각과 입장을 좀 더 넓혀 주려고 하는 강의였다. 그 책 자체가 소위 2000년 의료대란을 배경으로 만들어졌던 책이었기에 지금과는 사뭇 다른 상황이었지만, 지금도 의료의 본질은 변한 것이 없음을 다시 생각하게 된다.

참고 문헌

이종찬, 서양의학과 보건의 역사, 명경, 1995.

전우택, 사회의학, 한국의과대학장협의회, 한국의학교육학회(편), 사회와 의사, 제8차 의학교육 합동학술대회 자료집, pp.9-22, 2000.

전우택, 사회의학 교육과정 개발 연구, 연세대학교 의과대학 의학교육학과 연구 보고서, 2001.

Brodwin, Paul, Medicine and Morality in Haiti, New York: Cambridge University Press, 1996.

Eisenberg, Leon, "The Social Construction of the Human Brain," Am J Psychiatry 152:11, pp.1563-1575, 1995.

Farmer, Paul, AIDS and Accusation, Berkeley: University of California Press, 1992.

Kleinman, Arthur, The Illness of Narratives: Suffering, Healing and the Human Condition, New York: Basic Books, 1988.

Kleinman, Arthur, "Everything That Really Matter : Social suffering, Subjectivity, and the Remaking of Human Experience in a Disordering World," Harvard Theological Review 90:3, pp.315-335, 1997.

Kleinman A., Das V., Lock M.(ed.), Social Suffering, Berkely: University of California Press, 1997.

Proctor, Robert N., Racial Hygine: Medicine under the Nazis. Cambridge, Harvard University Press, 1988.

Scary, Elaune, The Body in Pain, New York: Oxford University Press, 1985.

PART

02

의학교육 미래의 10가지 주제

CHAPTER 03

모순과 도전

-의료현실과 정책, 의학교육의 불일치와 미래방향

I 네 가지 사례

사례 1

캐나다에서 의대를 졸업하고 내과를 수련한 후 내분비 전임의(fellow)로 있던 젊은 교포 여의사가 있었다. 작년에 출산 준비를 위하여 한국에 오게 되었고 한국의 의료를 체험하기 위하여 친정 집 근처의 한 대형 대학병원에 잠시 참관인(observer)으로 나가기로 하였다. 병원에 나갔던 첫 날, 집에 돌아와서 그녀의 아버지에게 던진 질문은 이것이었다. “왜 내분비 과장님이 아무런 합병증도 없는 당뇨 환자들을 하루에 80명이나 진료하나요?” 캐나다 같았으면 내과 전문의도 아닌, 일반의가 진료할 환자들을 한국에서는 내분비 분과전문의 중에서도 특정 영역의 세부-세부 전문가이면서 연구와 교육의 책임을 맡고 있는 가장 높은 과장님이 진료하고 있다는 것이 너무도 이해가 안 된다는 것이었다.

사례 2

"요즈음 레지던트들은 수련 중에 수술을 직접 주도하는 경우가 거의 없어요. 내가 레지던트일 때는 4년차 정도 되면 거의 웬만한 수술을 다 집도하곤 하였는데, 이제 그런 수술은 펠로우들이나 젊은 교수들이 직접 합니다. 그러다 보니 좀 과장해서 이야기하면 레지던트가 하는 일이라고는 환자 보호자에게 수술동의서 받는 일 정도입니다. 레지던트들도 진짜 수술은 펠로우가 되어서 해보면서 배우는 것으로 알고 있어요. 그러다 보니 전문의 자격증을 따고 다른 병원에 가도, 할 수 있는 것이 별로 없어요. 결국 의사들의 실질적인 수련 기간은 자꾸 더 길어지고 있는 겁니다."

사례 3

"대형 대학병원에서 펠로우를 2년하고 개업을 하게 되었습니다. 펠로우 기간에는 세부전공 내용을 가지고 많은 환자들의 진료에 나름대로 바빴습니다. 그런데 일단 개업을 하게 되니까 그동안 제가 수련 받은 것들은 아무 소용이 없었습니다. 주변 분들의 도움을 받아 소위 '개업의료'를 2개월간 새로 배웠습니다. 피부미용, 비만, 성형 이런 것들이었습니다. 사실 이런 것들은 내가 의대만 졸업하고 바로 배워 개업을 하였어도 다 할 수 있는 그런 것들이었습니다. 그러다 보니, 제가 그동안 수련 받은 그 긴 세월과 내용들이 전부 무슨 의미를 가졌나 하는 깊은 의문이 듭니다. 그러면서 지금 하고 있는 의사생활에 자부심을 느낄 수가 없네요."

사례 4

“본과 4학년 임상 실습 중입니다. 본과 3학년 때부터 이런 식의 실습을 거의 2년간 하여 왔습니다. 그러나 친구들을 봐도 긴장도, 부담도 없어요. 어차피 진짜 환자 보는 교육은 레지던트 때 받을 것이니까요. 환자들도 저희는 쳐다도 안 봐요. 저희도 책임을 지는 것이 있는 것도 아니고 환자 치료에 팀원으로 들어가는 것도 아니어서 그야말로 ‘관광 실습’만 하지요. 본과 1, 2학년 때 엄청난 양의 강의를 들으면서 바쁘게 시험 치려고 밤을 새웠던 것에 비하면 요새는 솔직히 아주 편합니다. 하지만 앞으로 인턴하고, 레지던트하고, 군대 가고, 다시 펠로우할 것 생각하면 언제 이런 교육이 끝나는 건가 답답해요.”

II 한국 의료현실과 의료정책, 그리고 의학교육의 불편한 진실

연자는 현재 대학에서 학생 교육을 담당하고 있다. 그리고 의료정책이나 의료관리를 전공하지 않았다. 그런 입장에서 오늘의 의료현실과 의료정책의 상황을 의학교육적, 그리고 의사양성적 측면에서 바라보며 생각한 내용들을 정리하였다. 사실, 한국 의료의 문제는 매우 복잡한 요소들이 서로 얽혀있다. 그래서 무엇을 그 뿌리라고 설명하여야 하고, 어디까지가 그 줄기라고 이야기하여야 할지도 난감할 정도이다. 그리고 각 전공과에 따라 놓여 있는 상황도 매우 다양하다. 그래서 모든 과들의 상황을 모두 반영한 이야기를 하기는 어렵다. 따라서 여기서는 전체적이고 일반적인 상황들을 가지고 생각하였음을 이해하여 주시기 바란다.

많은 문제들이 서로 얽혀 있지만 우리나라 의료와 의학교육 및 의사양성은 다음의 세 가지 요소가 서로 꼬리를 물고 얽혀서 만들어지고 있다고 보인다.

1. 자격과잉의 의사들이 지나치게 긴 기간을 통하여 양성되고 있다

지금 우리나라는 철저히 3, 4차 진료를 위한 전문의 중심의 의사양성 체제를 가지고는 있다. 그러나 국민들의 전체 의료 수요는 대부분이 1, 2차 의료이고, 3, 4차 의료는 많지 않다. 그러다 보니 전문의 자격을 따고도 자신의 전문의로서의 지식과 기술을 다 사용하면서 의사생활을 하지 못하고 1, 2차 진료를 하는 경우들이 많이 발생하고 있다. 일종의 자격과잉(Over-qualification) 의사들이 배출되고 있는 것이다. 그러나 동시에 자신이 전문적으로 훈련받지 않는 영역에서 1, 2차 진료를 하게 되어 또 다른 종류의 자격미달(Under-qualification), 자격이상(Mis-qualification)의 문제가 발생하고도 있다.

독일은 졸업 후 5년 과정의 "내과 및 일반의학 전문의" 제도를 두어 전문의가 아닌, 일차전문의/가정의 중심의 의료인력 재편을 이룬 후에 운영하고 있다. 그리고 그들 중 2~3년 정도의 교육을 더 시켜서 세부전문의 제도를 두고 있다. 캐나다도 전공의 교육은 일반의 양성에 중점을 두고 있다. 이와 같이 각 나라마다 그 나라의 상황에 맞추어, 실제 국민들이 가지고 있는 의료 수요에 대응하여 환자들에게 가장 좋은 진료를 합리적으로 제공할 수 있도록 하는 의료 제도를 고안한 후에, 그에 맞추어 의료 인력을 교육시켜 공급하고 있다. 우리나라에서도 이를 위한 많은 연구와 논의들이 있어왔다. 이제는 구체적 시도에 들어갔으면 한다.

자격과잉의 의사들이 만들어 진다는 것은 의학교육과 의사양성 기간이 그 의사들의 역할과 기능에 비하여 지나치게 연장되었음을 의미한다. 이미 의학교육 자체가 예과 2년이나 대학 4년을 마친 학생들을 대상으로 시작되는데, 우리나라는 예외적으로는 군 복무 기간이 또 있어야만 한다. 그리고 대부분의 의대 졸업생들이 인턴 1년, 레지던트 4년을 교육받아 전문의가 된다. 사실 1차 의료를 담당하는 개업을 원하는 의사로서 다르게 선택할 수 있는 교육과정은 별로 없다. 그리고 전문의가 된 다음에도, 많은 경우 다시 2년간의 펠로우를 하거나, 그 이후에도 다시 세부－전문훈련을 받는 일들이 이어진다. 물론 진료 과에 따라 분과 전문의로서 교육받는 사람들이 반드시 필요한 것이 사실이지만, 이것 역시, 국가적 차원에서의 필요 수준과는 상관없이 지나치게 많은 사람들이 이 과정을 밟고 있다면 그것은 의사양성 시스템의 큰 문제가 있는 것을 보여 준다.

의사들과 같은 전문직 사람들은 어떤 문제가 발생하면 그 전문직의 전문성을 강화하는 방식으로 문제를 해결하려는 경향을 가진다. 그리고 그에 따라 새로운 자격을 갖추는 데 필요로 되는 교육기간의 추가가 있게 된다. 이것이 전문직의 권위를 높이는 방법이라고도 생각한다. 그러나 모든 영역에서 그러한 것처럼, 의학교육과 수련에서도 최소의 기간 투자로 최고의 효과를 얻을 수 있도록 하는 노력이 더 있어야 한다.

2. 의사양성 교육의 내용과 질 관리의 비효율성이 커지고 있다

의과대학을 졸업하고 의사자격을 취득하였음에도 실제로 공중보건의로서 가장 기본적인 진료를 하기에 부족한 면이 많다고 이야기한다. 국가시험에 실기시험을 추가하여 많이 좋아졌음에도 여전히 그러하다는 것이다. 사실, 학생 때 실습 속에서 경험했어야 하는 일들은 다 레지던트들이 수행하고 있다. 그래서 그런 기본적인 것은 다 레지던트 때 배운다고 한다. 그런데 정말 그것들은 레지던트 때 배워야 하는 것일까? 학생 임상 실습 기간에 배워야 할 것들은 아니었을까? 레지던트 기간을 4년간 가지고 전문의 자격을 취득하였음에도 독립적으로 자신의 전문과목의 환자 진료를 제대로 하기 어려워 보인다는 의견들이 여러 과에서 나오고 있다. 그래서 펠로우 과정을 마친 사람을 써야 수술이라도 제대로 한다고 이야기 된다. 사실, 레지던트 때 경험했어야 했던 것들은 지금은 다 펠로우들이 경험하고 있다. 정말 펠로우 기간에 배우는 것들은 레지던트 기간 중에는 배울 수 없었던 것이었을까? 이제는 여러 과에서 세부 또는 분과 전문의 제도를 도입하고 있다. 특정 영역에서 그런 것이 꼭 필요한 경우들도 분명 있다. 그러나 지금 논의되는 모든 분과 또는 세부 전공 내용들이 레지던트 교육과 보수 교육 강화로 해결할 수는 없는 것일까?

문제는 의학교육과 의사양성 기간의 내용과 질 관리에서의 비효율성이다. 주어진 교육 기간 중 충실한 교육내용을 엄격하게 챙겨서 가르쳤다면 굳이 교육 기간이 길어지지 않아도 되는 것을 잘 하지 못하고 있는 것이다. 교육기간이 길어질수록 이런 비효율성에 대하여 더 관대해진다. 이것은 그 교육비용을 지불하여야 하는 의사들에게도 불행한 일이고, 유능하고 활발한 의사들을 만나기 힘들어지는 환자들에게도 불행하고, 총체적으로 양질의 의료를 제공하지 못한다는 점에서도 국가에게도 불행한 일이다.

3. 의대생들은 자신들의 진로선택을 지나치게 보수적으로 하고 있다

요즘 의대생들은 매우 불안하다. 의료 시스템의 혼란과 비효율적이고 한없이 길어져만 가는 의학교육은 누구보다도 의대생들에게 강력한 영향을 끼친다. 고등학교, 대학교 때 대한민국의 최고 수재라고 불렸던 학생들이었지만, 장기적으로 불안정한 의료시장에 편입되어 들어가는데 가장 유리할 것으로 판단되는 단기적 시각에서의 진로 선택에 더 민감해져 간다. 이들에게 21세기 한국의 미래를 위한 의과학에 도전하고 헌신하라는 것은 너무도 먼 이야기가 된다. 요구되는 수련기간이 너무 길므로, 지금 연구 등에 투신하였다가 제대로 성취를 이루어 내지 못하였을 때, 그 이후의 자신의 인생에 대하여 불안한 것이다. 그러다 보니 이들은 자신들의 자신의 잠재력은 완전히 무시하고 자신의 미래를 매우 보수적으로 설계하려 한다. 그래서 일단은 어느 전문과목이고 전문의가 되어야 한다고 생각한다. 그래서 이것은 다시 첫 번째 문제, 즉 자격과잉 의사 양산으로 꼬리가 이어져서 악순환을 이루고 있다(이에 대하여는 이 책 7장에서 자세히 다루고 있다).

Ⅲ 미래를 위한 제안 및 결론

모든 영역에서의 교육이 다 그러하지만, 특히 그 자체의 패러다임이 바뀔 정도로 급격히 변화하는 의료, 의학의 교육은 미래에 대하여 더 민감하여야 한다. 그러나 사회 전체의 급격한 변화에 의한 의료수요의 변화는 사실 예측이 어렵다. 더구나 의학교육은 지금 의예과 교육을 받기 시작하는 사람이 (남자인 경우 군복무 기간까지를 포함한다면) 14~16년 뒤에 활동할 것을 예상하고 교육을 시작하는, 모든 교육 중 가장 긴 호흡을 가지고 시행하는 교육이다. 따라서 의학교육은 그 어떤 영역보다도 의료현실 및 장기적인 의료정책과 깊은 연관을 가질 수밖에 없다. 그러기에 아래 제안 사항들은 각각이 독립적으로 존재하지 않고 모두 서로 깊이 연결되어 있다. 이러한 전제하에 미래를 위한 제안을 다음과 같이 하고자 한다.

1. 합리적인 국가 의료시스템에 대한 비전과 그 시스템에서 활동하게 되는 의사들에게 요구되는 바람직한 의사상을 만들어야 한다

잘못된 의료 전달체계를 포함한 잘못된 의료시스템에 의하여 자격과잉, 자격미달, 자격이상의 의사들이 만들어지면, 그것은 의사들에게도 불행이고, 환자들에게도 불행이다. 따라서 국민의 의료수요에 맞추어 양질의 의료를 공급할 수 있도록 하는 합리적인 국가의료시스템이 만들어져야 한다. 정말로 국민들의 신뢰를 받는 "유능한 일차전문의"와, 적절한 숫자로 존재하면서 자신이 받은 교육과 수련 내용을 충분히 다 발휘하는 "유능한 세부전문의"가 활동할 수 있는 의료시스템이 만들어져야 한다. 그리고 그런 의료시스템 속에서 활동하는 바람직한 의사에 대한 모습과 그 역량이 정리[1]되어 의사들과 국민들이 모두 공유하도록 하는 것이 필요하다.

2. 기본의학교육(BME; Basic Medical Education-의과대학 교육), 졸업 후 교육(GME; Graduate Medical Education, 졸업 후 전공의 교육), 평생교육(CME; Continuing Medical Education, 전문의 등이 된 이후의 평생교육)이 "의사양성"이라는 큰 개념하에 통합적으로 연계되어 이루어지도록 하여야 한다

기본의학교육(BME)을 담당하고 있는 전국 40개 의과대학과 졸업 후 교육(GME)을 담당하고 있는 대한의학회와 대한병원협회, 그리고 평생교육(CME)을 담당하고 있는 대한의사협회가 의사양성이라는 큰 틀에서 유기적 협의를 충분히 하지 못하고 있는 것이 현실이다. 그러다 보니 큰 시각에서의 "의사양성 프로그램"을 운영하지 못하고, 각 교육영역에서 중요하다고 생각하는 것이 다른 영역에 반영되지 않는 어려움이 있다. 예를 들면 의과대학에서 새로운 교육과정을 도입하고 새로운 평가 결과를 만든다 할지라도, 그것이 병원의 인턴, 레지던트 선발에 반영되지 않는다면, 그러한 새로운 의학교육은 설 땅이 좁아진다. 전공의들에게 가장 중요하게 요구되는 능력이 의과대학 교육에서는 별로 중시되고 있지 않다면 그 문제는 매우 심각해진다. 평생교육

1) 이것은 필자와 공동연구자들에 의하여 좀 더 구체적으로 연구된 바 있으며 그 내용은 전우택·정한나·김영전·김찬웅·윤소정·이건호·임선주·이선우, "한국의 환자중심의사역량 연구, 의학교육논단 24(2): 79−92, 2022에 실려 있고 이 책의 8장에 소개되어 있다.

(CME) 차원에서 이루어지는 세부 전문제도나 자격증이 전체 기본의학교육(BME), 졸업 후 교육(GME)과 어떻게 연계되어야 할지에 대한 통합적 검토와 논의가 없이 이루어진다면 의사양성 기간의 왜곡된 연장은 막을 길이 없다. 또한 전문의들이 자신의 전공과에서 시행하는 평생교육(CME)에는 참석하지 않고, 피부, 비만, 성형 등과 연관된 교육프로그램에만 참석하는 이유가 결국 자신의 전공과로 진료하여 수입을 만들지 못하고 있는 것이라면, 졸업 후 교육(GME)에 들어가는 전공의 숫자에 대한 관리가 매우 중요할 수밖에 없다. 이 세 교육이 얼마나 유기적으로 잘 연결되어 의사양성을 하는가에 우리나라 의료의 미래가 달려 있다.

3. 의사양성 교육과정의 질 관리가 더 강화되어야 한다

많은 분들의 노력과 헌신으로 일단 기본의학교육(BME)에 대한 질 관리는 어느 정도 자리를 잡았다. 졸업 후 교육(GME)의 질관리도 많은 노력을 하고 있으나, 아직은 근본적인 문제들을 해결하지 못하고 있다는 것이 많은 분들의 생각이다. 국가적 차원에서 필요로 되는 전공의 숫자 조정과 엄격한 수련 병원의 수련 내용 관리가 미국의 ACGME와 같은 기구에 의하여 이루어지도록 해야 한다. 또한 양질의 환자 진료를 위하여, 의사란 엄격한 내부 윤리하에서 평생 공부하는 사람이라는 것이 국민들뿐만 아니라, 의사 자신에게도 분명하게 인식되도록 하는 평생교육(CME)의 질 관리가 필요하다. 의사들이 스스로를 향하여 이런 엄격성을 보이지 못한다면, 의사가 국가나 국민에게 설득할 힘은 없을 것이다.

4. 의학교육과 의사양성은 궁극적으로 국가의 미래를 위하여 다양한 고급인재를 키워내는 것을 그 목표로 하여야 한다

국가의 최고 인재들을 공급받고 있는 의학계와 의료계는 우리가 원한 것이든 아니든, 국민의 기본적 의료 수요를 충족시켜야 하는 것을 넘어, 미래 한국사회의 부를 창출하고 국가 경쟁력을 높여야 하는 책임을 가지게 되었다. 그에 따라 의학계는 기본의학교육(BME), 졸업 후 교육(GME), 평생교육(CME)를 통하여 다양한 국가 고급인재들을 키워 나가야 한다는 목표와 의식을 가져야 한다. 그래야만 학생들에게 생의학적 연구에 평생을 걸어 보라는 요구를 당당히 하고 격려하며 지원할 수 있다. 전공의 중에서도 국가 의료정책을 만드는 국회 활동에 적극 참여하는 자들을 격려하고 지원할 수 있다. 전문의 중에서 유전학이나 인문학, 사회과학과 의료를 연계시키는 새로운 의료 모델을 가지고 시작하는 벤처 기업을 격려하고 지원할 수 있다. 국제분쟁 지역에서 고통받고 있는 사람들을 위하여 다양한 전문적 활동을 하는 예비 의료인과 의료인들을 격려하고 지원할 수 있다. 이와 같이 최고의 인재들을 맡아 국가의 다양한 고급인재들로 발전시켜 나간다는 것이 지금 의학교육을 담당한 사람들에게 가장 큰 자부심이자 가장 무거운 사명이 되어야 할 것이다.

미래 한국의 의학과 의료는 정부나 국민으로부터 의사에게 주어지는 것이 아니다. 그것은 한국의 미래와 의료를 진심으로 고민하고 행동하는 의사들이 정부, 국민들과 함께 만들어 가는 것이다. 그것이 지금 의사들과 의학교육자들이 존재하는 이유이다.

후기

이 글은 저자가 2013년 한국의학교육 합동 학술대회에서 <의료현실과 의료정책, 의학교육의 불일치와 미래방향>이라는 제목으로 발표한 내용으로 그 학술대회 자료집 p27-33에 같은 제목으로 실렸었다. 이 책의 1판에도 같은 제목으로 실렸던 글이다. 10년도 더 전에 발표한 내용이었지만, 당시나 지금이나 의과대학에서의 교육, 전공의 교육, 전문의 자격 취득 이후의 사회에서의 의사들의 활동, 그에 따른 의대생들의 진로 선택과 같은 문제들은 본질적으로 아직 변화된 것이 없다. 다행히 최근 들어 이에 대한 좀 더 체계적인 논의와 성찰이 시작되는 것 같다. 그러나 그것이 단편적인 사고와 이익 여부 등으로 이루어지지 않기를 바란다. 결국 본질은 환자의 고통이고, 이것에 총체적으로 맞서서 해결을 시도하는 것이 한 사회 내에서의 의료의 역할이고 사회적 거버넌스의 역할이기 때문이다.

참고 문헌

안덕선, 의사연수교육기관 인증방안에 관한 연구, 대한의사협회 의료정책연구소, 2013.

양동현, 정두채, 서원식, 박효길, 김수한, 김경억, 의료환경 변화에 대한 연구: 의사 및 간호사 인력 및 의료기관 기능 재정립, 의료정책연구, 2009.

왕규창 등, 전문의 제도 개선방안 연구, 보건복지부 대한의학회, 2010.

정형선, 김진현, 박형근, 이왕준, 한동운, 적정 의사인력 및 전문분야별 전공의 수급추계 연구, 연세대학교 의료복지연구소, 2011.

General Medical Council, Tomorrow's doctors: Outcome and standards for undergraduate medical education, GMC, 2009.

Jeon WT, Jung H, Kim YJ, Kim C, Yune S, Lee GH, et al., Patient-Centered Doctor's Competency Framework in Korea. Korean Med Educ Rev, 24(2): 79-92, 2022. https://doi.org/10.17496/kmer.2022.24.2.79

CHAPTER 04

의학교육의 갈등구조 이해 및 변화관리
-의학교육이 사는 길과 죽는 길

I 시작하는 말: 의학교육이 가진 일곱 가지 문제

어느 의과대학이고 교육은 늘 해결하기 어려운 문제이다. 그 문제는 다음과 같이 구분하여 볼 수 있다.

첫째, 대한민국에서 최고의 인재만을 거의 독점하여 받고 있으면서도 그 학생들을 최고의 인재로 졸업시키지 못한다는 사회의 날카로운 비판이 문제이다.

둘째, 의대 교수들은 거의 모두 엄청난 진료 부담과 승진을 위한 연구 부담을 가지고 있어, 교육을 위하여 시간과 에너지를 내놓는 것은 엄두도 못 내는 것이 문제이다.

셋째, 의대 교수님들은 모두 각 세부 영역에서 그 대학 최고의 전문가요, 권위자로 존재하면서 동시에 어떤 형태로든 모두 교육과 연관되어 있다. 그리고 교수님 모두가 나름대로의 뚜렷한 교육에 대한 생각과 의견을 가지고 있어 그것이 하나로 모아지는 것이 거의 불가능하다는 것이 문제이다.

넷째, 신임 학장단은 일반적으로 2년이라는 짧은 학장 임기 동안에 무언가 의학교육의 근본적인 문제를 해결해 보겠다는 의욕은 있지만, 그것을 추진할 학교의 여러 여건도, 전문성도, 개혁에 따른 갈등들을 해결해 나갈 수 있는 정치력도 부족하여, 결국은 아무런 변화도 제대로 이루지 못하는 교육 거버넌스가 문제이다.

다섯째, 매년 입학하는 학생들의 특성과 관심 사항은 빠르게 변화해 가고 있는데, 반대로 교육에 참여하는 교수님들의 평균 연령은 계속 더 늘어만 가고 있어, 학생들과 소위 진정성 있는 교감을 나누기가 날이 갈수록 더 힘들어 지는 것이 문제이다.

여섯째, 그럼에도 불구하고 교육에 관심과 소명을 가지는 교수들이 그나마 있어 그분들이 스스로들 헌신적으로 공부도 하고 전문성을 가지고 교육 변화를 위하여 노력도 하지만, 학교 내에서 그들의 전문성과 역할을 인정하지 않고 시도하는 교육 변화에 대한 좌절만을 주어, 이들이 시간이 지남에 따라 점차 수면 아래로 사라져 간다는 것이 문제이다.

일곱째, 그러면서 원래 신중하고 보수적인 분위기의 의과대학은 교육에 있어 더 보수적이 되어가고 변화를 거부하면서 교육은 더 무기력하게 변화하고 그저 국가고시 합격 정도를 최고의 목표로 잡는 문제에서 헤어 나오지 못하고 있는 것이 문제이다.

이런 문제들에 정말 해결 방안이 있기나 한 것일까?

미국 의학교육계는 그동안 의학교육 변화와 그 관리를 위한 의미 있는 자료들을 발표하여 왔고 이것은 깊이 분석할 필요가 있는 자료들이다(ACGME & ABMS, 2000; Carole J. 등, 2000; George M. Bernier, Jr. 등, 2000; Helen Loeser 등, 2007; Geralyn Crain, D.D.S. 2008). 그러나 그

내용들을 그대로 한국 상황에 다 연결시키기에는 일정 부분에서 문화적 차이가 있음을 알 수 있다. 더구나 우리나라의 모든 의과대학들은 각 대학들만의 고유한 역사와 배경, 상황과 특성을 가지고 있기에, 이런 글에서 모든 대학에 다 적용될 수 있는 그런 마법의 탄환 같은 현명한 정답을 내 놓는다는 것은 매우 어렵다. 그러나 그럼에도 불구하고, 우리에게 주어진 의대생들을 위한 교육을 조금이라도 더 개선하기 위하여 교육변화는 불가피한 과제이다. 이 글은 우리나라 의학교육 현실 속에서 의학교육의 본질과 그 교육변화 관리를 위하여 생각한 몇 가지 사항을 정리해 본 것이다.

II 본론: 의학교육의 변화를 위한 일곱 가지 개념

의과대학이 가지고 있는 교육의 문제에 접근하고 해결하기 위한 변화를 이루기 위하여 의학교육이 가진 개념을 일곱 가지로 정리하면서 생각해 보기로 한다.

1. 의학교육은 명분이다

의학교육 변화를 이루기 위하여 필요한 첫 번째 사항은 교육변화에 나서는 주체가 가지는 "명분"이다. 의학이란 무엇이고, 의사는 누구이며, 그 의사들을 키워내는 의학교육은 무엇이고, 그 의학교육이 어떤 모습이 될 때 제대로 된 의사들을 배출할 수 있는가에 대한 진정성 있는 고민과 질문, 자성이 모든 교육변화의 명분을 제공하고 힘을 제공한다. 그런데 이런 명분은 의학교육의 목표를 무엇으로 제시하는

가에 따라 그 힘이 달라지게 된다.

만일 첫째로, 의학교육의 목표를 "의사 국가고시 합격을 위한 교육"이라 정한다면 교육변화의 명분은 그리 크지 않게 된다. 이러한 교육 목표는 가장 가시적이고 비교 평가하기 편리한 목표이지만 이것은 교육의 기계적 측면의 변화만 요구할 것이기 때문이다. 예를 들어 족보집의 더 정교한 작성, 더 많은 수험 준비시간 요구, 더 엄격한 졸업 자격조건 부여, 더 성실한 교수들의 강의 노력 등, 교육의 "운영 모델" 개선만 하면 되는데, 이것은 매우 작은 교육변화의 요구이다.

둘째로 "좋은 의사를 만들기 위한 교육"이라는 목표를 정할 수 있다. 그렇게 되면 교육변화의 명분은 좀 더 커진다. 그리고 이것은 우수한 교육 커리큘럼 작성, 우수한 교육 능력을 가진 교수의 확보, 좋은 교육 시설 완비와 같은 눈에 보이는 가시적 내용들을 포함한 교육의 "비즈니스 모델" 개선을 필요로 한다.

셋째로 "창의적 리더를 만드는 교육"이라는 목표를 정할 수 있다. 대한민국에서 가장 우수한 학생들만을 받는 정말 대단한 특권을 누리고 있는 의과대학들의 교육적 책임은 "양심적이고 안전한 의사 공급" 정도에 머물러서는 안 된다는 요구를 사회는 이미 하고 있다. 그런 사회적, 시대적 요구에 진정으로 부응하려면, 의학교육은 그 목표를 더 높여야 하는 힘겨운 과제를 안게 된다. 한국 전체 사회 및 세계의학계의 연구 및 진료영역에서의 차세대 주역들을 키워내야 한다는 과제가 주어지기 때문이다. 그것은 힘겹기는 하지만, 그러나 불가능한 과제는 아니다. 아니, 아니어야 한다. 이러한 교육의 목표는 교육변화에 거대하고 힘찬 명분을 제공한다. 의학교육은 학생들에게 더 큰 세상을 보게 하고 그 세상을 향한 책임감과 지적 열망을 주는 것이어야 한다. 이것은 이 사회와 학생들에게 본질적으로 필요한 것은 무엇이며, 그것은 누가 어떤 정신을 가지고 접근하여야 하는가 하는 질문과 연관된 교육의 "정신 모델"의 혁신을 요구하며, 가장 큰 교육변화의 명분을 가지게 한다.

그러나 한 의과대학에서 어떤 교육목표를 선택하고 그에 따라 움직이도록 결정하는 것은 그 대학 내에 존재하는 "정치 모델"에 따라 정해진다. 이것은 조직 내의 의사결정이 이루어지는 과정의 힘의 역동성(Dynamics)을 나타낸다. 그리고 결국 교육변화란 위에서 이야기한 "운영 모델", "비즈니스 모델", "정신 모델"과 그 한가운데에 존재하는 "정치 모델"의 상호 역학에 따른 작용들이 결과이다. 그런 의미에서 의학교육의 시작은 "명분"이다. 누가 어떻게 어떤 명분을 가지고 얼마나 힘 있게 교육변화에 임하는가가 그 대학 교육의 미래를 결정하기 때문이다. 또한 교육은 학생과 사회와 미래를 향한 숭고하고 강력한 명분을 가지는 것이기에 성공할 수밖에 없다는 점을 인식하고 임하는 것이 필요하다. 그러므로 대학에서 교육변화를 추진하고자 하는 사람들은 이와 같은 "성공할 수밖에 없는 명분"인 이 교육에 그 학교에 적합한 "빅 스토리(Big Story)"를 옷 입히는 것이 필요하다. 교수들이 교육에 관한 그 이야기를 들었을 때, 마음이 설레고, 위대한 교육자가 되기 원하게 만드는 그런 빅 스토리가 소개되면, 교육은 힘과 방향을 가지게 된다. 학생들이 그 이야기를 들었을 때, 의사로서, 사회 지도자로서, 세계 문제의 해결자로서의 자기 소명을 더 크고 선명하게 느끼고 가슴 뛰게 만드는 그런 빅 스토리가 있으면 교육변화는 성공할 수 있다.

2. 의학교육은 열정이다

앞에서 보았듯이, 교육은 명분이다. 그러나 그 명분이 학교에서 구체적인 변화를 만들어 내기 위해서는 반드시 "열정"이 필요하다. 많은 대학이 아직 교육 인센티브 제도를 가지고 있지 못하다. 임상 활동이나 연구에 대한 인센티브는 크게 운영되면서도 교육 인센티브는 제공하지 못하는 상황 속에서 교수들이 교육을 위하여 자신의 시간과 힘을 쏟는 것은 오직 열정이 있어야만 가능할 것이다(물론 그렇다고 열정만 의지하여 교육 인센티브를 만들지 않아도 되는 것은 아니다. 교육 인센티브는 개발되어야 한다). 그 열정은 무엇보다 학생들에게 대한 열정이어야 한다. 학생들이 제대로 교육받고 훌륭한 인재로 커 가는 것을 보고 싶어 하는 그 열정이 있어야 한다. 또한 교수로서 자신의 능력을 더 창의적이고 더 의미 있는 일인 교육이라는 것에 쓰고 싶은 열정이 있어야 한다. 그리고 자신의 전공 분야를 좀 더 잘 가르치려는 열정에서부터 의학교육 전체의 구성과 기획, 운영이 잘 되기를 원하는 열정으로 그 열정이 점차 커져가야 한다.

극도로 열악한 여건하에서 변화를 향한 열정을 가지는 사람들에 대하여 Gary Hamel(2000)은 혁명의 시대에 있는 전쟁에서는 정규군이 아닌 게릴라가 필요하다고 이야기한다. 즉 자신을 초개처럼 버릴 수 있는 성실하고 부지런한 군인(꿀벌)보다는, 자율적이고 동기가 부여된 게릴라가 필요하다는 것이다. 좋은 교육을 시행하기에 너무도 많은 제약이 있는 현 시점에서, 주어진 여건하에서 성실히 그 교육 역할을 수행하는 교수들만으로는 교육은 진전하지 않는다. 교육은 새로운 시각과 열정, 동기를 가진 게릴라 같은 의대 교수들이 있을 때만 그 변화가 시작된다. 그리고 그런 열정을 보이는 처음 한 사람이 있게 되면, 차례로 같은 열정을 가진 사람들이 자발적으로 나타나게 된다. 그리고 역사의 변화가 시작된다. 그런 의미에서 교육은 누군가 먼저 헌신하는 열정적인 개척자를 요구한다. 교육은 교육 이론이나 교육 테크닉에 존재하지 않고 열정 속에 존재하기 때문이다.

3. 의학교육은 게임이다

그러나 의학교육은 명분과 열정만으로는 완성되지 않는다. 왜냐하면 의학교육은 학교에서 벌어지는 매우 복잡한 "게임"이기 때문이다. 학생과 교수와의 게임이고, 교수들 간의 다양한 인간관계의 게임이고, 교육 철학의 게임이며, 과거 역사와 현재 상황의 게임이다. 대학 행정을 담당한 학장단과 교내 의학교육 전문교수 집단, 그리고 일반 교수 사이의 게임이고, 시니어 교수들과 주니어 교수들 사이의 게임이다. 교수들과 교육 담당 직원들 사이의 게임이고, 대학에 오너가 있을 경우, 오너와 학장단과 일반 교수, 교육 전문가 집단 간의 게임이며, 또는 대학교 총장과 의과대학 학장과의 게임이며, 대학교 내 다른 단과대학과의 게임이고, 의과대학들 간의 게임이다. 이 게임의 특성과 룰을 정확하게 이해하지 못하면, 아무리 훌륭한 명분을 가지고 열정적으로 교육변화에 나선다 할지라도 결과적으로 교육변화는 만들지 못한다. 이 게임을 거시적으로 볼 줄도 알고 미시적으로 처리할 줄도 모르면, 교육은 늘 풀 수 없이 엉킨 실타래 같은 실망만 줄 뿐이다.

이러한 '게임'에 대하여 모든 것을 다 분석하는 것은 너무 복잡하고, 각 대학마다의 상황에 따라 다 다르기 때문에, 여기서는 대표적인 게임의 한 예로서 '학장단-교육전문가교수-일반교수'의 삼각 게임에 대하여 생각해 보기로 한다. 이 세 집단은 의학교육에 있어 가장 중요한 세 주체라는 점에서 의미를 가진다. 흥미 있는 것은 세 집단은 각자 서로 물고 물리는 장점과 단점을 너무도 명확히 가지고 있다는 것이다. 그것은 다음과 같다.

1) 학장단(학장, 의료원장, 교육 관련 부학장들, 임기를 가진 교육 관련 위원회 위원장 등)

- 강점: 교육자원을 움직이고 교육 정책을 도입하여 시행할 수 있는 권한을 가지고 있다.
- 약점: 임기가 정해져 있고 많은 경우에는 전문성을 가지고 있지 못하다. 또한 직접 학생들을 가르치는 일선에 서지 못한다. 때로는 임기 초기에 교육에 대한 열정이 있을 수 있으나 다른 일들에 비하여 우선순위에서 밀려 결국은 열정을 잃는 경우가 많다.

2) 교육전문가 교수들(각 의과대학 내에 있는 의학교육학교실 소속 교수들, 의대 전체 교육관련 위원회에 열정을 가지시고 지속적으로 속해 있으면서 대학의 교육 정책을 결정하는 일에 참여하여 교육의 전문성을 인정받고 있는 교수들)

- 강점: 전문성을 가지고 있고 교육에 대한 꾸준한 열정을 가지고 있다.
- 약점: 학교의 교육자원을 분배하거나 교육 정책을 도입할 권한을 가지지 못한다. 때로는 교육에 대한 전문성으로 인해 일반 교수들과 교육에 대한 의식에 괴리가 생길 수 있다.

3) 일반교수들(모든 강의와 학생 실습 교육 등을 직접 담당하는 모든 교수들)

- 강점: 교육 현장에서 직접 학생들을 가르치는 역할과 책임을 가지고 있는 교육에서의 가장 큰 참여자이다.
- 약점: 많은 경우, 전문성이 부족하고, 교육에 관심도 없고, 교육에 관한 권한도 없다.

여기서 중요한 것은 교육의 세 주체가 모두 상대방이 가지지 못한 강점을 가지고 있으나, 동시에 상대방에게는 없는 약점도 가지고 있다는 것이다. 이런 상황을 서로가 명확히 인식하고 인정하면서, 하나의 팀이 되어 교육을 실행해 나가려는 노력을 하면 교육은 단기간에도 큰 발전을 이룬다. 그러나 서로의 단점을 비난하거나 냉소적 태도를 취하면서 한 팀을 이루지 못하면, 교육은 짧은 시간에도 매우 빠르게 혼란에 빠지고 악화된다.

학장단은 자신들이 가진 권한을 통하여 최고의 교육 발전이 이루어지도록 노력하여야 한다. 그런 과정에서 전문가 집단과의 협력은 절대적이다. 또한 자신들의 임기는 2년 단위로 구성되지만, 학생 교육은 그보다 훨씬 더 긴 호흡을 가지고 진행되고 있다는 사실을 인정할 줄 알아야 한다. 또한 전문가 집단이 새로운 방향으로 나아가면서 일반교수들과 갈등이 생길 때 그 중간에서 양측의 의견을 조절하고 타협이 이루어지도록 하는 것이 필요하다. 자신들의 주도로 교육변화를 일으키려 하기보다는 전문가 집단을 통하여 일을 진행하면서 전문가집단과 일반 교수 사이의 조정자 역할을 하는 것을 택하는 것이 일반적으로는 더 성공할 확률이 높다.

전문가 집단은 자신들의 전문성을 더 깊게 개발하여야 하지만, 동시에 이것을 좀 더 설득력 있게 학장단과 일반 교수들에게 설명할 수 있도록 노력하여야 한다. 예를 들어 학장단이나 일반 교수들이 보기에 지나치게 이상주의적이고 비현실적인 것처럼 보이면 전문가 집단의 전문성은 큰 의미를 가지지 못하게 된다. 따라서 언제나 일반 교수들의 의식에서 한 걸음 정도만 더 나아가는 아이디어를 제안하고 그것을 이루어 나가는 지혜가 필요하다. 또한 이들에게 중요한 것은 인격적으로 도덕적으로 학장단과 일반 교수들에게 신뢰를 받아야 한다는 것이다. 그것에서 문제가 발생하면 아무리 전문성이 있다 할지라도 학교에서 역할을 담당하기에 어려움이 있게 된다. 그러기 위하여 중요한 것은 당연히 있을 수 있는 실수를 인정하고, 자신들이 내놓은 아이디어에 대한 피드백을 학장단과 일반 교수들에게 요청하고, 문제가 발견되면 즉시 수정할 수 있어야 한다. 정직한 모습이 가장 중요한 것이다.

일반 교수들은 학생들을 직접 가르치는 교육에 있어 아주 중요한 존재들이다. 그러나 시간도 부족하고 전문성도 부족하다. 어떤 경우에는 전문적인 교육이나 훈련에 의한 것이 아닌, 자신의 개인적 소신을 절대화하여 교육전문가들이나 학장단과 대결하려는 태도를 보이는 교수들도 있을 수 있다. 그것은 학교 교육 발전에 큰 저해 요소가 될 수 있다. 따라서 일반 교수들은 전문가 집단의 의견에 귀 기울여야 하고, 최소한 자신이 담당하는 교육 영역에서 좀 더 훈련되어 그 일을 할 수 있도록 노력하여야 한다. 그리고 교육에 대한 관심과 사명감을 더 느끼는 교수들은 점차 교육전문가 집단으로 들어갈 수 있도록 하여야 한다. 특히 교육에 있어서는 혁신적 아이디어를 가진 평교수, 젊은 교수들의 의견이 매우 중요하며 그들이 전문가 집단과 좀 더 적극적인 의사소통을 할 수 있는 시스템을 대학이 가지는 것이 중요하다.

이상과 같이 교육의 가장 중요한 담당자들이 가지고 있는 특성들이 긍정적으로 조합되는 게임을 하면 학생들은 최고의 교육을 받게 된다. 그러나 그 특성들이 부정적으로 조합되는 게임을 하게 되면 학생들은 최악의 교육을 받게 된다. 이런 게임을 어떻게 하면 더 긍정적으로 해나갈 수 있는가가 각 대학들의 가장 큰 과제일 것이다.

4. 의학교육은 모순이다

이와 같이 의학교육은 게임이기에, 의학교육은 기본적으로 의학교육을 구성하는 세 주체, 즉 학생, 교수, 대학이라는 조직에 대한 이해가 매우 중요하다. 그중에서도 특히 각 주체가 가지는 "모순성"에 대한 이해가 교육변화를 계획하고 추진하는데 매우 중요하다. 여기서는 그중에서 가장 대표적인 모순성에 대하여 한 가지씩만을 이야기 해본다.

첫 번째로, 학생들을 모순성을 이해하여야 한다. 학생들은 자신들이 받는 교육이 뛰어난 흥행성(재미)과 예술성(가치) 모두를 가지기 원한다. 하나의 교육이 이 두 가지를 다 갖추는 것은 하나의 영화가 그 두 가지를 다 갖추는 것보다 일반적으로 더 힘들다. 또한 학생들은 좋은 교육을 위하여 자신들이 고생하며 수고할 것을 감수하겠다는 마음이 있지만, 동시에 그것을 쉽고 편안히 하면 좋겠다는 마음 역시 강하다. 즉 학생들은 교육을 위한 노력 지불에 있어 공존할 수 없는 것의 공존을 요구하는 모순성을 가지는 것이다. 따라서 교육변화를 추진하는 그룹은 이런 학생들의 특성을 이해하고 그들의 자발적 협조를 얻을 수 있는 호소력과 지혜를 가져야 한다.

둘째로, 교수들의 모순성도 이해하여야 한다. 교수들은 학생들에게 정말 감동적인 교육을 실시하고, 학생들에게 존경받는 평생의 은사요 멘토가 되기를 진심으로 원한다. 그러나 진료 업무와 연구 부담으로 인하여 교육까지는 도저히 감당할 수 없다는 마음도 진심으로 가지고 있다. 그러다 보니 학생들과 개인적인 의미 있는 만남을 할 수 있는 소규모 학습에서의 교육자(예를 들면, PBL tutor) 같은 것은 귀찮게 여기고, 개인적 만남은 불가능한 대형 강의의 강의자로만 한 번 나서서 교육자로서의 자신을 확인하고 싶어 하는 모순이 발생하는 것이다. 교육변화의 선도자로서의 교육자적 기능을 담당하고 싶으면서도 동시에 이런 일에 나서 괜히 고생만 하고 욕만 먹을 수 있는 것은 당연히 피하고 싶은 마음이 공존한다. 교육변화를 추진하는 그룹은 교수들의 이런 모순을 이해하면서 그 해결책을 제시해 나가야 한다.

셋째로, 학장단의 모순성도 이해하여야 한다. 대학이라는 조직 자체는 오너가 있는 대학에서조차도 일반 기업과는 달리 교수 개개인의 존재 가치가 매우 크게 인정되므로, 누군가가 절대적 권한과 주도권을 가지고 변화를 이끌어 가기가 어렵다. 하물며 오너가 없는 대학에서는 그것은 거의 꿈에 불과한 경우가 많다. 교육변화를 원하지만 그것의 추진은 불가능한 모순이 발생하는 것이다. 또한 학장단은 자신의 임기 중에 정말 교육에 많은 발전이 있기를 원한다. 그러나 동시에 자신의 임기 중에 교육의 변화로 말미암아 평지풍파가 일어나고 큰 갈등이 만들어지는 것을 원치 않는다. 따라서 교육변화를 추진하는 그룹은 이런 조직의 특성을 이해하고 그것에 맞춘 변화 계획을 기획하고 추진하는 유연성이 있어야 한다.

그런데 이런 삼중 모순성 때문에 교육변화가 불가능한 것은 아니다. 그런 모순성은 상수로 존재하지만, 동시에 교육 여건은 그 변화의 주체와 상황에 따라 얼마든지 역동적으로 바뀌기도 하고, 그에 따라 전혀 예상하기 어려웠던 큰 긍정적 변화도 만들어질 수 있기 때문이다. 그러므로 중요한 것은, 이런 교육의 세 주체가 가진 모순성을 정확히 이해하고, 그에 맞추어 의미 있고 효과적인 변화 계획을 추진하는 것이다.

5. 의학교육은 팀워크이다

의학교육의 변화 성공 여부는 그 추진 집단의 팀워크에 달려 있다. 일반적으로 그 추진 집단을 교육 변화의 핵심이 되는 적은 숫자의 교수들만으로 생각할 수 있으나 사실은 그보다 훨씬 넓다. 즉 핵심 교수들 및 그 핵심 교수들을 적극적으로 지지하고 돕는 교수들, 지지적인 학장과 학장단, 오너가 있는 대학에서는 오너, 유능하고 헌신적인 행정직원들, 때로는 동창회 임원단 등이 모두 하나의 팀이 되어야만 교육변화는 제대로 진행되고 성공할 수 있는 것이다. 그러나 이들 모두가 처음부터 한 팀이 되어 일에 나서는 경우는 거의 없을 것이다. 중요한 것은 이들이 하나의 공통된 목표, 즉 "더 좋은 또는 최고의 교육"을 위하여 서로 진지한 의견을 꾸준히 포기하지 않고 나누어 완벽한 결론이 아닐지라도, 일정한 의견의 컨센서스가 형성되면 그것을 가지고 활동에 들어가는 것이다. 그 단계에 대하여는 다음 내용에서 좀 더 자세히 다루어진다. 여기서는 그런 팀의 팀원들이 어떤 역할을 어떻게 담당하여야 하는가에 대하여 조금 더 생각해 보기로 한다.

축구 경기를 하기 위하여 한 팀은 11명의 선수로 이루어진다. 그 선수들을 역할에 따라 크게 구분하면 공격수, 미드필더, 수비수이다. 그리고 경기에 이기려면 각 선수들은 자신들의 역할에 성실히 임하여야만 한다. 이것은 의학교육 변화라는 게임에서도 그대로 적용되는 역할 분담이다. Meredith Beblin은 기업에서 새로운 아이디어가 실제 결과를 만들어 내는 과정에서 어떤 팀워크가 있어야 하는지를 이론화한 "The Nine Beblin Team Role"을 이야기한 바 있다.[1)] 여기서는 팀원들의 역할을 다음과 같이 9가지로 구분한다. 즉, Resource Investigator(새로운 생각을 팀에 가져오는 사람), Teamworker(팀에 요구되는 일을 이룰 수 있도록 팀을 하나로 만들고 팀이 함께 일을 해 나갈 수 있도록 하는 사람), Co－ordinator(팀의 목표에 집중하고, 팀원 중 적절한 사람들을 찾아내어 그들에게 역할을 맡기는 사람), Plant(전통적이지 않은 방법으로 문제 해결에 있어 매우 창의적이고 유능한 사람), Monitor evaluator(필요로 되는 영역에서 논리적 시야 및 편파적이지 않은 판단을 제공하고, 감정에 좌우되지 않는 방식으로 팀이 가진 선택지에 대한 신중한 판단을 하는 사람), Specialist(팀의 핵심적 영역에 깊이 있는 전문 지식을 가지고 오는 사람), Shaper(팀이 계속 움직이고 일의 초점이나 동력을 잃지 않도록 필요한 동력을 제공하는 사람), Implementor(일의 실제 추진 전략을 짜고 그것이 가능한 한 효율적으로 추진될 수 있도록 하는 사람), Complete Finisher(마지막 단계에서 일을 다듬고 오류가 없도록 최종 검토하고, 가장 높은 기준으로 질 관리가 될 수 있도록 일을 마무리 하는 사람)이 그것이다. 좀 복잡하지만, 그 결론은 이것이다.

---

1) https://www.belbin.com/about/belbin－team－roles. 2024년 2월 13일 검색.

한 사람이 교육 변화를 위한 모든 일을 다 할 수는 절대 없다는 것이다. 그리고 더 바람직하다면 각각의 세부 역할을 담당할 사람들이 있어 제대로 된 축구팀이 되어야 한다는 것이다. 이들 사이에서 진정한 팀스피릿(Team Sprit)이 만들어 지고 팀워크(Team Work)가 이루어지기 시작한다면 대학의 교육은 분명히 변할 수 있다.

6. 의학교육은 단계이다

그러나 일반적으로 의학교육 변화는 한 번에 이루어지지 않는다. 이것은 매우 단계적으로 이루어진다. 따라서 변화를 이루려면 각 단계에 대한 이해를 하고, 그것을 충실히 이루어 나가는 것이 필요하다. 여기서는 그 교육의 변화 단계를 정리해 본다.2)

1단계: 위기감

변화는 현실에 대한 분명한 위기감이 있을 때에만 발생한다. 대학의 구성원 모두가 그 위기감을 동시에 함께 느낄 때도 있겠지만, 매우 적은 인원의 사람들만이 먼저 느낄 때도 있다. 어느 쪽이 되었든 중요한 것은 위기감을 느끼는 사람이 있는 순간부터 변화는 시작될 수 있다는 것이다. 그리고 그 위기감이 기관의 발전을 위하여 정말 필요

2) Carole J. Bland, PhD, Sandra Starnaman, PhD, Lisa Wersal, MA, Lenn Moorhead–Rosenberg, PhD, Susan Zonia, PhD, and Rebecca Henry, PhD, Curricular Change in Medical School: How to Succeed. ACADEMIC MEDICINE, VoL. 75, No.6. pp.575–594, 2000; Helen Loeser, MD, MSc, Patricia O'Sullivan, EdD, and David M. Irby, PhD, Leadership Lessons from Curricular Change at the University of California, San Francisco, School of Medicine, Academic Medicine, Vol. 82, No. 4. pp.324–330, 2007.

한 것이라면 그 위기감을 널리 퍼지도록 하는 것이 필요할 것이다. 여기서 중요한 것은 그 위기감이 사실과 미래 발전에 기반을 둔 것이어야 한다는 것이다.

2단계: 변화 선도팀의 구성

그러나 위기감이 실제 교육변화로까지 이어지려면, 그러한 위기감을 공감하고 함께 움직여 변화를 만들기 원하는 핵심 그룹이 형성되어야 한다. 홀로 가지는 위기감은 어떤 변화도 만들어 낼 수 없기 때문이다. 그러므로 뜻을 같이 하는 사람들의 그룹이 필요하다. 진정한 동료와 협력자가 있게 되면, 변화는 만들어 낼 수 있다. 일반적으로 이런 일에 적합한 사람으로는 대인관계가 좋고, 추진력이 있으며, 아이디어와 기획력이 좋은 사람들이다. 특히 어떤 부서 안에서 가장 바쁜 사람들이기보다는 두 번째로 바쁜 사람들이 이런 역할을 하기에 더 적합하다고 이야기된다. 그런데 이들 핵심 그룹에 들어오는 사람들의 핵심 조건은, 더 강한 위기감을 느끼고 있는 사람이 아닌, 전체 대학에서 신뢰와 존경을 받는 사람들이어야 한다는 것이다. 전공 분야나 연령 등과 상관없이, 인격적으로 신뢰를 받는 사람들로 핵심 그룹이 형성되지 않으면 변화를 만들기는 어렵다.

3단계: 비전 정립

변화선도팀이 만들어 지면, 이들이 해야 하는 가장 중요한 과제는 현재 위기를 만들고 있는 문제의 정확한 분석과 그것을 해결해 나갈 큰 비전을 정확히 만드는 것이다. 충분한 학습과 토론 등을 통하여 만들어질 그 비전은, 달성 가능하고, 명확하고, 다른 교수들과 학생들에게 영감을 주는 것이어야 한다. 이것이 최고의 명분이 되도록 하여야 앞으로 변화에 따른 수많은 갈등들을 극복해 나갈 수 있다.

4단계: 의사소통

비전이 정립되면 그것을 학교의 다른 교수님들과 학생들에게 전달하고 그들의 의견을 적극적으로 경청하며 대화를 나누기 시작하여야 한다. 모든 교수들은 각자 다른 시각과 가치관을 가지고 있기에 변화선도팀에 의하여 만들어진 비전에 대하여 결코 쉽게 동의하지 않을 수도 있을 것이다. 그러나 다른 의견을 가진 교수들과의 대화를 통하여 비전은 점차 확산되어 나가며, 때로는 수정을 거치면서 더 발전하고 있다는 것을 인식하여야 한다. 이 과정에서 중요한 것은 의사소통을 긍정적으로 하여야 한다는 것이다. 비전 전달을 하면서 부정적이고 누군가를 향한 공격이 되도록 하면 의사소통은 실패할 가능성이 커진다. 따라서 비전의 전달은 긍정적 메시지가 되도록 하여야 한다. 대표적인 예는 미국에서 인종 차별의 문제를 해결하려 노력한 마틴 루터 킹과 말콤 엑스이다. 마틴 루터 킹은 전체 미국인에게 정의와 평등의 정신을 회복하자는 메시지를 던졌다. 그러나 말콤 X의 인종차별에 대한 증오와 배타성을 이야기하였다. 그리고 궁극적으로 미국을 변화시킨 것은 말콤 X가 아닌 마틴 루터 킹이었다. 이 과정에서 중요한 것은 이러한 의사소통 과정을 통하면서 많은 새로운 교수들과 함께 비전을 이루기 위한 구체적 방법들과 전략들을 만들어 갈 수 있다는 것이다. 이것은 이미 비전 정립 기간 중 만들 수도 있으나 의사소통 기간 중에 수정할 수 있으며, 또는 새롭게 만들 수도 있다. 또 이 과정 중에 이루어야 할 사항 중 하나는 향후 교육변화를 만드는 데 중요한 역할을 할 수 있는 기관의 리더들을 만나고 설득하는 것이다. 그리고 그들과 함께 변화를 만들어 가도록 하는 것이다. 그들과의 만남을 중요하게 여기고 어떻게 교육이 바뀌어 나가야 하는지를 보여주어야 한다. 그들 전부를 다 그렇게 만들 수 없다면 그중 일부라도 그렇게 만들어야 한다. 만일 여러 가지 이유로 그들에게의 직접 접근하기가 어렵거나, 설득이 힘들면, 그 리더들에게 신뢰를 받으면서 리더들이 이해할 수 있게 비전을 설명해 줄 수 있는 있는 소위 "통역자(Interpretor)"를 갖추어야 한다.

5단계: 행동 유발, 장애물 제거

의사소통 및 의견 교환이 다 있고 나면, 이제 발표된 비전을 구체적으로 이루어 나가는 작업에 들어간다. 이 기간의 활동을 분석하여 보면, 비전을 구체적으로 이루는 작업보다도, 그런 작업에 따른 다양한 장애물, 부작용과 문제점들을 해결하는 것이 주된 일이 된다. 이 과정에서도 기존의 변화선도팀 팀원뿐만 아니라 새로운 더 많은 교수들이 이 교육변화 사업에 참여할 수 있도록 노력하는 것이 중요하다. 결국은 얼마나 많은 교수들이 이 변화에 참여하게 되는가가 결과를 좌우할 것이기 때문이다.

6단계: 단기적 성과를 만들어 냄

그러한 활동을 통하여, 작게 승리하고 초기에 승리하고 자주 승리하는 것이 중요하다. 즉 초기에 작고 자주 있는 성과 제시를 하는 것이 필요한 것이다. 때로는 교육 개혁의 거대한 마스터 플랜은 이 단계까지 내놓고 있지 않는 경우도 있다. 특히 지도자들이 이해하고 동의할 수 있는 작은 개혁들을 먼저 이루어 놓아, 그들로 하여금 개혁 그룹이 비현실적이고 말만 하는 사람들이 아니라 현실적이고 헌신적이며 변화를 만들 수 있는 사람들이라는 믿음을 줄 수 있어야 한다. 또한 교육변화에 회의적이고 관심을 보이지 않던 대부분의 사람들이 새로운 교육변화에 관심을 가지고 태도를 긍정적으로 만드는 데도 이러한 초기의 작은 성과들이 중요한 의미를 가진다. 그리고 적극적 반대를 하던 사람들의 태도도 완화시킬 수 있다. 따라서 이러한 성과는 적절한 시점에, 의미 있게, 그리고 가시적으로 내놓는 것이 필요하다. 그리고 그에 맞추어 교육변화의 마스터 플랜을 제시하는 경우도 있다.

7단계: 변화의 정착 및 가속화, 행동을 모델화하기

일단 단기적 성과가 나타나고, 그에 따라 많은 교수들의 교육변화에 대한 관심도 높아지면, 그러한 단기적 성과들을 계속 나오게 하면서 장기적으로 안정된 새로운 교육 형식을 모델화하는 것이 필요하다. 이 과정에서 중요한 것은 일반적으로 이러한 변화를 추진하는 조직이 기존의 교육 관련 조직과는 별도의 독립적 조직이어야 한다는 것이다. 개혁의 프로그램은 기존 조직 안에서 일을 하지 말고 별도의 조직을 가지고 일을 하도록 하는 것이 성공 확률이 더 높다. 예를 들어 일반 교육 업무와 교육변화 업무는 다른 조직에서 다루도록 하는 것이다. 그리고 앞에서 이룬 작은 성취들보다 더 큰 성취를 이룰 수 있도록 시스템을 구축하고, 그 내용들을 잘 홍보하며, 드러나는 문제점들을 즉각적으로 처리하는 노력을 쉬지 않아야 한다. 이 단계가 일반적으로 학장단이 중요한 역할을 하게 되는 시점이다. 이때 학장단에서 기억하여야 할 사항은 다음과 같다.

1) 학장단이 직접 나서서 일하는 것이 아니라 변화선도팀의 교수들이 이 일을 안정되게 할 수 있도록 도와주는 여건과 시스템을 만들고 격려해 주어야 한다.

2) 이런 일을 추진하는 전략 자체를 학장단이 직접 짜고자 매달리면 안 된다. 추진 전략도 참여 교수들이 내놓고 일할 수 있도록 해 주어야 한다.

3) 기다려 주라. 모든 변화는 반드시 갈등과 어려움을 동반한다. 작은 문제들을 확대 해석하고 과장하는 사람들을 경계하여야 한다.

4) 지원하라. 보상, 승진, 리더십 훈련, 학회 참석, 전략계획 수립 책임 위임, 예산 지원, 행정 지원, 공간 지원, 인력 지원 등 일이 될 수 있도록 격려하고 지원하는 일을 하는 것이 학장단의 본질적 책임임을 기억하여야 한다. 관찰하고 비판하는 것은 다른 교수들도 다 한다.

물론, 이런 7가지 단계가 모두 꼭 단계적이고 순서에 따라 이루어지는 것만은 아니다. 많은 경우에는 이 7가지 단계가 몇 가지씩 묶여서 동시에 진행되기도 한다. 다만 이런 단계에 대한 이해는, 현재 진행되는 상황들의 특성을 이해하는 데 도움이 되므로 정리한 것이다.

7. 의학교육은 협상이다

교육은 길고 지루한 협상이다. 아무리 교육변화의 명분이 좋은 것이라 하더라도, 새로운 변화는 누군가의 기득권, 다른 시각과 가치관, 또는 반대를 통한 자기존재감 과시의 욕구, 경쟁심 등을 건드리는 것이다. 그런 이유들이 교육변화를 반대하게 하며, 그래서 대화와 협상이 필요하다. 그러므로 교육변화를 추진하는 사람들은 늘 더 효과적인 협상을 하는 일에 관심을 가져야 한다. 이러한 협상에서 기억할 사항은 다음과 같다.

1) 일종의 제로섬 게임을 하듯, 승자와 패자가 명확히 갈리는 협상을 하는 것은 좋지 않다. 그런 것이 불가피한 경우도 있을 수는 있겠으나, 많은 경우에는 공동의 더 높은 목표를 확인하고, 창조적 대안을 만들어 두 사람 모두가 승자가 될 수 있는 (물론 완전히 공평하게 만들 수는 없을지라도) 방법을 찾는 것이 필요하다. 일반적으로 교육에 있어서는 "학생들에게 더 좋은 교육을 제공하는 것"이 공동의 더 높은 목표가 될 수 있다.

2) 실질적 권한을 가지고 있는 사람과 협상하는 것이 필요하다. 그렇게 안 하면 시간 낭비가 되고 갈등을 증폭시키기도 한다. 어쩔 수 없이 실질적 권한이 없는 사람과 협상을 할 때에는 더 솔직한 정보를 주고받으면서 실질적 권한을 가진 사람과 하게 될 협상에서 제사할 수 있는 더 창조적인 대안을 찾는 노력을 할 수 있다.

3) 최종 목표에 도달하기 위하여는 그것을 방해하는 많은 변수들이 있는 것을 인정하고 인내하여야 한다. 최종적인 교육변화를 만들어 가는 길에는 직선도로만 있는 것이 아님을 인정하고 인내심을 가지고 멈추어 설 줄도 알고, 우회도로를 택하기도 하여야 한다는 것이다.

4) 협상의 상대방을 높이 인정하는 것이 필요하다. 예를 들어 교육에 대한 전문지식이 없다는 것을 이유로 낮추어 보면 안 된다. 전문가일수록 스스로 더 낮추는 겸손이 필요하다.

5) 협상하는 상대방에 대하여 더 많이, 더 깊이 아는 것이 필요하다. 오해나 무지가 좋은 협상을 하는 데 가장 큰 장애가 되기 때문이다. 서로 많이 알수록, 더 좋은 제3의 해결 방안을 찾기가 쉬어진다.

6) 반대자를 과소평가하지 말아야 한다. 그들의 행동을 예측하고 그들이 새로운 체제하에서 얻을 내용들을 설득하여야 한다. 그리고 그들이 교육에서 새로운 역할을 찾을 수 있도록 도와야 한다. 또는 반대자를 설득할 수 있는 영향력을 가진 사람들과의 대화가 필요하다.

그러나 어차피 모든 사람을 다 설득하고 모두와 다 좋은 관계를 맺는 것은 불가능하다. 학교에서 많은 교수들과 함께 고민하며 만들어진 올바른 방향의 동의된 생각들이 있게 되면, 반대하는 분들과도 충분히 이야기는 나누어 보완할 것은 보완하면서 일은 진행시킬 필요가 있다.

Ⅲ 마치는 글: 교육을 변화시키는 사람의 세 가지 특징

의학교육의 변화를 추진하는 교수들뿐만 아니라 대학으로서도,

교육변화는 너무도 하고 싶으나 너무도 힘든 일이다. 일반적으로 모든 변화의 시도가 중간에 좌절하는 것은 변화의 방향과 내용이 틀렸던 경우(20%)보다는, 그 변화에 따랐던 갈등과 문제를 관리하고 해결하는데 실패하였기 때문인 경우(80%)가 더 많은 것으로 나타난다. 즉 의학교육 변화의 개념을 만들고 비전을 세우는 것은 차라리 쉬우나, 그에 따른 갈등들을 극복하고 문제를 해결하는 것이 어렵다는 것이다. 그러므로 이런 갈등과 문제를 극복하고 해결하기 위하여 교육의 변화를 추진하는 사람들은 다음의 세 가지 노력을 할 필요가 있다.

첫째, 교육의 변혁자로서 일관성을 가져야 한다. 정말 중요하다고 생각하는 개념을 정립한 후에 그 일을 끝까지 꾸준히 추진해 나가는 사람만이 결과를 만들 수 있다.

둘째, 교육자로서의 브랜드 가치를 높여야 한다. 의학교육에서 중요 역할을 하시는 분들은 대부분 병원과 대학 현장의 임상의학 교수나 기초의학 교수이지 별도로 교육학 박사 학위를 받으신 분들이 아니시다. 그러나 교육 영역 중에서도 매우 특수하고 전문적인 의학교육 영역에서의 활동은 결국 그 내용의 전문성을 훈련받은 의사들과 기초학 교수들이 담당하여야 할 몫이 크다. 그러므로 의학교육을 담당하시는 분들은 자신들의 전문성을 높이기 위한 구체적인 노력을 더 하여야 한다.

셋째, 대학 안에서 인격적 신뢰를 받아야 한다. 대학 안에서 인격적 신뢰를 받는 사람만이 교육의 진정한 변화를 만드는 사람이 될 수 있다. 그들이 받는 신뢰가 변화의 가장 큰 무기이기 때문이다.

각 대학마다 너무도 다른 상황과 여건하에 있어, 의학교육 변화관리를 위한 어떤 마법의 탄환 같은 현명한 정답을 내놓는다는 것은 매우 어렵다는 것을 시작하는 말에서 언급한 바 있다. 그러나 억지로라도 그에 대한 키워드 세 가지를 이야기 한다면 그것은 아마도 "인내, 전문성, 인격적 신뢰"일 것이다.

위험한 것은 이 열악한 의과대학의 교육 여건 속에서 명분을 가지고 교육변화를 향한 혁명가가 되는 것이 아니다. 정말 위험한 것은 명분 없이 남과 같이 상태로 머무는 것이다. 그 순간, 우리의 학생들이 받는 교육은 무너지고 교수로서 우리의 삶과 존재 가치도 무너지기 때문이다.

후기

이 글은 2011년 제27회 의학교육학술대회에서 "의학교육에서의 갈등구조 및 변화관리의 원칙"이라는 제목으로 발표되었고, 의학교육논단 13(1) pp.3-11에 실렸었던 글을 수정 보완한 것이다. 그리고 이 책의 1판에도 실렸던 글이기도 하다. 이 글을 2판에 다시 싣는 이유는, 여기서 생각하고 제안하는 내용은 지금도 여전히 중요하고 어렵고 유효하다는 저자의 생각 때문이다. 저자가 속한 대학뿐만 아니라, 모든 의과대학에게 "좋은 의학교육"을 이루어 가는 것은 정말 어려운 "삼각외줄타기"와 같이 늘 아슬아슬하다. 전문성을 가지고 교육에 헌신하는 교수님들과, 교육에 대한 책임과 행정력을 가지고 있는 학장단과, 직접 학생들을 가르치시는 교육 일선에 계신 전체 교수님들이 함께 조화를 이루면 최고의 교육이 만들어지고, 그 조화가 깨지면, 한 순간에 최악의 교육으로 변하기도 한다. 저자의 생각, 분석, 제안도 많이 부족하다. 다만 이 글이 의학교육을 고민하고 계신 분들에게 토론의 시작 자료가 되기를 바란다.

참고 문헌

ACGME & ABMS, ACGME Competencies: Suggested Best Methods for Evaluation, ACGME/ABMS Joint Initiative Attachment/ Toolbox of Assessment Methods, Version 1.1, 2000.

Carole J. Bland, PhD, Sandra Starnaman, PhD, Lisa Wersal, MA, Lenn Moorhead-Rosenberg, PhD,Susan Zonia, PhD, and Rebecca Henry, PhD, Curricular Change in Medical School: How to Succeed. ACADEMIC MEDICINE, VoL. 75, No. 6. pp.575-594, 2000.

Gary Hamel Leading the revolution. Harvard Business School Press, 2007 (이동현 역, 꿀벌과 게릴라, 2007, 세종서적)

George M. Bernier, Jr., MD, Sheldon Adler, MD, Steven Kanter, MD, and Walter J. Meyer III, MD, On Changing Curricula: Lessons Learned at Two Dissimilar Medical Schools, ACADEMIC MEDICINE, VoL. 75, No. 6. pp.595-601, 2000.

Geralyn Crain, D.D.S., Managing Change in Dental Education: Is There a Method to the Madness?, Journal of Dental Education Vol. 72, No. 10, pp.1100-1113, 2008.

Helen Loeser, MD, MSc, Patricia O'Sullivan, EdD, and David M. Irby, PhD, Leadership Lessons from Curricular Change at the University of California, San Francisco, School of Medicine, Academic Medicine, Vol. 82, No. 4. pp.324-330, 2007.

Mamta K. Singh, MD, MS, Heidi L. Gullett, MD, MPH, and Patricia A. Thomas, MD, Using Kern's 6-Step Approach to Integrate Health Systems Science Curricula Into Medical Education, Academic Medicine, Vol. 96, pp.1282-1890, 2021.

Partricia A. Thomas, MD, David E. Kern, MD, MPH, Mark T. Hughes, MD, MA, and Belinda Y. Chen, MD, Curriculum development for medical education - A Six-Step Approah, Third Edition, Johns Hopkins University Press, 2016.

CHAPTER 05

학생 중심 의학교육
-또는 고(高)차원의 교수 중심 교육

I 시작하는 말: 두 단계의 학습

현대 의학교육에서 가장 강조하는 주제 중 하나는 "학생 중심 의학교육"이라는 것이다.[1] 그러나 학생 중심 교육(Student-centered Education)이라는 이 말의 개념이 무엇이고, 그것이 교육 현장에서 적용될 때 어떤 철학과 원칙, 전략을 가져야 하는지에 대한 개념의 혼란, 또는 이해 부족이 의과대학 안에서 많은 갈등과 논란을 만들고 있다. 이 글에서는 이 주제에 대하여 생각해 보기로 한다.

학습이란 두 가지 측면을 가진다고 할 수 있다. 1차 학습은 사실적 지식과 정보를 습득하는 것이다. 학습자가 아직 모르던 새로운 지식과 정보를 설명 받고 이해하여 충분히 자신의 지식으로 만들어 가는 과정이다. 2차 학습은 그렇게 습득한 사실적 지식과 정보를 토대로, 자신이 알게 되었다는 것을 정말 제대로 알고 있는 것인지 타인과의

1) HeeyoungHan, C Leslie Smith, BoyungSuh, Frank J Papa and Dan Hunt, How Students Learn, (A Practical Guide For Medical Teachers Sixth Edition, Elsevier, pp.57-63, 2021.

토론 속에서 검증하는 방법을 배우고, 자신의 지식과 정보를 비판적으로 분석하고 평가하며, 자신이 가지고 있는 다른 영역의 지식들과 이것들을 융합하여 봄으로써 사고 능력을 높이고, 미해결 문제에 대한 새로운 해결 방식을 모색해 보는 것이다. 학습의 시기와 내용에 따라 이 두 가지 중 어느 측면이 좀 더 강조되는 시점이 있을 수는 있으나, 진정한 학습은 결국 이러한 두 측면 모두를 향해 움직여야 하는 것이다. 그런데 기존의 의과대학 교육이 1차 학습, 즉 사실과 정보의 습득에만 집중하여 학습을 시키고 2차 학습에 대하여는 그저 학생 개인의 관심과 능력에 맡겨 놓는 문제가 있었다고 할 수 있다. 그에 따라 가장 우수한 학생들이 입학하여, 밤을 세워가며 열심히 공부들은 하였으나, 그래서 정말로 최고의 국제 경쟁력을 가진 의사들을 배출할 수 있었는가에 대하여 우리는 쉽게 대답하지 못하고 있다. 과도한 1차 학습과 너무 축소되어 있는 2차 학습 앞에서, 우리는 교육의 본질을 다시 생각하게 된다. 그리고 교육의 본질에 대한 생각은 현 의과대학 교육 상황에 대한 세 가지 의문을 가지게 한다.

II 근본적인 의문과 두 가지 학습 이론

1. 세 가지 근본적인 의문

첫째, 교육이 이루어지는 공간과 시간에 대한 의문이 있게 되었다. 정말 교육이라는 것이 같은 시간에 같은 교실이라는 공간 속에서 교사와 학생이 함께 있어야만 이루어 질 수 있는 것인가에 대한 의문이었다. 특히 2020년부터 COVID−19로 인하여 디지털 원격 교육이 의학교육을 포함한 전 세계 대부분의 교육 현장에 강제로 도입되는 상황이 벌어지면서, 굳이 학생들을 학교 교실에 데려다 놓지 않아도 컴퓨터 화면 등을 통하여 교육은 이루어질 수 있는 것이라는, 그 본질적인 변화의 현상을, 낯설지만 분명하게 체험하게 된 것이다. 물론 동영상 등을 통한 교육은 학생들의 집중도를 유지하기 힘들고, 교사와 학생 간의 긴밀하고 직접적인 교류에 의한 교육 경험이 불가능하다는 점에서 여러 한계점을 가지고 있다. 그러나 지식과 정보를 얻는 교육이라면, 학생들은 이미 대학 입시 준비 기간 중에 인터넷 강의 스타 강사들의 강의를 자기들이 편리한 시간에 들으며 공부를 하여 왔었기에 꼭 교실 현장에 자신이 직접 가 있어야 하며, 다른 학생들과 같은 시간에 그것을 들어야 한다는 생각은 이미 없었고, 그래서 COVID-19 기간 중 느낀 학습에서의 충격은 사실상 거의 없었다. 과거의 틀에 묶여 있던 교수들만 충격을 경험한 것이었다.

둘째, 지식을 전달하는 주체 및 방법으로서의 교수의 강의와 그 내용이 가지는 효율성과 적절성에 대한 의문이 있게 되었다. 학생들은 당연히 많은 양의 학습을 해야 하고, 그것을 의과대학 교육이 적극적으로 시켜야 하는 것은 분명하다. 그러나 지식과 정보를 얻도록 하는 교육이 굳이 수업에 들어오는 교수들의 현장 강의를 통해서만 이루어질 수 있는 것인가에 대한 의문이었다. 사실, 매우 우수한 지적 능력을 가진 의대생들에게는 자율학습을 위한 최적화된 학습 자료 제공이 매우 중요하며, 그런 사전 학습 이후에 이어지는 수업이 더 효과적일 수 있는 것이다. 학생들이 배워야 할 것이 많으므로, 1차 학습적 차원에서 직접 학생들을 가르칠 수 있는 강의 시간을 많이 받아야 한다고 주장하시는 교수님들의 생각은 그런 면에서 학생들의 진정한 필요와는 거리가 있을 수 있다. 가르쳐야 하는 것이 많아질수록, 학생들이 더 효율적으로 많이 배울 수 있는 학습 자료를 잘 만들어 학생들에게 제공하고, 그것을 학생들이 스스로 학습한 다음에 와서 2차 학습을 교수님과 가지는 것이 교육적으로는 더 효과적일 수 있다는 것이다. 어차피 학생들이 배워야 하는 지식의 양은 너무도 빠르게 팽창하고 있어, 교수님들께 강의 시간을 아무리 많이 드린다 할지라도, 그 내용을 다 가르치기는 쉽지 않을 수밖에 없는 것이다. 그러면서 최적화된 학습 자료를 학생들에게 준비하여 제공한다는 개념에도 새로운 도전이 있게 되었다. 2023년은 Chat GPT가 의대생들을 포함한 모든 학생들에게 대중적으로 공급되어 그들의 학습에 구체적으로 적용되기 시작한 원년이 되었다. 이제 학생들은 그 어떤 주제에 대해서도 Chat GPT를 통하여, 논리적 체계 속에서 나름대로 질서정연하게 정리된 자료를 제공받을 수 있게 되었다. 물론 Chat GPT가 제공하는 그 내용 자체가 아직 충분히 믿을 수 없는 부분이 여전히 많다는 것을 인정한다 할지라도, 이것은 거대한 변화가 시작된 것이었다. 그러면서 다시 한 번, 학생들이 스스로 공부할 수 있는 잘 정리되고 진짜로 믿을 수 있으며, 효과적인 학습자료의 제공이 모든 교육, 그리고 의학교육의 중요한 사안이 되었다. 그런데, 이런 학습자료를 굳이 학생이 소속되어 있는 의과대학의 교수님이 직접 만들어야 하는 것도 아니게 되었다. 이미 하나의 의과대학에서 그 전체 교육 콘텐츠 동영상을 체계적으로 만들어 전 세계에 제공하는 것도 있고[예를 들어 미국 듀크 의과대학과 싱가폴 DukeNUS 의과대학에서 제작, 운영하고 있는 "Learning in 10"(duke-nus.edu.sg/learningin 10과 같은 사이트)], 아예 상업화되어 비용만 지불하면 전체 의학교육 자료와 동영상을 볼 수 있게 되어 있는 체계(예를 들어 "Lecturio Medical" 같은 것)도 있게 되었다. 결국 학생들은 이미 소속 대학과 상관없이 자신들이 필요로 되는 학습 내용을 다양한 통로를 통하여 취할 수 있게 된 것이다. 이제 학교라는 물리적 공간과 소속 교수들에 의한 교육이라는 틀 자체에 대하여 다시 생각할 수밖에 없게 된 것이다.

셋째, 앞에서 언급한 1차 학습을 넘어서 2차 학습까지가 의과대학 정규 교육 안으로 들어올 수 있는가에 대한 의문이었다. 사실, 1차 학습인 정보와 지식의 습득이라는 측면에서도 같은 시공간에 학생들을 모아놓고 전달하는 것이 큰 의미가 없으며, 때로는 비효율적이라는 것은 우리가 경험상 인지하고 있다. 그러나, 전통적 학교 교육에서 정말로 2차 학습을 시도하는 것이 적절하며, 그것이 정말 가능한가라는 것에 대한 의문이 있게 된 것이다. 그러나 많은 교육학자들은 특히 대학 교육에서는 그것이 교육 본질의 반을 차지하는 것이며 그것이 학교 정규 교육 안으로 들어와야 한다고 이야기한다. 그래서 학생들이 1차 학습을 토대로 2차 학습에 도전할 수 있도록 학교 교육 체계가 움직일 때 진정 수월성 있는 교육이 이루어질 수 있을 것이다. 문제는 2차 학습 시간이 확보되려면, 기존의 1차 학습 시간이 일정 부분 조정되어야 한다는 점이다. 그것이 많은 의과대학에서 수업 시간과 연관된 갈등을 만드는 원인이 되었다. 그러나 이것은 한 쪽 시간이 늘면 다른 편의 시간은 줄어야 하는 제로섬 게임의 관계가 아니다. 지식 전달을 위한 1차 학습은 굳이 현장 강의 시간이 아닌, 사전 동영상 제작 등을 통한 학습 시간으로 더 효율적으로 이루어질 수 있다면 굳이 현장 강의 시간 수를 늘리려는 시도가 필요 없는 것이다. 그리고 2차 학습은 1차 학습의 자료를 가지고 진행되어야 하므로 1차 학습의 내용이 끊임없이 점검되고 적용된다. 이 둘은 서로 상호보완적으로 구성되고 운영될 수 있는 것이다. 아마도 더 중요한 것은 1차 학습에 투입되는 시간보다는, 1차 학습 내용을 어떻게 평가할 것인가에 대한 정교한 전략일 것이다.

그런 의미에서 의대 교육과정에 그것이 어떤 형태와 이름을 가지던, 2차 학습이 이루어질 수 있는 시간들을 만들어 가는 것이 세계 의학교육의 흐름이다. 학생들이 지식이나 정보를 얻는 그 과정에서 가지게 되는 질문과 혼란, 의견을 검토하고 검증하고 답을 찾는 것은 책을 계속 읽고 동영상을 반복하여 본다고 해결될 수 없을 때가 많다. 그것은 교수 및 동료들과의 대화 및 토론을 통하여 접근하고 해결할 수 있다. 그를 통하여 지식과 정보의 개념이 더 정확해지고, 이제 아는 것과 아직 모르는 것이 무엇인지를 좀 더 명확히 알게 되고, 앞으로 알아가야 할 새로운 지식과 정보에 대한 필요성과 호기심을 가지게 되고, 그를 통하여 새로운 지식에 접근하는 일을 좀 더 능숙하게 할 수 있게 되고, 기존에 가지고 있던 다른 영역의 지식이나 개념과 새로 익힌 지식이나 개념 사이의 연계를 시도할 수 있게 되고, 그를 통하여 사물을 바라보는 능력, 생각하는 능력 자체가 커지고, 새로운 연구에 참여하며, 자기효능감이 더 커지 될 수 있는 것이다. 이것이 동영상이나 온라인이 아닌, 교실 현장에서 이루어져야 할 2차 학습이고, 진정한 의미의 교육이 될 것이다.

이런 세 가지 의문들은 학습이라는 것이 무엇을 지향하여야 하는가를 생각하게 한다. 즉 이제 학습이라는 것은 더 이상 1차 학습, "지식 및 정보 전달에서 그치는 교육"이 아닌, 2차 학습, "그 이상의 것을 배우고 습득하는 교육"을 지향하여야 한다. 그러면서 엄밀히 말하자면

딱 맞는 용어라 할 수는 없으나, 전통적으로 1차 교육에서 교수가 지식을 전달하는 중심에 있었으므로 전자를 "교수 중심 교육"이라 명명하였고, 그 상대적인 개념의 용어로서 2차 학습까지를 강조하는 것을 "학생 중심 교육"이라 명명하였다고 볼 수 있다. 그러나 이 용어도 당연히 문제는 있다. "학생중심 교육"이 학습 목표를 이루려면 당연히 훌륭한 교수의 역할이 그 중심적 위치에 있기 때문이다. 다만, 전자에서는 교실에 거의 교수만이 살아있고, 학생들이 매우 수동적으로 다 죽어 있는 것처럼 존재한다면, 후자에서는 교수뿐만 아니라 학생도 살아있어야 하므로 그것을 "학생 중심 교육"이라고 굳이 명명한 것이라 보아야 할 것이다. 이런 개념들의 논의는 과연 교육이란 무엇인가라는 본질적 질문을 다시 하게 한다. 그리고 이 질문에 대한 대답을 하는 두 가지의 이론이 충돌한다.

2. 학습에 대한 두 가지 이론 충돌

그동안 학습이라는 것에 대하여는 두 가지 이론이 있어 왔다. 복잡한 학술 용어로 이야기한다면 실증주의(Positivism)와 구성주의(Constructivism)가 그것이다.[2)]

첫째, 실증주의(Positivism)에서 학습이란, 학생들은 지식을 모르고 교사는 그것을 아니까, 교사는 그것을 가르치고 학생은 그것을 배우면 된다는 아주 분명한 입장을 가진다. 여기서 그 지식이란 절대적이고

2) HeeyoungHan, C Leslie Smith, BoyungSuh, Frank J Papa and Dan Hunt, How Students Learn, (A Practical Guide For Medical Teachers Sixth Edition, Elsevier, pp.57–63, 2021.

관찰 가능한 진리이고(그래서 그것이 실제로 존재하다고 믿는 세계관을 가진다) 과학적 탐구가 그 확실한 지식의 기반이 된다고 믿는다. 그러므로 교육에서도 경험적인 사실에 근거한 이론이나 가설, 명제를 검증하고 믿으며, 비사실적, 초월적인 것들의 존재는 부정하려는 입장을 가진다. 따라서 실증주의의 입장에서 학습이란 "가르쳐지는", "절대적 진리"를 백지와 같은 상태에 있는 학생들이 스펀지처럼 받아들이도록 하는 것으로 본다. 이것이 전통적인 교수 중심 교육의 이론이었고, 지금 많은 의대 교수님들이 가지고 있는 교육 이론이라고도 할 수 있다.

둘째, 구성주의(Constructivism)에서는 학습의 과정과 내용을 좀 다르게 생각한다. 즉 지식이란 그렇게 명확한 실체를 가지고 학생의 머릿속에 주입될 수 있는 그 무엇이 아니라고 보는 것이다. 교사가 가르치려는 지식이 학생들에게 전달되는 순간, 학생들은 그것을 백지 상태에서 가르친 그대로 받아들이는 것이 아니라, 이미 자신만의 학습동기 정도, 자신의 머릿속에 가지고 있던 수많은 지식과 경험들, 인지의 틀 등으로 구성된 학습자 나름의 "이해의 틀(Schema)"을 통하여 지식과 정보를 해석하고, 비교하고, 정리하여, 받아들일 것은 받아들이고, 그렇지 않은 것은 "인지적 혼란(Cognitive Disturbance)" 과정, 즉 낯선 것에 대한 자기 나름대로의 협상과 타협을 통해 "나름의 수용과 이해"에 도달하게 된다고 본다. 즉 전달되는 지식은 학생에 의하여 재해석되고 소화되어 학생의 고유한 무엇으로 바뀐다는 것이다. 그리고 그 모든 일련의 과정을 학습이라고 보는 것이다. 그래서 교수와 학생에게 공히 다 받아들여지는 객관적이고 "절대적 진리"란 없을 수 없다는 생각을 한다. 실증주의와는 전혀 다른 세계관을 가지고 있는 것이다. 학생 중심 교육이란 이러한 구성주의를 토대로 한 이론이라 할 수 있다.

Ⅲ 학생 중심 학습의 원칙과 전략

거칠게 말한다면, 이 글에서 1차 학습이라 명명한 것은 실증주의 이론에 맞추어 이루어지는 측면이 크고, 2차 학습이라 명명한 것은 구성주의와 연관된 측면이 좀 더 있다고도 할 수 있다. 의학교육이라고 하는 것은 학생들이 전혀 무지한 영역인 의학지식을 처음으로 배우고 습득하는 것으로부터 시작하여, 그것을 토대로 환자들의 질병을 해석하고, 진단하고 치료를 시도한다는 점에서 그 어떤 학문 영역보다도 더 교육의 1차 학습, 사실적 지식과 정보의 습득이 중요한 영역이다. 그래서 실증주의적 교육이론이 큰 힘을 가질 수밖에 없는 측면이 있다. 그럼에도 불구하고, 의학교육에서도 구성주의적 기반을 가진 학생중심 교육을 일정 부분 중시여기는 것은, 의사의 환자와 사회를 향한 활동은 지식과 정보의 습득만으로 단순히 행할 수 없는, 훨씬 더 고차원적인 영역을 가지고 있다고 보기 때문이다. 즉 백지와 같은 학생들의 머릿속에 사실적 지식과 정보를 넣어 주는 동시에, 아직도 해결해 나가야 할 과학적 난제들에 대한 의문과 그에 대한 접근 및 연구 능력, 윤리적 이슈들에 대한 진정한 고민과 해법 모색, 다른 동료들과의 협력 수행 등이 이루어지려면, 지식과 정보에 대한 수동적 수용을 넘어선, 자신의 능동적 사고와 활동 능력을 필요로 하기 때문이다.

의과대학의 교육은 이미 철저히 실증주의적 이론의 틀 위에서 수행되고 있기 때문에, 그것은 더 논의할 필요가 적다. 그러나 구성주의에 기반을 두고 만들어진 학생 중심 교육은 의과대학 교육에서는 매우 낯선 개념이기에, 이에 대한 생각을 좀 더 명확히 하고 정리하는 것은 필요하다.[3] 학생 중심 교육이라는 낯설고도 굉장한 용어를 굳이 새로 쓰지 않는다 할지라도, 이미 의학 교육 현장에서는 이것이 다양한 형태와 정도로 이루어지고 있었던 것이 많이 있었다. 그러나 그것이 좀 더 체계적이고 효율성 있게 실천되려면 원칙과 전략이 필요한데, 이제부터는 그에 대하여 정리해 보도록 한다.

1. 학생 중심 학습의 6가지 원칙

학생 중심 교육의 개념들이 처음으로 등장하면서, Brandes and Ginnes(1986)는 이런 교육이 이루어질 때 있어야 하는 원칙을 6가지로 매우 명확하게 제시하였고, 이것은 그 후 가장 중요한 원칙 중 하나로 받아들여지게 된다. 그 6가지 원칙을 제목으로 하여, 필자의 설명을 붙여 본다면 다음과 같다.

1) 학습자가 자신의 학습에 대한 전적인 책임을 진다

전통적인 교육에서는 교수가 교육과 학생들의 학습에 대한 책임을 진다고 보았다. 그래서 잘 가르치는 교수가 교육의 중심이고 매우 중요하였다. 학생은 그저 교사의 지시를 잘 따르기만 하면 된다고 보

3) Daisy Christodoulou, 〈아무도 의심하지 않는 일곱 가지 교육 미신〉(김승호 역, 페이퍼로드, 2014)에서는 교육에서 1차 학습인 사실적 지식과 정보의 습득이 불충분하게 이루어진 가운데 바로 2차 학습에 집중하려는 교육의 문제점을 지적하고 있다. 맞는 말이고 동의한다. 그러나 지금 의학교육에서 문제가 되고 있는 것은, 지식과 정보의 전달 부족에 대한 우려가 아니라, 그 지식과 정보의 전달 방식에서 비효율성이 너무 커서 결국은 제대로 지식과 정보의 교육이 제대로 이루어지지 못하고 있다는 것, 그리고 1차 학습에 과도한 노력과 시간이 집중되어 2차 학습이 지나치게 간과되고 있다는 점이라고 할 수 있다. 의학교육에서 1차 학습과 2차 학습이 효율적이고도 균형 있게 이루어질 수 있도록 하는 것이 큰 과제이다.

았다. 그러나 학생 중심 교육에서는 학습에 대한 책임을 교사가 아닌 학생이 전적으로 가진다고 용감하게 선언된다. 그래서 학생 스스로 동기를 가져야 하고, 자신이 노력하여 최고의 학습이 이루어지도록 책임져야 한다는 것이다. 물론 그런 동기를 가지도록 하는 것은 교수이지만, 그런 교수의 자극에 반응을 보이고 진짜 내적인 동기를 가지고 유지하는 것은 학생이라는 것이다.

2) 학습에서 학생의 개입(Involvement)과 참여(Participation)가 있어야 한다

학습 과정에 있어, 학생은 수동적으로 교수가 주는 내용만 흡수하는 것이 아니라, 학습이라는 현상이 벌어지는 것에 자신이 적극적으로 직접 개입하고, 참여하여, 지식과 정보 앞에 서고, 생각하고, 토론하며, 교수와 상호작용을 가져야 한다는 것이다. 그것이 가장 극단적으로 이루어지는 것은 학생 연구가 될 것이다.

3) 학습자 간의 관계는 더 평등하고, 성장과 발달을 촉진하는 것이 되어야 한다

이런 과정에 있어 학생은 혼자 그 작업을 하는 것이 아니라, 동료 학생들과의 상호작용, 즉 격려, 지적 도전, 토론 등을 통하여 함께 학습의 과정을 만들어 가야 한다. 그래서 학생들 간의 관계는 평등하여야 하고, 일방적인 아닌, 상호 간의 성장과 발달을 촉진해 주는 사람이 되어야 한다는 것이다.

4) 교사는 촉진자(Facilitator) 및 자료제공자(Resource person) 이어야 한다

이런 학습의 과정에서, 교수는 가르치는 사람이라기보다는 학생들이 스스로 해 나가는 학습 과정의 촉진자 역할을 하여야 하고, 학생들이 필요로 하는 정보와 자료를 제공해 주는 사람인 동시에, 일종의 아이디어를 제공하여 학생들이 더 자극을 받아 학습 과정에 참여할 수 있게 하는 지혜자가 되어야 한다는 것이다.

5) 학습자는 자신의 학습을 통하여 정동적인 것(Affective)과 인지적인(Cognitive) 영역(Domain)의 통합(Integrated)과 같은 합류 (Confluence)를 경험해야 한다

구성주의적 시각에서 볼 때, 하나의 지식이나 정보는 단순히 인지적인 측면만 가지지 않는다. 그것은 과거의 경험과 지식, 인지 내용 등으로 만들어져 있는 인지의 틀(Schema)를 통하여 지나가면서 인지적인 것과 동시에 정서적인, 가치관적인 측면이 같이 자극되고, 그것을 통하여 원래 객관적으로 주어진 지식이나 정보가 좀 더 다른 의미와 형태로 바뀌어서 학생에게 주어진다. 따라서 학습은 그런 인지와 정동의 합치 과정이기도 하다. 학습은 그것이 이루어져야 이루어졌다고 할 수 있는 것이다.

6) 학습자는 학습 경험의 결과로서, 학습에 대한 더 높은 개념의 형성과 같이, 자기자신을 다르게 보는 일이 있어야 한다

결국 교육이란, 그 과정을 거치기 전과 후에, 학생이 달라져 있게 만드는 무엇인가를 말한다. 교육 이후가 교육 이전과 다르지 않다면,

“교육”은 이루어지지 않은 것이다. 여기서의 변화란, 지식의 유무나 정도의 차이의 변화도 의미하지만, 동시에, 그런 교육, 학습을 통하여, 자신에게 낯선 무언가 새로운 개념을 인지하고, 해석하고, 변형하여, 받아들이는 그 과정을 거쳐 간 그런 자신에 대한 새로운 이해나 감각을 가지게 되는 것도 의미한다. 즉 이제부터는 자기자신을 다르게 보게 되는 것이다. 그래서 학생들에게는 모든 것을 다 가르치려 하지 않아도 된다. 몇 가지 중요한 학습 경험을 가지게 되면, 그것을 토대로, 더 높은 동기를 가진, 그리고 학습의 노우하우(Know－how)를 가진 존재로 바뀌어서, 이제는 더 새롭고 어려운 지식 습득에 도전할 수 있게 되기 때문이다.

2. 학생 중심 학습의 전략

위의 원칙에 따라 진행되는 학생 중심의 교육이 실제 교육현장에서 어떤 전략을 가지고 이루어져야 하는가에 대하여 한희영 교수는 다음과 같은 항목들로 이야기하였다(HY Han, et al., 2021). 필자는 그 항목들을 제목으로 하여 필자 나름의 생각을 다음과 같이 붙인다.

1) 학생은 학습 과정의 각 단계를 숙달(Mastering)하는 것을 통하여 학습한다

교수는 학생에게 최종적인 정답만을 알려주고 빨리 외우라고 요구할 수 있다. 실증주의적 학습이론을 따른다면, 그것이 왕도이며, 학생이 중간에 머뭇거리고 고민하는 것은 의미가 없는 일이다. 절대적 진리, 정답은 이미 존재하고 있으며, 이해가 안 되면 일단 다 외우면 된다고 생각하는 것이다. 그러나 구성주의적 시각에서는 최종적인 답을 말하게 되는 것은 의미가 크게 없다. 그보다는 그러한 답에 도달하기 위하여 학생이 스스로 고민하고, 분석하고, 재조직화해보고, 그래서 나름대로의 결론에 도달해 보는 그 전 과정을 거쳐 나가는 그것이 바로 학습의 본질이고, 그것을 통하여 학생은 성장해 나간다고 보기 때문이다. PBL(Problem-based Learning)이 의대에 처음 도입되었을 때, 튜터로 들어가셨던 교수님들은 매우 답답해들 하셨다. 자신이 볼 때 답은 너무 뻔한데, 학생들이 그 결론에 도달하지 못하고 "헛소리"만 자기들끼리 진지하게 하고 있는 것이 너무도 의미 없고 시간 낭비라고 생각되었던 것이다. 실증주의적 시각에서는 그렇다. 그러나 실제로 학생들의 임상적 추론능력은 그렇게 우회하는, 때로는 지적으로 방황하는 과정을 통하여 자란다는 것을 점차 이해하시면서 진정한 PBL 튜터, 진정한 교육자로 변화해 나가셨다.

2) 학생은 연역적으로 뿐만 아니라 귀납적으로 학습한다

연역적 추론에서는 일반적인 것에서 특수한 것으로 나아가는 추론을 한다. 즉 이미 알고 있는 판단들을 전제로 하여, 그것들이 논리적으로 타당성을 가지는 것을 따져, 새로운 판단에 도달하는 것이다. 그래서 전제와 결론 간에는 반드시 '필연성'이 있다. 이렇게 되기 위하여는 추론을 함에 있어 '타당성'을 가지는 것이 중요하다. 귀납적 추론에서는 특수한 것에서 일반적으로 나아가는 사유의 추론을 한다. 여기서 올바른 추론이란 필연성이 있는 것이 아니기 때문에, 전제를 제시하고 그 전제로부터 나오는 결론이 성립되는 확률이 1에 가까워지는 추론이 되도록 하며, 서로 간의 '개연성'을 가지는 것을 인정하고 받아들인다.[4] 학생들은 새로운 지식과 정보에 접하게 되면, 그것을 연역적으로도 추론하고, 귀납적으로도 추론할 수 있는, 추론의 양면성을 가질 수 있어야 한다. 이미 답은 '필연성'을 가지고 정해져 있기에 더 생각할 것도 없다는 식의 접근 태도가 아니라, 일단 이것이 될 확률은 높으나, 전혀 다른 배경과 상황이 보이지 않게 존재할 수도 있는 '개연성'이 있을 수도 있다고 보는, 또는 그 반대로 여러 '개연성'이 존재하지만, 최종적으로는 '필연성'을 가진 답으로 귀결될 수 있다는 그 모든 것을 생각할 수 있을 때, 진정한 학습이 이루어 질 수 있다는 것을 인정하여야 하는 것이다.

3) 학생이 자신들의 학습을 연출한다(Direct)

학생 중심 학습에서 학생들은 자신들이 하는 학습에 대한 전적이고 최종적인 책임을 가져야 하기 때문에, 좋은 학습 결과에 이를 수 있도록 자기 스스로 창의적이고 적극적인 접근을 하여야 한다. 예를 들어 학습을 진행하다가 모르는 단어나 개념이 나왔을 때, 교수가 그에 대해 별도의 설명을 하지 않는다 할지라도 그것을 모르는 채로 그냥 학습을 진행하는 것이 아니라, 학생 스스로 그 모르는 개념을 인터넷을 통하여 검색도 해 보고, 유튜브에 나와 있는 설명 동영상도 보고, 관련 논문들도 찾아보아야, 그 개념을 이해한 후에 계속 학습을 이어갈 수 있다. 학생이 자신의 학습 활동에서 그런 것들을 스스로 창의적으로 이용한 것이다. 또는 자신이 이해한 것이 맞는지, 다른 동료 학생들에게 물어 보아 확인할 수도 있고, 교수에게 질문을 할 수도 있다. 이런 모든 행위들은 결국 학생이 자신의 학습을 자신이 연출한 것이

4) https://ko.wikipedia.org/wiki/%EA%B7%80%EB%82%A9/ (2024년 1월 3일 검색)

되는 것이다.

4) 학생의 자기성찰(Self-reflection)은 학습 과정의 경험에 있어 결정적(Critical)이다

학생 중심 교육에서는 학생이 주도적으로 학습 과정을 만들어 가기 때문에, 학생은 자신이 하는 그 학습 행위와 과정을 통하여 자신이 무엇을 배웠고, 그래서 자신은 어떻게 변화하였는지를 스스로 점검할 수 있도록 해 주어야 한다. 그런 의미에서 자기성찰이란 학생 중심 교육의 마지막 완성이라고도 할 수 있다. 최종적으로 어떤 지식이나 정보를 습득했다는 그 자체가 중요한 것이 아니라, 이런 지식과 정보에 도달하기까지의 과정이 적절하고 효율적이었는지를 생각하고, 만일 다음에 이런 유사한 지식과 정보 습득의 과제가 다시 주어진다면 그때는 이런 방식이 아닌 다른 방식으로 학습을 해 나가는 것이 더 좋겠다고 생각하는지, 이번 학습 과정을 통하여 내가 과거에 알고 있던 진리라고 믿고 있었던 것 중 어떤 것을 수정할 수 있었는지, 그럼으로 인하여 나는 이번 학습 과정을 통하여 어떤 변화를 하였는가 등을 생각하고 정리하는 것이 자기성찰인 것이다. 물론 모든 학습에 대하여 이런 자기 성찰을 다 하여야 하는 것은 아닐 것이다. 그러나 중요한 교육 프로그램을 운영한 후에, 학생으로 하여금 이러한 자기성찰의 시간을 가지도록 하는 것이 학생 중심 교육에서는 결정적인 중요성을 가진다는 것이다. 그리고 그런 자기성찰에 대한 피드백을 주는 것이 교수의 중요한 역할이 될 것이다. 이런 훈련이 되게 되면 학생들은 그 후에는 교수의 특별한 요구나 지시가 없이도, 스스로 자기성찰을 하는 능력과 습관이 생겨서, 더 큰 변화와 발전을 주도적으로 이루어 나갈 수 있는 존재가 될 것이다.

5) 학생은 신중하게 고안된 시행(Deliberate Practice)을 통하여 경험하는 자신의 부족함과 실수를 통해 학습한다

모르던 것을 새로 알게 된 것만이 배움의 전부는 아니다. 학생은 자신이 무엇을 모르고 있는가를 알게 됨으로써 그 모르는 것의 실체를 의식하게 되는 것 자체가 큰 배움이다. 그리고 그런 학습 과정 중에 자신이 여러 이유로 범하게 된 실수를 통하여 가장 큰 배움을 얻게 된다. 즉 배움이란 단순한 지식의 이전(Transfer) 현상만이 아니다. 인간의 총체적인 지적, 인지적, 정서적, 행동적 발달과 변화의 과정이고, 그것은 자신의 부족함을 인식하고, 실수를 통하여 더 분명하고 크게 이루어진다. 그러므로 깊은 지적 문제의식이나 호기심 없이, 그저 기계적으로 지식을 전달받고 외워서 그것을 이제 "안다"고 이야기하게 되는 것은 진정한 의미에서는 제대로 되고 본질적인 "학습"이 아닌 것이다. 그런 의미에서 교수는 학생들의 부족함, 결핍, 실수를 인정해 주고, 그것을 기반으로 문제의식을 가지고, 더 창의적이고 적극적으로 학습에 임할 수 있도록 격려해 주어야 한다. 무엇인가를 모른다고 야단치는 것은 교수의 역할이 아니다. 학습을 할 수 있도록 제대로 된 가이드를 주고 동행해 주는 것이 교수인 것이다.

6) 학생은 그룹 안에서의 다른 학생들과의 상호작용을 통하여 학습한다

조용한 독서실에 홀로 앉아 하루 종일 의사 국가고시 관련 책들을 보면서 시험 준비만 4년간 하여도 의사 국가고시는 합격할 수 있을지 모른다. 그러나 그렇게 하여서는 "제대로 된 의사"가 될 수 없을 것이다. 그가 가지고 있는 지식은 그야말로 책 안의 정보를 기계적으로 외운 것뿐이고, 시험 문제는 어떻게 풀 수 있었을지 모르지만, 진정한 의미의 "질문하는 법"과 누군가의 질문에 "대답하는 법"을 훈련받은 적이 없기 때문이다. 질문과 대답 시도, 그 시도된 대답에 대한 2차 질문, 그것에 대한 다시 2차 대답으로 이어지는 지적 활동을 통하여, 학생들은 비로소 자신이 책과 동영상 강의를 통하여 "지적으로 알게 되었다."라고 생각하는 것들을 검증할 수 있고, 다른 학생이 가졌다고 이야기한 지식과 정보를 검증하는 능력을 가지게 되어, 진정한 지식과 정보로 나아갈 수 있게 된다. 이것을 비효율적이고 시간 낭비적 활동이라고 생각하는 것은 매우 위험하다, 검증되지 않은 독단적 착각과 주장을 할 가능성이 커지면서, 결국은 환자의 건강과 생명을 위협하는 일이 발생할 것이기 때문이다. 그런 의미에서 전문직을 가진다는 것은 동료평가(Peer Review)를 받는 직업을 가진다는 것을 의미한다. 그리고 그것을 통하여 자신의 오류를 수정하는 과정을 받아들여 더 안전하고 높은 수행 능력을 가질 수 있게 된다는 것을 의미한다. 이렇기에, 학생 중심 교육은 학습 과정에서 학생들 간의 팀을 통한 상호작용을 매우 중요하게 본다. 교수가 가르칠 수 없는 것을, 학생들은 자신들의 상호작용을 통하여 학습하고 경험한다.

7) 학생은 실천공동체(Community of Practice) 안에서 학습한다.

그런 의미에서 학생의 학습은 개인적 활동인 동시에, 집단적 활동이 된다. 그것이 학교가 존재하는 이유이다. 즉 가르치는 교수가 있는 곳이라서 학교인 것이 아니라, 함께 학습의 과정을 거쳐 나가는 학생들의 공동체가 있기에 그것을 학교라고 부른다는 것이다. 학습을 실천하는 공동체라는 의미에서의 실천공동체로서의 학교가 될 수 있도록, 대학은 학교의 유형, 무형의 구조를 만들어 나가야 할 필요가 있다. 대학 건물 자체가 대형 강의실들로만 구성되어 있고, 작은 토론이 이루어질 수 있는 공간들은 없다면, 유형의 구조에서 실천공동체 운영은 힘들어진다. 또한 교육 커리큘럼이나 수업 운영 방식이 학습 실천공동체를 중심으로 이루어질 수 있도록 만드는 무형의 조직도 중요하다. 학생 중심 교육이란 이와 같이 학습 실천공동체를 축으로 이루어지는 것이다.

8) 학생은 진짜 환자를 돌보는 과정 중에 학습한다

현재 의학교육에 있어 큰 어려움 중 하나는 의학교육이 의료 현장에서 점점 더 멀어지고 있다는 것이다. 환자들의 권리 의식 등이 커지면서, 환자들이 교육 과정이나 수련 과정에 있는 학생이나 전공의들이 자신들의 진료에 참여하는 것을 혐오하고 문제 제기까지 하는 상황이 되면서, 학생들은 그야말로 의료 현장에 접근조차 하기가 어려워져 있다. 그래서 병실 환자의 침대 옆이 아닌, 동영상과 컴퓨터 시뮬레이션 프로그램을 가지고 의학교육을 시키는 것이 점점 더 커지고 있다. 그래서 컴퓨터 모니터상의 가상 환자에게 익숙히 질문도 하고 무언가 조치도 취하는 것 같지만, 정말 환자 앞에서는 너무도 긴장하고 머리가 하얗게 되는 일들이 실제로 발생하고 있는 것이다. 이것은 모순이다. 학생이 교육을 받아 전공의가 되고, 전공의가 교육을 받아 전문의가 되는 것은 당연한데, 그 학생들과 전공의들이 중요한 학습 과정을 의료 현장에서 거치지 않도록 요구하면서, 의학교육의 최종산물인 전문의만 요구하는 것이기 때문이다. 이것은 다른 환자들을 가지고 훈련받는 것은 필요하다는 것을 인정하지만, 나를 가지고 훈련하는 것만은 절대 안 된다는 식의 생각을 하는 것과 연관된다. 이것은 모순이고 이기적인 사고일 것이다. 물론 의과대학과 병원들은 환자가 안전한 가운데 진료 받을 수 있도록 모든 노력은 다 기울여야 한다. 그러나 특히 대학병원 등의 수련병원에서 환자가 되어 진료를 받는다는 것은, 자신이 진료를 받는 것인 동시에, 부분적으로는 미래 의사들인 학생들과 전공의들의 교육과 훈련 대상이 되는 것도 의미하는 것임을 인정하는 높은 시민의식이 필요로 된다. 의과대학은 이런 면에서 위축되고 소극적이 되어서는 안 될 것이다. 학생들이 진료팀의 당당한 일원이 되어 의료현장에서 교육을 받아 진정한 학습이 이루어질 수 있도록 대학은 노력하여야 할 것이다.

9) 학생은 일반적으로 비공식 학습(Informal Learning)이라고 불리는 정규 커리큘럼을 넘어서는 것들을 통하여 학습한다.

학생 중심 교육은 학생들의 자발적이고 주도적인 학습 행위를 중심으로 한다. 그러므로 교수가 정규 수업 시간에 학생들 앞에 서서 강의를 하는 것은 매우 부분적인 교육 과정의 일부일 뿐이고, 대부분은 그와는 다른 프로그램들이나 시간, 즉 정규 수업시간 아닌 학교 안과 밖에서 학습이 이루어지는 것을 인정하고 적극적으로 모색한다. 그것을 일반적으로는 비공식 학습(Informal Learning)이라 부르는 것이다. 그러나 이것은 그 시간을 학생들에게 전적으로 맡기고, 교수와 학교는 방치한다는 의미가 아니다. 이런 비공식 학습 역시, 학교와 교수들은 학생들과 사전에 논의를 하고 지원할 것을 지원하고, 그 결과에 대하여 함께 평가도 하고 자기성찰을 할 수 있도록 하는 것이 중요하다.

Ⅳ 마치는 글: 고(高)차원의 교수 중심 교육을 향하여

학생 중심 교육에 대하여 많은 교수님들은 다음과 같은 오해를 하실 수 있다. "결국 학생 중심 교육이란 교수가 학생들에게 아무것도 가르치지 않고, 자율학습을 시키고, 혼란 속에서 자기들끼리 토론만 하도록 하여, 교수는 아무것도 할 수 없고, 하지도 않는 것을 의미한다." 그러나 앞의 학생 중심 교육의 원칙과 전략에서 보았듯이, 그것은 큰 오해이다. 학생 중심 교육이 제대로 이루어지려면 교수는 잠깐 강의실에 나타나 자신이 평생 전공한 내용을 유창하게 강의하고 빠르게 나가는 것보다 훨씬 더 많은 "고도의 집중적 역할"을 하여야 한다. 그것을 정리해 본다면 다음과 같다.

1) 학생들에게 지식을 전달하기 앞서, 학습에 대한 동기를 유발시킨다

즉 수업 시간에 주어진 제목이 그것이니까 내가 가르친다가 아니라, 이것이 전체 의학 내용과 임상현장에서 어떤 의미와 아직 해결되지 않는 문제를 가진 주제인지 등을 설득력 있게 이야기하여, 학생들로 하여금 이 주제를 공부하고 싶은 호기심과 동기가 발생하도록 하는 것이 교수의 가장 먼저 되고 큰 역할이다. 만일 학생들 사전학습용 동영상 제작을 할 때에도, 강의 앞부분은 교수 스스로가 체험한 어떤 사례와 문제를 이야기하는 것으로 시작하는 것이 효과적이다.

2) 동기를 부여받은 학생들이 무언가 학습 활동을 하려고 할 때, 그 학습에 적절한 정보와 자료를 제공한다

일단, 호기심과 동기가 발생한 학생들에게, 이제 그 답과 지식을 찾아가는 과정에서 필요로 되는 자료들을 제공하면서 설명해 줄 필요가 있다. 즉 사실적 지식이 잘 정리된 자료, 관련 추천 책, 교수가 직접 제작하였거나 다른 곳에서 만든 동영상 등을 학생들에게 제공하여 학생들이 가장 효율적이고 체계적으로 그 지식과 정보를 정확히 습득할 수 있도록 해 주어야 한다. 이때 주어지는 이 자료들만으로도 충분할 수 있도록 최고의 자료를 만드는 것이 매우 중요하고, 교수님들의 큰 업무가 되어야 한다. 이것은 포유류 동물들을 학습하기 위하여 큰 동물원 입구에 선 초등학교 학생들을 교육시키는 선생님의 역할과 유사하다. 오늘 동물원에서 보게 될 동물들에 대하여 미리 공부할 수 있도록 책과 자료, 동영상 등으로 사전학습을 시킨 후에, 동물원에 데리고 와서 학생들에게 동물원 약도 및 안내 책자를 나누어 주는 것이다. 그리고 각 학생들이 가장 흥미를 가지고 있는 동물들이 동물원 어디에 있는가를 찾을 수 있는 동물원 약도와 그 동물을 찾아 갔을 때 펴놓고 답을 쓸 수 있는 워크북을 나누어 주는 것이다. 그리고 각자 관심 있는 동물을 찾아 가도록 해 주는 것이다. 이 과정 중에 선생님은 어디에 있을 것이라는 정보와 몇 시까지 여기에 다시 모이면 된다는 이야기를 해 주고, 이제 스스로 재미있는 시간을 마음껏 가져 보아라 하고 학생들을 출발시키는 것과 비슷한 것이다. 그리고 약속된 시간에 다시 모여 자신들의 경험을 함께 이야기하도록 하는 것이다. 그런 의미에서 사전 학습자료 및 좋은 약도와 워크북 책자를 만들어 제공해 주는 것이 매우 중요하다. 그저 앞에 나가 한 시간 강의하는 것과는 차원이 다른 교육적 노력이 필요한 것이다.

3) 충분한 사전학습을 전제로, 학생들이 가지는 질문을 더 진전시키고, 그들이 스스로 그 답을 찾아가는 과정을 돕는다

교수님들은 학생들이 충분한 지식을 미처 습득하지 않은 가운데 토론부터 하게 한다는 문제의식을 가질 수 있다. 그러나 제대로 된 학생 중심 교육에서는 철저한 사전학습이 핵심이다. 이것이 엄격히 평가되고 나서, 비로소 학생들은 호기심과 동기를 가진 주제에 대하여 스스로 또는 팀원들끼리 학습하고 토론하고 질문하며 답을 시도해 보도록 한다. 그 과정 속에서 학생들이 어떤 혼란이나 어려움이 생겼을 때, 그에 대한 답을 즉시 해주는 것이 아니라, 학생들이 그런 혼란이 생긴 원인이 무엇인지를 더 생각하여 찾을 수 있게 도움을 주어, 그 답을 학생 스스로 찾아갈 수 있도록 지원해 주는 역할을 하여야 한다. 이러한 역할은 거꾸로 학습(Flipped Learning)이나 팀기반학습(Team-Based Learning)과 같은 수업 현장에서 교수가 주로 하는 역할인 동시에, 동영상 학습자료를 만들 때도 고려하여야 하는 역할이 될 것이다.

4) 학생들로 하여금 자신이 경험하며 지나온 학습 과정 및 지적 활동에 대하여 스스로 성찰할 수 있도록 해준다

앞에서 이야기 한 바와 같이, 학생중심 교육에서 학생들의 자기 성찰은 학습의 최종적 핵심 과정에 속한다. 그러기에 교수가 이런 시간을 가지도록 하고, 학생들의 자기성찰에 대한 간략한 피드백을 주는 것은 교수들의 교육 최종적 핵심 과정이라 할 수 있다. 이것은 자기 전공 분야를 바쁘게 강의한 후에 시험문제 몇 개를 출제하여 그 채점 결과를 학생에게 점수로 통보하는 것과는 차원이 다른 교육 활동이다. 그리고 진짜 높은 교육 능력을 필요로 하게 된다.

5) 최종적으로 학생들로 하여금 사물에 대한 새로운 관점과 생각하는 수준, 그리고 문제 접근 능력, 자기 태도의 수정 등의 변화가 있도록 한다.

앞에서도 언급한 바와 같이, 교육은 그 활동이 있은 후에 변화를 만드는 것이다. 그러므로 교육이 있은 후에, 아무런 변화도 없었다면, 교육은 존재하지 않았던 것이다. 그 형식과 내용이 무엇이었든, 지식, 술기, 태도, 가치 등에서의 변화가 있었으면, 교육은 이루어진 것이다. 그런 의미에서 교수란 결국 "변화를 만들어 내는 사람"이다. 그래서 교수는 늘 교육 과정, 학습 과정을 통하여 학생들에게 어떤 변화가 생겨나도록 할 것인가에 대하여 생각하여야 한다. 계획된 긍정적 변화도 있을 것이고, 계획되지 않은 긍정적 변화도 있을 것이다. 그러나 계획되지 않는 부정적 변화도 있을 수 있다. 그런 의미에서 교수들은 학생들의 변화를 세밀히 주목하고 그것에 실망하고, 감동하는 사람이다.

이렇게까지 이야기한다면, 사실, 학생중심의 교육이 이루어지기 위한 교수의 역할과 업무량은 그냥 앞에 나가 강의 한 번하는 것과는 비교가 되지 않을 만큼 크고 무거운 것이 된다. 그러나 이렇게 할 때 비로소 "진짜 학습", "진짜 교육"이 이루어질 수 있게 된다는 것이다. 그리고 그런 의미에서 좀 과격한 표현을 쓴다면, 전통적인 교수 중심 교육이 "저(低)차원의 교수들이 하는 교수 중심 교육"이라면 학생중심 교육이란 "고(高)차원이 교수들이 하는 교수 중심 교육"이라고까지 할 수 있을 것이다. 교수 중심 교육은 동일한데 그것이 더 고급화된다는 것이다.

우리는 무엇을 가르치기 원하는가? 우리는 무엇을 가르치고 있는

가? 우리는 그것을 어떻게 가르치고 있는가? 우리는 우리의 학생들로 하여금, 지식과 문제에 접근하고, 정보를 재구조화하고, 그러한 자신들의 경험을 성찰할 있도록 하고 있는가? 그것이 진정한 교육이고, 그것이 바로 "학생 중심 교육"인 것이다. 그럼에도 불구하고 가장 큰 장애벽은 일부 의대 교수들의 실증주의에 대한 절대 확신이다.

후기

이 글은 2023년 11월 23일 건양의대에서 주최한 학생중심 의학교육 심포지엄에서 <학생 중심 의학교육의 철학적, 교육학적 측면>이라는 제목으로 저자가 슬라이드로 주제 발표한 내용을 토대로 하여, 그것에 좀 더 많은 생각을 담아 정리한 것이다. 많은 대학들이 학생 중심 의학교육 체제를 구성하려 수업 시간도 재조정하고, 학생 연구도 강조하고, 거꾸로 학습(Flipped Learning)이나 팀바탕 학습 등을 시도한다. 그러나 그럴 때마다 많은 교수님들의 반대에 직면하게 된다. 세계 의학교육은 분명히 이 방향으로 간다는데, 왜 교수님들은 반대하시는가? 그것은 이런 학습의 변화에 대한 이해와 그에 대한 토론이 불충분하였기 때문일 때가 많다. 모든 교수님들은 학생들을 더 잘 가르치고 싶어 하신다. 교육 변화에 가장 큰 반대를 하시는 분들이 사실은 학생 교육에 가장 큰 관심과 애정을 가지고 계신 분일 때도 많다. 그 분들과 함께 토론하고 대화하는 것 자체가, 사실은 교육 변화의 첫 단계이고 마지막 단계일 것이다. 교육에 정말 정답이 있을까? 세계 동향이면 정말 다 정답인가? 저자도 이 글을 쓰면서, 이것만이 정답이라는 식의 주장은 하기 어렵다는 것을 다시 한 번 생각하게 되었다. 다만, 우리는 그 정답을 향하여 더욱 진지하고 꾸준히 노력하며 시행착오를 넘어가야 한다는 것만을 생각하고 있을 뿐이다. 아마도 그것만이 정답일 것이다.

인류의 긴 역사 속에서 "학습"이란 개별 학습자 중심의 교육이 그 대세였을 것이다. 즉 원시시대부터 교육이란 보통 아버지가 아들에게, 어머니가 딸에게, 사냥하는 법, 농사짓는 법, 음식 만드는 법, 아기 돌보는 법 등을 가르치는 것이었을 것이다. 자녀들은 그 내용들을 배우면서 궁금한 것을 끊임없이 바로바로 물을 수 있었고, 부모 앞에서 실제 연습을 해보이면서 피드백을 받았을 것이다. 그 후 사회가 좀 더 발달하면서 조건이 되는 집안에서는 글자나 학문을 가르치는 것을 자녀에게 별도의 개인교사를 붙여서 공부하도록 하였을 것이다. 그것은 철저히 학생 수준에 맞추어서 진행되었기에, 교육이란 학습자인 학생의 개인적 특성, 인지 수준, 내적 동기 수준 등이 고려되고 그것에 맞추어서 이루어져 갔을 것이다. 그러다가 교육 대상자들이 점차 늘어나면서 그들을 모두 모아서 한꺼번에 가르칠 수 있는 소위 "학교"라는 제도가 사회에 작게 도입되었을 것이다. 그러면서 교육 대상자들이 더욱 증가하고, 교육을 받아야 하는 내용도 좀 더 다양화되고 전문화되면서 학교의 선생님의 역할이 점차 더 중요하게 되었을 것이다. 그러면서 교육이라는 것 자체가, 다수의 학생들을 대상으로 집단적으로 이루어지는 것이 되어갔고, 과거의 교육들과는 달리, 매우 일괄적이고, 일방적인 것이 되었을 것이다. 대규모 교육의 효율성을 위하여 학생 개개인의 특성, 인지 수준, 내적 동기 등은 무시되게 된 것이다. 이것은 지식을 전달하는 그 과정에서 중심에 교수가 있게 되었다는 것을 의미하였다. 그리고 세월이 자나가면서 이런 방식의 교육이 진짜 교육이고, 가장 효율적인 교육이며, 그래서 교육은 당연히 이래야 한다고 생각하게 되었다. 이 긴 과정을 통하여 형성된 의식에 우리는 지금 도전하고 있는 것이다.

참고문헌

김영전, 의학교육에서의 사회적 구성주의의 활용, 의학교육논단, 22(2) pp.85-92, 2020.

천경희, 인지적 구성주의에 근거한 의학교육의 발전 방향, 의학교육논단, 22(2) pp.77-84, 2020.

BoulusShehata, Ahmed Tlili, RonghuaiHuang, Michael Adarkwah, MengyuLiu, TingwenChang, How are we doing with student-centered learning facilitated by educational technologies? A systematic review of literature reviews, Education and Information Technologies, springer, 2023.

HeeyoungHan, C Leslie Smith, BoyungSuh, Frank J Papa and Dan Hunt, How Students Learn, A Practical Guide For Medical Teachers Sixth Edition, Elsevier, pp.57-63, 2021.

HeeyoungHan, Maria Mosley, Ihuoma(Yvette) Igbokwe, Shelly Tischkau, Technologies in Biomedical and Life Sciences Education, Springer, pp.61-83, 2022.

Michelle McLearn, Trevor Gibbs, Twelve tips to designing and implementing a learner-centredcurriculum: Prevention is better than cure, Medical Teacher, 32(3), pp.224-230, 2010.

Peggy A. Ertmer, Timothy J. Newby, Behaviorism, Cognitivism, Constructivism: Comparing Critical Features From an Instructional Design Perspective, Performance improvement Quarterly, 26(2), pp.43-71, 2013.

CHAPTER 06

절대평가를 향한 도전
-모든 학생 A급 만들기 프로젝트

I 시작하는 말

연세의대는 2014년 1학년부터 국내 최초로 학생 학습평가 시스템을 상대평가에서 절대평가(Pass and Non-pass system)로 바꾸었다. 여기서는 어떠한 문제의식하에 이러한 시도가 이루어졌으며, 이것을 통하여 향후 어떤 교육 문화 환경의 변화를 기대하였는지를 정리하여 보기로 한다.

II 상대평가를 통하여 경험한 의학교육의 문제점

1. 의미 없는 경쟁이 의미 있는 경쟁을 막아섰다

상대평가의 가장 중요한 가정은 "경쟁이 발전을 이룬다."라는 것이다. 즉 경쟁을 시킬수록 학생들은 더 많이 공부하고, 더 많이 공부할수록 더 유능한 의사, 유능한 의학자가 될 것이라는 가정이다. 그러나 그 가정이 맞으려면 조건이 있어야 한다. 경쟁이 목표에 맞추어 의미 있는 영역에서 벌어지도록 하여야 한다는 것이다. 목표와 상관없는 영역에서 경쟁을 시킨다면, 그 경쟁은 아무런 의미를 가지지 못한다. 따라서 중요한 것은 "의학 교육의 목표가 무엇이냐?"라는 것을 분명히 하고 그에 대한 경쟁을 시킬 필요가 있게 된다. 그러나 유감스럽게도 의학교육은 전통적으로 엄청난 의학지식에 대한 이해와 암기를 그 교육의 목표로 하여 왔다. 그래서 얼마나 많은 지식을 이해하고 기억하고 있느냐를 가지고 학생들을 경쟁시켰다. 암기해야 할 내용은 소위 "족보"라는 협소한 내용으로 학생들에게 정리되어 주어졌고 학생들은 단기간에 그 내용을 무조건 외우면서 97점을 받느냐, 98점을 받느냐는 무한 경쟁을 하여 왔다. 그런데 문제는 그렇게 암기를 잘하여 더 높은 등수를 받게 되면 그 학생이 향후 정말 유능하고 좋은 의사와 의학자가 되느냐이다. 정말 그렇다면 문제가 없는 것이다. 그러나 그렇지 않다면 의학 교육 현실은 심각한 것이다. 그런데 이미 인간의 두뇌보다 훨씬 더 많은 것을 저장하고 사용할 수 있게 하는 스마트폰이 각자의 손에 들려 쥐어져 있는 현 시점에서, 암기 무한경쟁은 오히려 학생들에게 의학에 대한 관심과 진정한 문제 해결 능력에서 더 멀어지게 하는 결과를 만들어 내었다. "경쟁이 경쟁력을 낮추고" 있는 이상한 상황이 벌어진 것이다. 그러나 더 본질적인 문제는 암기 경쟁을 많이 시킨 것이 아니다. 무한 암기 경쟁을 함으로써 학생들이 "더 중요한 학습", "더 의미 있는 경쟁"을 하지 않게 되었다는 것이 더 큰 문제이다. 의학을 공부하면서 기본적인 의학적 지식을 가진 후, 그것을 토대로 한 환자와 환자 주변 사회 환경에 대한 통합적 이해, 아직 의학적으로 해결하지 못하고 있는 내용에 대한 의학 연구에 대한 호기심과 그를 해결하려는 열정, 예비 의사로서 자신의 행동과 학습에 대한 내적 성찰 능력을 키우는 것 등이 의학교육이 이루어야 하는 더 중요한 목표이다. 오히려 경쟁을 시킨다면 이런 것들을 가지고 경쟁을 시켜야 정말 좋은 의사, 의학자들이 배출하게 된다. 그러나 현실은 그런 것에 대한 관심을 완전히 배제한 학생들만이 더 높은 학교 성적을 얻을 수 있다는 모순을 발생시켰다.

2. 최고의 학생들을 받아들인 후 절대 다수의 학생들을 스스로 실패자라 인식하게 만들었다

의과대학이나 의전원에 들어오는 학생들은 그 이전에 소위 "공부의 신"이라 불리어 온 학생들이다. 고등학교 성적 상위 0.1~0.5% 이내의 학생들만이 의대에 들어오고 있기 때문이다. 적어도 의학 공부를 시작하기 전까지는 평생 자기와 같은 공간에서 공부한 학생 중 자기보다 더 우수한 학생을 본 적이 별로 없는 학생들로만 구성되어 있다. 그리고 일반적으로 자기 성적으로 자신의 존재 가치를 증명하여 온 공통의 경험들을 가지고 있다. 이런 최우수 학생들에게 의학교육의 상대평가 제도는 그들 마음속에 있는 경쟁의식이라는 불길에 기름을 붓는 일이 되었다. 졸업 후 자신이 하고 싶은 전공과에 들어가기 위하여는 경쟁에서 이겨야만 하며, 자신의 인간으로서의 가치를 증명해 보이기 위해서라도 암기를 위주로 하는 상대평가에서의 경쟁은 매우 중요한 것이 되었다. 상대평가는 철저히 전체 학생들의 등수를 만들어 낸다. 전체 학생들이 다 교수들이 원하였던 학습목표에 도달하였다 할지라도 다시 그 안에서 0.1점들을 가지고 등수를 매겨 놓고야 마는 시스템인 것이다. 그래서 120명의 학생들은 1등부터 120등으로 나뉜다. 그 결과는 무엇일까? 10등이나 20등 안에 든 학생들은 그나마 안도를 하고 자신을 그래도 괜찮은 사람이라 생각하며, 의사로서의 자신의 앞날이 어둡지만은 않겠다는 생각을 한다. 그러나 21등부터 60등 정도의 학생들은 많이 실망하고 자신의 앞날을 불안하게 여긴다. 61등 이하의 학생들은? 그들은 자신이 평생 받아보지 못한 이 성적표에 경악하고 절망하고 자신들의 의사로서의 미래에 대하여 미리 포기한다. 100등 아래쯤 되면? 의학이라는 학문이 자신에게 전혀 맞지 않는 학문이라 생각하는 정도를 넘어서서 자신은 인간 쓰레기라고 자학을 하고 자존심과 자신감을 완전히 잃어 간다. 전국의 0.1%에서 0.5% 안에 든 학생들에게 일어나는 일이 이런 것이다. 사실은 20등 안에 든 학생이라도 실망하고 불안해 하기는 마찬가지이다. 2등도 힘들어 한다. 그러면 1등은? 1등도 이 다음 성적이 1등으로 계속 나오지 않을 것이라는 걱정에 힘들어한다. 120명 중 120명 모두가 대학이 원한 학습 목표를 다 이루었음에도 이런 일들이 벌어졌다면 이것은 얼마나 이상하고도 슬픈 일인가? 그러나 모든 학생들은 졸업 후 그야말로 다양한 전공 분야와 세부 전공 분야, 세부-세부 전공 분야로 나뉘어 갈 사람들이다. 그리고 그들은 모두 우수한 대한민국의 최고 인재이고, 그 영역에서 최고의 전문가로 커갈 사람들이며, 자신들의 사회적 역할들을 잘 해낼 사람들이다. 자신들이 가지고 있는 무한한 잠재력을 행복하게 인식하고 스스로 개발되어 가는 것에 대한 기쁨을 느끼며 그들의 젊은 의학도 기간을 보내야 하는 권리와 자격과 의무를 가지고 있는 존재들인 것이다. 많은 분들이 이야기하고 있다. 지금의 대한민국을 먹여 살리는 전자, 기계, 자동차, 조선산업분야는 30년 전 대한민국의 최고 인재들이 그 영역에 모여 들고 교육을 받았었기에 가능하였다고, 그래서 향후 21세기 전반기는 그 최고의 인재들이 거의 모두 들어가 있는 의학 영역에서 대한민국을 먹여 살리는 산업과 기술이 나와야 할 것이라고. 그런데 정말 그럴 수 있을까? 지금과 같은 상대주의 평가로 스스로에 대하여 실망하고 절망하는 학생들로는 대한민국의 미래를 담당할 의사, 의학자, 의료산업자들을 만들어 내지 못할 것이다.

3. 동급생들을 동료가 아닌 경쟁 대상자로 인식하게 하여 협력 능력을 낮추었다

의료 영역은 대표적인 협력 활동을 요구하는 영역이다. 혼자서는 아무것도 하지 못하고 반드시 다양한 직종과 기능의 사람들이 연합하여 일을 하여야만 그 목적을 이룰 수 있는 영역인 것이다. 그리고 정말 그러하다면, 의료인을 키우는 교육에서 "함께 일하는 방식과 태도"를 교육시키는 것은 필수적인 것이 된다. 그러나 상대평가 제도는 학생들로 하여금 자기 동급생들을 "함께 일할 동료"가 아닌 "목적하는 전공과에 들어가는 것을 막아서는 방해자요, 경쟁자"로 인식하도록 강요한다. 학교가 제시한 학습목표에 도달하지 못하는 동급생이 있을 때, 그 동급생이 학습 목표에 도달하도록 도와주고 격려하는 것이 아니라, 그에 대하여 철저히 무관심하거나 또는 극단적으로 그것을 방해하는 것이 자기에게 유리하다는 생각을 하도록 한 것이다. 학생 시절에 이런 경험과 태도를 가지게 된 학생들은 그 이후 전공의 기간 중에도, 전문의가 되어서도, 그런 태도와 생각에서 벗어나지 못한다. 그것이 지금 의료계와 병원이 가지고 있는 수많은 문제들과 한계들의 원인이 되고 있다. 즉 진심으로 누군가와 한 팀이 되어 함께 일하고 공동의 목표를 이루는 그 행복감을 누릴 줄 아는 사람들이 되지 못하여, 불행하게도 전체가 실패하는 결과를 만들어 내고 있는 것이다.

III 절대평가 제도를 통하여 기대하는 교육문화 환경의 변화

이상과 같은 문제의식에서 여러 가지 보완장치를 가지고 연세의대는 절대평가 제도를 도입하였다. 그리고 이러한 제도의 변화는 다음과 같은 의학교육에서의 교육문화 환경의 변화를 기대한다.

1. 암기의 경쟁이 아닌, 자기개발의 경쟁이 있기를 바란다

의학의 기본적인 지식과 술기를 습득하는 데 있어서의 상대평가를 통한 의미 없는 경쟁이 없어지고, 대신 그것을 기본으로 이루면서 있게 되는 진정한 자기 개발의 경쟁이 있기를 기대한다. 예를 들어 학생들이 누가 더 실험실에 오래 있으면서 끈질기게 좋은 연구 결과를 만들어 내는 가를 가지고 경쟁이 있기를 기대한다. 학생들이 누가 더 우리나라와 세계의 보건의료 문제의 본질을 파악하고 그 해결을 위하여 깊이 생각하고 책을 읽고 토론하고 국제적인 경험을 쌓아가는가를 가지고 경쟁하기를 기대한다. 더 소외된 자들에게 더 진정으로 다가가 봉사하는 일을 가지고 경쟁하기를 기대한다. 그것이 진정한 의미 있는 경쟁이 될 것이다. 그리고 전공의 선발이 단지 학교 등수만으로 이루어지지 않고, 그들이 하였던 다양한 학습 활동, 연구 활동, 사회 활동, 봉사 활동, 공동체 활동 등으로 종합적으로 이루어져, 학생들은 자신들의 모든 활동을 가지고 평가받는 것에 대하여 신뢰를 가지게 되기를 기대한다.

2. 학습이 개인의 일이 아닌 공동의 일이 되어 협동 능력이 커지기 바란다

이미 개인적인 학습 능력은 검증이 끝났기에 의학도가 된 사람들이다. 이제부터 중요한 것은 1단계인 의학교육이 설정한 최소한의 학습목표에 모두 도달하는 것이고, 그것을 토대로 2단계인 각자의 자기개발을 이루는 것이다. 여기서 중요한 것은 1단계의 학습 목표를 이루는 일이 철저히 공동의 일이 되는 것이다. 거기서는 상대적 순위를 매기지 않기에 경쟁이 필요 없다. 따라서 모두가 함께 그 목표를 효과적으로 빨리 이루는 것이 더 중요하다. 그렇게 된다면 공동으로 협동을 한다는 것이 얼마나 흥미 있고도 효과적이고 좋은 일이라는 것을 알게 될 것이다. 그렇게 되면, 그 이후 2단계의 자기 개발 활동에서도 공동으로 협동하는 태도를 가질 것이고 그것이 그들을 더 성공적인 자기개발로 연결해 주기를 기대한다. 그래서 앞으로 의사가 되어서도 협동하고 공동으로 일하는 것에 능숙하고 효율적인 사람이 되기를 바란다. 연세의대에서는 이를 위하여 "학습공동체"라는 새로운 교육 시스템을 구축하고 학생들의 공동 학습과 공동 자기개발을 지원하기 시작하였다. 그 과정과 결과는 앞으로 다양하게 평가될 것이다.

3. 그래서 최종적으로 학생 각자가 스스로에 대하여 자부심을 가지고 자기 영역에서 최고의 전문가로서 행복하게 살아갈 수 있기를 바란다

의사도 되기 전, 상대적인 등수에 의하여 스스로의 수준을 미리 정해 버리고, 자신의 미래도 그것에 맞추어 스스로 제한하여 버리는 그런 불행한 일들이 없기를 바란다. 이미 의학을 공부하게 되었다는 그것만으로 행복을 느끼고, 의학을 공부함으로써 다른 고통 받는 사람들을 도울 수 있게 되었다는 것에 무한한 자부심을 느끼고, 그 자부심을 바탕으로 끝없이 세분화되어 가는 의학의 영역 중 어느 한 영역을 담당하여 그것을 잘 발전시켜 나가면서 기여할 수 있는 의사들이 되기를 바란다. 그런 의사들이 되기 위하여 자기 개발과 진로 선택을 위한 충분한 정보와 경험을 가질 수 있도록 대학에 다양한 프로그램들이 개발되고 운영되기를 기대한다.

Ⅳ 마치는 말

그러나 의학교육은 매우 복합적이고 많은 요소를 동시에 가지고 있는 영역이다. 그런데도 마치 한국 의학교육의 모든 문제가 상대평가에서 기인하고 있는 것 같은 과장된 인식이 있지는 않기를 바란다. 그럼에도 불구하고, 교육은 평가와 밀접한 관계를 가질 수밖에 없다. 그래서 교육을 바꾸기 위하여 평가를 바꾸는 것은 교육계가 흔히 쓰는 효과적 방법 중 하나이다. 그것이 신중하고도 치밀하게 이루어 질수 있다면 학생과 교수를 바꾸는데 그것만큼 좋은 방법이 별로 없기 때문이다. 절대평가라는 제도 자체가 아닌, 이 제도를 고려하게 된 그 고민의 이유들과 기대를 잘 분석하는 그 어디쯤에서 한국 의학교육의 새로운 길을 발견할 수 있을 것이라 기대한다. 연세의대에서 절대평가를 도입하는 프로젝트의 명칭은 다음과 같았다. “모든 학생 A급 만들기 프로젝트”. 누군가에게 B, C, D, F를 줌으로써 만들어지는 A가 아니라, 모두를 A로 만드는 일에 대한 새로운 도전이다.

📖 후기

이 책의 4부 '의학교육의 현장'에서 자세히 설명되고 있지만, 연세의대는 2013년 우리나라 최초로 의과대학의 평가 시스템을 상대평가에서 절대평가로 바꾸었다. 이것은 당시로서는 매우 파격적인 변화 시도였다. 이것을 준비하고 진행하는 과정에서, 교내 및 교외로부터 수많은 질문들을 받았었다. 왜 이것을 하며, 그것이 지향하는 목적은 무엇이냐는 것이었다. 그에 대한 대답으로서 쓴 글이 이것이었다. 이 글은 이 책의 1판에도 실렸었다. 그리고 10년의 세월이 흘렀다. 그 결과는 어떠하였을까? 학생들이 서로를 경쟁자로만 보면서 동료로서의 의식이 없었던 것은 크게 호전되었다. 서로가 서로의 학습을 적극적으로 도와주는 문화는 정착하였다. 성적이 낮은 학생들은 자신들의 성적 수준을 잘 몰랐기 때문에, Pass가 되면 잘한 줄 알았고, 그래서 불필요한 자격지심도 없었고, 성급하게 국가의사고시 준비를 포기하려는 태도도 가지지 않았다. 학생들이 논문을 쓰는 것이 활성화되어 1년에 30여 편의 SCI급 논문들이 나오게 된 것은 국제적 상위 수준이라고 할 수 있다. 그리고 학생 창업이나 다른 사회적 활동에 적극적인 참여와 리더십 함양이 이루어지는 것도 잘 된 결과라 할 수 있다. 그러나 문제점도 드러났다. 아무래도 상대평가 때보다 학생들의 절대적 학습량이 줄어드는 문제가 발생하였고, 교수님들은 엄격한 Pass/Non-pass 기준점을 가지고 기준에 미치지 못하는 학생들에게는 Non-pass 판정 후 재교육 프로그램을 운영해야 했는데, 도입 초기에는 그것이 적극적으로 이루어지다가 점차 그 부담 때문에 쉽게 Pass를 시킴으로 재교육 대상자들을 줄여 본래 절대평가 취지에서 벗어나는 일들도 있었다. 또한 원래의 절대평가 취지와는 달리, 많은 교수님들의 도입에 대한 불안을 줄이기 위하여 일시적으로 Pass보다 위의 Honor 제도를 도입하였는데 이것도 문제가 되었다. Honor라도 있으니까 열심히 하는 하는 학생들은 Honor를 취득하기 위하여 노력하였으나, 그것이 어렵다고 느낀 학생들은 딱 Pass 정도에만 수준을 맞추어 공부하는 태도를 보여 학습량이 줄어들었던 것이다. 또한 상대평가에 따른 등수가 나오지 않는 상황에서, 학생들의 활동을 4년간의 포트폴리오를 통하여 평가를 하기보다, 학생의 성적표상의 Honor 숫자를 세는 교실들도 있게 되었다. 그것은 절대평가의 원래 취지에서 벗어난 일이었다. 절대평가는 분명 큰 방향으로서는 맞는 일이었지만, 그 세부사항에서 운영상의 개선을 해야 하는 부분은 많이 있었다. 때문에 앞으로는 기본의학 교육과정에서는 Honor 제도를 없애든지 지금보다 더 많이 축소하고, 임상실습 평가에서만 적극적으로 사용하며, 시험 성적을 각 개인 학생들에게는 통보하여 주어서 Pass를 하였더라도 학생이 자신의 학업 성취 수준을 정확히 알 수 있도록 해주며, 교수님들은 더 정확한 Pass/Non-pass Cut-off Point를 정하고 그것을 엄격히 적용하여 재교육 프로그램을 운영하도록 하는 것이 필요하다. 이를 위하여 연세의대의 CDP 2023에서는 수업 시간의 구성에서 앞부분 70% 수업 시간에서는 기본내용을 다루고 1차 평가를 하여 그것을 통과한 학생들에게는 30% 수업 시간 동안 심화 내용을 다루고, 통과하지 못한 학생들은 재교육 시간을 가지도록 하는 시간표를 구성하였다. 2013년 연세의대의 도입 이후, 연세의대의 시행착오를 잘 참조하시어서 절대평가를 도입하는 대학들이 늘어나기 시작하였다. 감사한 일이다. 그리고 절대평가에 의한 성적표를 가진 학생들이 전국의 병원들에 인턴 및 수련의 지원을 할 때 그들이 가지고 오는 포트폴리오에 대한 종합적인 평가를 잘 할 수 있는 능력을 수련병원들이 가질 수 있기를 바란다. 그것이 이루어져야, 비로소 진정한 절대평가는 완성될 수 있기 때문이다. 그것은 불가능하거나 어려운 일이 아니다. 등수 숫자 하나보다, 다면적이고 다양한 포트폴리오 내용이 그 학생의 능력을 훨씬 더 정확하게 설명해 주기 때문이다. 연세의대 신경과학교실 교수로서 CDP 2013과 절대평가 제도 도입에 핵심적 역할을 하셨던 허지회 교수님이 만드셨던 "모든 학생 A급 만들기 프로젝트"라는 절대평가 추진 프로젝트 이름은 지금도 여전히 유효하다.

CHAPTER 07

의대생 진로지도
-의학교육의 시작이자 끝

I 시작하는 말: 세 가지 이야기

1. 첫 번째 이야기

1997년부터 1999년까지 미국 Harvard 의과대학에서 연수 중이었던 필자는 어느 날 학교에서 한 의대생을 만나 이야기를 나눌 일이 있었다. 대화 중에 나는 의대생을 만나면 늘 습관적으로 던지는 질문으로서 앞으로 무슨 과를 할 생각이 있냐고 물었다. 그러자 그 학생은 자신은 "소아 법정신의학"에 관심이 있어 의과대학에 들어왔고, 그래서 앞으로 소아과를 할 예정이며, 이미 관련된 법의학 학술대회에 여러 차례 참가하여 논문도 발표하고 있다는 대답이 돌아왔다. 순간, 나는 머뭇대고 있었다. 물론 미국은 의전원 체제라서 학부 교육을 이수하고 의학 공부를 지원하고 있는 체제를 가지고 있는 것이지만, 자신의 진로에 대해 저만큼 구체적인 계획들을 저렇게도 분명하게 이야기할 줄은 미처 예상하지 못하고 있었던 것이었다. 그러면서, 인턴의 마지막 기간까지 전공 과 선택을 정하지 못하고 이리저리 밀려다니고 있는 한국의 젊은 의학도들이 떠올랐다.

2. 두 번째 이야기

2004년 미국 의학교육학회에 참석하면서 가장 인상적으로 보였던 내용 중 하나는, 그 당시 나로서는 처음 접해보는 "CiM"이라는 단어였다. 이것은 "Carrier in Medicine"의 줄임말이었고, 의과대학생들의 진로지도에 대한 것이었다. 비록 앞의 첫 번째 이야기 경험이 있기는 하였으나 그것은 그저 학생 개인의 특성으로 이루어진 일일 것이라 생각한 정도였다가, 이 학회에서 이와 연관된 수많은 활동들과 자료들을 접하면서, 이것이 학생 개인적 차원의 일이 아닌, 의학교육의 가장 중요한 핵심 내용으로 대학에서 다루어지고 있다는 사실을 알게 되었다. 그래서 관련된 책들을 몇 권 샀고, 우리나라에도 우리나라 실정에 맞는, 학생들의 진로선택 지도용 책이 있으면 좋겠다는 생각을 하게 되었다. 그러면서 만들게 된 책이 2006년 출간된 〈예비의사를 위한 전공선택 가이드북〉(전우택, 양은배, 김은경 공저, 군자출판사) 1판이었다. 이것은 학생들의 눈높이와 필요에 맞추어 전공 선택을 지도해 주는 최초의 책이었다. 이것은 그 후 8년이 지난 2014년에 2판(전우택, 양은배, 이수현 공저, 군자출판사)이 나와 현재까지 사용되고 있다. 가끔 어떤 의사들이 과거에 자신의 진로 선택을 하면서 이 책을 이용하였다는 이야기를 듣게 되면, 이 책의 3판이 필요한 시점이 되었구나 하는 생각을 하게 된다.

3. 세 번째 이야기

세월이 한참 흘러, 2024년 1월 대한민국의 모든 TV 뉴스의 헤드라인은 팔레스타인-이스라엘 군사적 갈등과 의과대학 정원문제였다.

그러면서 필수의료의 붕괴, 지역의료의 붕괴가 한국의 의료 상황을 상징하는 것으로 이야기되었다. 그리고 그 해법으로 정부와 여야는 의대 정원의 파격적인 증가를 제시하고 있었고, 의사협회를 포함한 의료 단체들은 의사들의 숫자가 증가한다고 지역의료, 필수의료에 투입될 의사들의 숫자가 늘어날 것을 보장할 수 없으며, 그보다도 더 본질적인 조치가 있어야 한다는 이야기를 하고 있었다. 이 현상을 여러 가지로 해석할 수 있었겠지만, 분명히 가장 중요한 것 중 하나는 이것이 “의대생에 대한 진로지도”와 연관된 이슈라는 것이었다. 사회보건의료의 재정적 구조와는 별개로, 의대생들과 젊은 의사들은 자신들의 의사로서의 삶을 어떻게 생각하고 진로들을 선택해 나가고 있도록 대학은 교육을 시켰는지와 연관된 일이라는 것이었다.

II 왜 학생 진로지도인가?

의학교육이란 의학의 지식과 술기, 그리고 태도와 프로페셔널리즘을 학생들에게 가르치는 것이다. 그것을 배워, 그 이후에 학생들이 어떤 진로를 택하여 어떻게 살아갈지는 전적으로 학생들의 몫이지 학교와 교수의 몫은 아닐 수 있다. 대부분의 대학에서도 다 그런 원칙하에 교육을 시킨다. 그러나, 의학교육은 좀 다른 측면이 있다. 학생의 진로 선택과 삶이 의학교육의 본질과 연결되는 측면이 있기 때문이다. 의학교육에서 왜 진로지도는 그 핵심 요소 중 하나인가?

첫째, 의학교육을 통하여 배출되는 의사들이, 의학의 각 영역에 적절히 배치되어 사회 속에서 그 역할을 다 할 수 있도록 하는 것은 의학교육이 가지는 중요한 사회적 책무이기 때문이다. 따라서 학생들이 불충분한 정보와 좁은 시야로 진지한 성찰 없이 대충 어떤 과가 요새 돈을 잘 번다는 식으로만 몰려다니는 것을 막고, 동시에 사회적으로도 균형 잡힌 인력 배치가 이루어지도록 하는 것이 중요하다.

둘째, 진로지도는 우리나라 의학의 미래 경쟁력과 직접 연관되어 있기 때문이다. 이미 의과대학 입학 전부터 특정 세부 전공 분야에 관심을 가지고 의과대학에 들어와 특정 과를 전공할 준비를 하면서 관련 학술대회를 참가하고, 논문 발표도 시작한 학생과, 마지막까지 무슨 과로 정해야 할지 갈팡질팡하다가 어찌어찌해서 특정 과를 하고, 또 어찌어찌해서 세부전공을 하게 되는 학생과는, 5년 뒤, 10년 뒤, 20년 뒤에 그 경쟁력에서 비교가 되지 않을 것이라는 것은 충분히 예상할 수 있는 일이다. 따라서 단지 의학교육을 시켜서 국가고시를 합격시키는 것만으로는 국가의 의학과 의료를 발전시키고 변화시키기 어렵다.

셋째, 학생들이 평생 의사로 활동할 때 자신의 전공과와 세부 전공에 대한 자부심과 행복이 있도록 하기 위함이다. 앞의 사례에서 보듯이, 의사 자체를 할지 말지에 대한 진로지도부터 시작하여, 의사를 할 경우, 어떤 전공과를 할지에 대한 섬세하고 안정된 진로지도를 하여야, 자신에게 맞는 전공과를 택하여 그들은 의사로서의 한 평생을 살 수 있게 된다. 그리고 의사가 행복하여야, 그에게 진료받는 환자들도 행복할 수 있다. 억지로 좋은 성적에 떠밀려 의대에 들어오고, 억지로 인기있는 과라고 떠밀려 들어간 후에, 평생, 자신의 의사로서의 삶을 불행하게 느끼며 억지로 살아간다면, 의학교육은 본질적으로 어딘가에서 실패한 것이 될 것이다.

Ⅲ 전공 선택에서의 오해와 새로운 수정안

1. 과거 이야기한 오해

필자는 앞에서 이야기한 〈예비의사를 위한 전공선택 가이드북〉(1판과 2판)에서 학생들이 전공 선택에서 가지고 있는 일곱 가지 "오해"에 대하여 이야기한 바 있었다. 지금의 상황에 비추어 보면, 이 내용 중에는 여전히 똑같이 이야기할 수 있는 부분도 있고, 일정 부분 수정하여야 할 부분도 있어 보인다. 그 책에서 이야기했던 일곱 가지 "오해"와 그에 대한 필자의 지금 생각은 다음과 같다.[1)]

첫째, "전공을 선택하는 것이 내 일생을 크게 좌우할 것이다."

사실, 필자가 이렇게 이야기한 것은 매우 용감한 발언이었다. 즉, 어느 전공과를 선택하여도 우리나라와 같은 경제 규모를 가진 국가에서는 은퇴 시점에서 뒤돌아보게 되었을 때, 의사로서의 삶에는 큰 차이가 없을 수 있으니, 과 선택에 있어 너무 극단적인 불안감을 가지지 말고 용감하고 창의적으로 전공과를 선택해도 괜찮다는 격려였다. 이것은 지금도 유효하기는 하지만, 이런 용기와 창의성을 가진 학생들에게만 유효한 제안이었을 수도 있었겠다는 생각이 들기도 한다. 그리고 학생들에게 과감한 선택의 도전을 할 수 있도록 다양한 진로의 길들을 구체적이고도 매력적으로 보여주는 것이 교수들의 역할이 될 것이다.

---

1) 전우택, 양은배, 이수현, 예비의사를 위한 전공선택 가이드북, 군자출판사, pp.22－27, 2014.

둘째, "지금 잘나가는 전공을 선택하여야만 한다."

각 시기별로 소위 가장 잘 나가는 과는 계속 변화하여 왔다. 최고 인기과가 산부인과, 외과였던 시절이 있었고, 그 후 내과, 신경외과, 정형외과 등이었던 시절이 있었고, 이것이 피부과, 안과, 성형외과 등으로 변하였다가, 정신건강의학과, 재활의학, 영상의학과 등으로 변하기도 하였던 것이다. 하지만 슬프게도(?) 요새 가장 인기 있는 과는 "전공과 불문"하고 피부미용, 성형시술을 하는 것으로 되어가고 있다는 자조적인 이야기가 돌기도 한다. 고등학교 때 최상위권 성적을 이룬 학생들이었고, 그만큼 성공 욕구도 크기에, 의학 영역 중에서도 가장 크게 경제적으로 성공할 수 있는 전공과를 선택하고 싶다는 욕구는 클 수밖에 없을 수 있다. 그러나 여기에는 두 가지 문제가 있다. 하나는 위에서 보았듯이, 그 '잘 나가는 과'라는 것이 계속 바뀌어 왔다는 데 있다. 미래를 예측하기도 하지만, 과학기술과 사회 상황은 계속적으로 변화되어가고, 그에 따라 각 시기마다 잘나가는 과들은 계속 변화한다는 것을 인식하지 못한다면, 자신이 택한 과에 대한 '후회'는 계속될 수밖에 없는 측면이 있는 것이다. 또 다른 하나는, 그 '성공'의 정의가 무엇인가 하는 데 있다. 다른 전공을 택한 동기생들보다 평생 벌 수 있었던 '돈의 액수'가 그 성공의 정의라면 별 문제가 없겠으나, 그 '성공'은 돈의 액수보다 훨씬 더 거대한 '정의(定義)'를 가지고 있기 때문이다. 아프리카 오지에 가서 평생 일한 동기 의사의 삶은 돈 좀 더 벌어 빌딩을 구입한 동기 의사와 그 성공에 있어 비교할 수 없는 측면이 있는 것이다.

셋째, "모교에서 수련받는 것이 우선이며, 그에 따라 자신의 성적으로 들어갈 수 있는 전공을 택해야 한다."

어떤 의과대학 졸업생들은 출신 대학의 부속병원에 들어가는 것을 중요시하기도 하고, 어떤 의대 졸업생들은 다른 대형 수련병원을 선호하기도 한다. 따라서 지금 시점에 이 표현은 수정될 필요가 있다. 그러나 수련병원의 이름 때문에 자신이 정말 원하는 과를 포기하고 다른 과를 택하지 말고, 설사 그 수련병원의 이름 가치(Name Value)가 좀 낮더라도 자신이 정말 원하는 전공과를 택하여서 수련 받는 것이 더 좋은 선택임을 강조하는 것으로, 이 오해의 내용을 좀 수정하는 것이 필요할 것 같다.

넷째, "그래도 환자를 보는 임상의사가 되어야 한다."

의대생들과 그들의 부모들은 의대를 간 이상 당연히 환자 진료를 하는 의사가 되어야 하고, 그래야 돈도 잘 벌고, 제대로 된 의사로서의 삶을 살 수 있는 것이 아닌가 하는 생각을 한다. 이 말은 일반적으로는 맞다. 그러나 완전히 다 맞는 것은 절대로 아니다. 의학을 전공한 의사들이 살아갈 수 있는 삶의 길은 반드시 임상의사의 길만 있는 것은 아니다. 임상의사의 길 이외에도 좀 더 창의적이고 융합적으로 자신의 삶을 얼마든지 준비하고 삶을 살아갈 수 있는 것이다. 치열하게 변화해 나가는 사회의 현 시점에서 융합의 필요성은 어디서나 이야기 된다. 그래서 정말 꼭 임상의사가 아니더라도, 의학을 전공한 의사로서 할 수 있는 일들은 급속히 커지고 있다. 의과학 연구를 하는 의과학자의 길도 있고, 의료 벤처기업을 만들어 활동할 수도 있다. 의사로서 경제학을 전공하여 의료 경제학자로서 활동할 수도 있고, 의사로서 법학을 전공하여 의료전문 법관으로 활동할 수도 있다. 의료 관련 문학 및 언론 출판 관련 활동도 가능하다. 또한 환자를 완전히 안보는 것이 아니라, 일부 환자를 보면서도 다른 학문들을 전공하고 (박사학위 정도) 임상의사와 그것을 동시에 할 수 있는 방법도 얼마든지 열려 있다. 예를 들어 사회학, 인류학, 행정학, 역사학, 신학 등도 다 가능한 것이다. 환자 진료 활동을 하면서 문학가로서의 활동을 할 수도 있다. 이와 같이 환자 진료 이외에도 의사들이 할 수 있는 일들은 매우 다양하다.

다섯째, "의대교수가 되는 것이 최고이다."

아무래도 의대생들은 "공부, 즉 학문 잘하기"로 인생의 승부(?)를 걸어왔던 사람들이기에, 의학 내에서도 공부, 즉 학문을 더 잘하게 되면 의대교수가 되는 길을 걷게 될 가능성이 커진다. 그러나 요새는 이런 생각에 사로잡혀 있는 의대생, 레지던트, 펠로우 선생님들을 보기가 과거보다는 좀 적어진 것은 분명한 것 같다. 진료, 연구, 교육의 늪에서 허덕이며 살아가고 있는 자신들의 의대교수님들 삶을 옆에서 보면서, 저렇게까지 바쁘고 힘들게 살아서는 뭐하나 싶은 생각들을 하는 것이다. 그래서 이 '오해'의 내용 문구는 이제 좀 변화시켜야 할 것 같다. "의대교수의 삶도 최고가 될 수 있다"라는 것으로. 그래서 자신의 진로에 의대교수가 되는 것을 중요한 옵션 중 하나로 유지시킬 필요가 있다는 것이다. 의대교수가 가지는 특권과 책임에 대하여는 이 책의 13장에서 자세히 다루었다.

여섯째, "아무리 생각해도, 내가 정말 원하는 전공을 나는 모를 것이다."

어떻게 보면, 이것은 좀 이상한 오해이다. 그러나 실제로 많은 학생들이 "정말" 이런 생각을 하고 있어서 이것을 오해라고 적시하였던 것이다. 학생들은 미래에 대한 자신의 선택에 대하여 두려움을 가지고 있다. 진로 선택과 관련된 정보와 지식을 충분히 가지고 있지 못하다고 생각하기에, 너무 막연하게 진로 문제를 생각하다가 결국은 일종의 자포자기식으로 진로 선택을 떠밀려 하는 양상을 보일 수 있어 지적한 오해였다. 그리고 이런 오해가 정말로 발생하지 않도록 하기 위하여, 의과대학은 학생들에게 진로지도를 예과 1학년 때부터 체계적으로 해 나가서 자신의 진로 선택 문제에 대한 지나친 두려움을 가지지 않도록 지도하는 것이 필요하다.

일곱째, "전공 선택은 현실의 문제이고, 가치관 등은 이상(理想)의 문제이다."

그래서 자꾸 이상(理想) 운운하지 말고, 가장 현실적인 문제는 결국 돈이고 직업의 안정성이라는 것을 받아들여야 한다는 생각을 하는 것이다. 그러나 나는 학생들에게 이런 이야기를 해왔다. "의사가 되었다는 것의 가장 큰 특권이 무엇인지 아느냐? 자신이 원하는 무엇이든 젊은 시절 도전하고 살아가다가, 나중에라도 다시 임상으로 돌아와 노년을 보내는 것이 얼마든지 허용되고 가능한 직업을 가지게 되었다는 것이다. 따라서 이 직업이 가지는 그 특권을 너무 일찍 포기하지 마라."

2. 전공 선택을 위한 새로운 수정안

이에 따라 의대생들의 진로 선택에 대하여 다음과 같이 제안을 수정하여 내놓아야 할 것 같다.

첫째, 전공 선택은 매우 중요하다. 단지 지금 잘나간다는 과를 선택하는 것 이상으로 중요하다.

둘째, 이런 진로 선택은 임상의사가 되는 것부터, 그것을 넘어선 더 넓고 융합적인 활동을 하는 전문가가 되는 길까지 넓게 있다는 것을 알고 자신의 관심 분야를 더 열린 상태에서 모색해 보아야 한다.

셋째, 그런 전공 선택을 좀 더 체계적으로 준비해 나간다면, 남들은 그것을 지나치게 이상적인 것이라 말할지 모르지만, 사실은 매우 실제적이고 현실적인 일이 되게 할 수 있다. 무엇보다도 그것이 의사로서의 자기 인생을 '행복'하게 살 수 있도록 만든다.

넷째, 따라서 매우 철저히 예과 1학년 때부터 의사로서 나아갈 수 있는 길들을 알아보고 정보를 모으고 사람들을 만나, 자신의 관심사항을 계속 좁혀 나가야 하며, 그를 위하여 여러 관련 경험과 경력들을 만들어 가야 한다.

Ⅳ 가치를 기반에 두는 전공 선택

왜 전공 선택에 그리도 혼란이 많은가? 그것을 단 한마디로 표현한다면 그것은 진로 선택이 "가치 기반"에 의하여 이루어지지 않고, "현실 기반"에 의하여 이루어지기 때문이라고 말할 수 있다. 자신이 가지고 있는 가치관이 분명하지 않거나, 또는 혼란스러우면, 그런 가치를 기반으로 하는 전공 선택을 하지 못하고, 그에 따라 유일하게 남는 것은 '현실'일 뿐이기에, 그냥 현실을 기반으로 하는 선택을 한다는 것이다. 어떤 전공과를 선택하고, 어떤 진로를 만들어 나가느냐 하는 그 자체에는 어느 것이든지 아무런 문제가 없다고 할 수 있다. 문제는 그 선택을 한 이유, 근거, 기반이 무엇인가 하는 것이다. 예를 들어 지금 최고 인기를 구가하고 있는 과를 택하더라도, 그것이 정말로 가치기반에 위한 선택이라면 아무런 문제가 없다는 것이다. 필자가 이것을 앞에서 소개한 〈예비의사를 위한 전공선택 가이드북〉에 적었었고, 지금도 그 생각에는 큰 차이가 없다. 여기서는 가치기반 전공 선택의 4단계 내용을 앞의 책을 간략히 인용하면서 설명하고자 한다.2) 즉 아래의 순서에 맞추어 단계별로 생각해 나가고 선택해 나가라는 것이다.

1) 1단계: "내가 의사이기 이전에 한 인간으로서, 내 삶에 가장 원하는 것은 무엇인가?"

"이 질문은 삶의 가장 근본적인 질문이다. 동시에, 이 질문은 인간이 가장 쉽게 회피하거나 망각하고 사는 질문이기도 하다. 나를 정말 가장 행복하게 만들어 주는 것, 나로 하여금, 내가 정말 지금 살아있구나 하는 충만한 느낌을 가지도록 만들어 주는 것, 내가 내 목숨 전부를 걸고 정말 한 번 이루며 살아보고 싶은 것. 이것은 사실 삶의 가치관에 대한 질문이다. (현실에 기반을 두어 선택을 하려 하면) 전공 선택이란 고통스러운 경쟁이다. 그러나 나와 가족을 넘어선 그 밖의 사람들을 위한 목적을 위한 삶의 비율이 높아질수록 전공 선택은 매우 흥분되는 즐거운 선택 과정이 되게 된다."

---

2) 전우택, 양은배, 이수현, 예비의사를 위한 전공선택 가이드북, 군자출판사, pp.28－31, 2014.

2) 2단계: "특정 전문 전공과 상관없이, 한 명의 '의사'로서, 내 삶에 내가 가장 원하는 것은 무엇인가?"

"일단 한 인간으로서 자신의 삶에 꼭 이루고 싶은 그것이 정해지면, 그것은 나의 '의사'라는 신분을 통하여 좀 더 구체적인 모습이 될 수도 있다. 즉, 어느 과 의사가 되어도 상관없이 내가 '의사'로서 가장 하고 싶은 일이 무엇이며, 내가 의사로서 사는 나의 모습이 어떤 것이면 제일 좋겠는가 하는 생각을 해보라는 것이다. (임상의사가 되든, 기초의학자가 되든, 의사 이외의 활동을 하든) 이 과정에서 중요한 조건은 그런 다양한 삶의 모습, 인간의 고통의 모습에 접하는 경험과 정보가 많아야 한다는 것이다. 그런 정보와 경험이 없으면, 자신이 정말 원하는 그런 의사의 삶이 무엇인지를 알 수 없기 때문이다."

3) 3단계: "내가 원하는 그런 의사의 삶을 살기에 가장 편리한 전공이 과연 무엇인가?"

"2단계에서 자신이 원하는 의사의 삶으로서의 모습이 분명히 그려지면, 그다음에 자연스레 나오는 질문은 그런 삶을 살기에 가장 '편리'한 전공이 무엇이겠는가 하는 것이다. 여기서 '편리'라는 기계적 단어를 선택한 이유는 다음과 같다. 즉 전공 선택이란 그 자체만을 가지고 보면, 자신의 가치관과 의사로서의 삶의 목표를 이루기 위한 도구의 선택이므로, 지극히 단순하고 기계적인 일이라는 이유에서이다. 즉 내가 원하는 그런 삶, 그런 의사로서의 삶을 살려면 어떤 전공들 이외에는 안 된다는 것이 거의 분명해지기 때문이다. 어떤 삶을 살기 위해 고려할 수 있는 전공은 보통 1~6개 정도로 매우 축소되어 나타난다. 예를 들어 우리나라에서 선천성 장애아로 태어나 버림받고 있는 어린 아이들을 위하여 사는 삶을 살고 싶다는 생각이 있는 학생 입장에서 고려할 수 있는 전공은 소아과, 산부인과, 소아외과, 재활의학, 정형외과, 흉부외과 정도일 것이다. 이 정도만 되어도 선택의 폭은 아주 좁아진 것이다. 이제 남은 일은 그다지 많지 않다.”

4) 4단계 : “그 고려한 전공들 중 가장 ‘현실적’인 전공 선택은 무엇인가?”

“사실, 3단계에서 고려하게 된 전공 중에는 어떤 전공을 선택하여도 아무런 문제가 없다. 전공이란 내가 하고 싶은 그 목표를 위한 도구에 불과하기 때문이다. 즉 내가 이 전공을 택하고 저 전공을 택하지 않음으로써 나의 의사로서의 삶의 목표와 활동에 아무런 차이도 만들어지지 않을 것이기 때문에 전공 선택은 사실 그렇게까지 힘든 결정이 아니게 되는 것이다. 이 단계에서 고려할 점들은 사실 매우 현실적인 것이다. 즉 1단계에서 3단계까지가 어떤 의미에서 ‘이상적’이었다면, 4단계에 들어서서는 ‘현실적’으로 생각하는 것이 필요하다는 것이다. (현실적 조건들에 맞추어서 전공과를 선택하는 것은) …… 내가 살고 싶은 의사로서의 삶의 도구이기에, 이 모든 현실적 선택과정은 나에게 당당하고 흥미 있는 과정이 되어야 한다.”

V 의과대학에서의 진로지도

2023년 8월 영국 글라스고에 있었던 유럽의학교육학회의 한 심포지엄 제목은 “졸업 후 전공 선택 - 우리는 어떻게 덜 인기 있는 전공과들의 학생들을 모집할 수 있는가?”(Postgraduate speciality choice – How can we recruit to Less Popular Specialities?)였다. 그리고 덜 인기 있는 전공과를 LPS라는 약자로 아예 공식적으로 사용하고 있는 것을 보았다. 그 날 발표한 사람들은 영국, 스웨덴, 아르헨티나, 미얀마, 캐나다

출신 의학교육자들이었는데, 이런 전공 선택 지도는 우리나라만이 아니라 전 세계적인 문제일 수 있다는 것을 볼 수 있었다. 그러나 다른 나라들은 주로 일반의, 가정의가 필요한데, 학생들이 일반의보다는 전문의가 되려고 하여, 국가적 어려움이 있어, 학생들에게 어떻게 하면 일반의(General Physician)가 되도록 할 수 있는가를 이야기하는 것이 주 내용이었다. 영국의 발표자 Simon Gregory 교수는 학생들의 졸업 후 전공 선택이 “By Choice, not by Chance”, 즉 우연이 아닌, (주체적) 선택에 의하여 이루어져야 한다는 것을 강조하였다. 그리고 학생들의 전공 선택을 지도하는 프로그램의 운영을 15년 계획을 가지고 체계적으로 수행하고 있다는 발표를 하는 것이 매우 인상적이었다. 어느 나라 의과대학생들이나, 그들의 생각은 대충 비슷하였다. 정말로 학생의 입장에서나, 의료계의 입장에서나, 우연이 아닌, 선택에 의하여 특정 영역의 수련의들과 전문가들이 양성될 수 있도록 만들어 주는 것이 필요한 것이었다. 그렇다면 이 문제를 어떻게 해결해 나가야 할까?

1. 학생들에 대한 진로지도 프로그램이 의학교육의 중요 부분으로 인정되고 시행되어야 한다

즉 의과대학의 기능이 단순히 학생들을 가르치는 일에만 국한되는 것이 아니라, 학생들이 좋은 진로 선택을 하고 그 영역에서 크고 빠르게 발전할 수 있도록 하는 진로지도에까지 확장되어야 한다는 것이다. 그에 따라 학생들에게 자신들의 미래 진로를 선택해 나가는 데 필요로 되는 포괄적이고도 상세한 정보들을 예과 및 본과 1, 2학년 때부터 조기에 제공하고, 그것을 가지고 생각하고 결정하고 준비하도록 하는 과정을 체계적으로 지원함으로써 우수한 학생들이 더욱 우수한 전문가로, 일찍부터 커 나갈 수 있도록 돕는 것이 의학교육의 주요한 목표와 내용이 되어야 한다는 것이다.

2. 학생들에게 진로 정보 제공의 프로그램을 체계적이고 충분히 제공하여야 한다

현재 많은 대학의 경우, 진로지도란 '과 설명회'라는 이름으로 인턴들을 대상으로 그것도 과 지원을 받는 가을 시점에 이루어지고 있다. 그러나 최종 결정을 하여야 하는 시점에서 하는 과 설명회란 사실 의미가 거의 없다. 그것은 지난 수년간 생각하고 준비한 결과로 내려야 하는 결정이지, 그렇게 최종 결정 직전에 급히 내릴 수 있는 것이 아니기 때문이다. 이러한 진로 정보 제공 프로그램은 다음과 같은 내용으로 구성될 수 있을 것이다.

1) 진로지도를 위한 각 교실의 인터넷 사이트 운영

일반적으로 학생들은 직접 교수님을 찾아가 인사드리고 자신의 진로와 연관된 상담을 잘하지 못한다. 그들은 우선 인터넷 사이트로 들어가 자신들이 흥미 있어 하는 내용을 알아가는 것을 더 선호한다. 그러므로 각 교실에서는 그 학문 영역의 성격과 특징, 교실의 상황, 그 학문과 교실에서 현재 이루어지고 있는 연구들의 흐름, 지금 추진하고 있는 연구들, 그리고 향후 미래에 대한 전망 등, 학생 수준에서 읽고 이해가 되고 흥미를 가질 수 있는 자료들로 만들어 인터넷에 올릴 수 있어야 한다. 그리고 이것은 새로운 내용으로 계속 업데이트되어 나가야 한다.

2) 의대생들을 대상으로 하는 교실, 전공 영역 설명회 실시

본과 1, 2학년을 대상으로 각 교실이나 또는 전공 영역 분야에 대한 설명회를 학교에서 체계적으로 운영할 필요가 있다. 그렇게 되면, 인터넷 사이트를 통하여 자신이 흥미를 가지게 된 전공 영역의 설명회가 있을 때 학생들이 참가하여 들을 수 있게 되며, 거기서 질문도 하고 관련 교수님들의 얼굴을 직접 보기도 하면서 인터넷 자료만으로는 알 수 없었던 분위기를 알 수 있도록 도와줄 수 있는 것이다.

3) 개인별 상담 지도 프로그램의 개발

인터넷 사이트와 설명회를 통하여 학생들이 흥미를 가진 학문 분야나 교실이 생겼을 경우, 그들이 교실이나 교수님과 개인적인 접촉을 할 수 있도록 격려되어야 하고, 각 교실에는 그러한 학생들이 접촉할 수 있는 통로 역할을 하는 교수들이 지정되어 있는 것이 좋을 것이다. 그 교수님은 학생의 이야기를 들어보고, 그러한 영역이라면 어느 교수님을 찾아가 보는 것이 좋겠다는 식의 진로 상담을 해 줄 수 있을 것이다.

3. 의과대학 대학 내에서 개설되는 교과목들, 특히 선택과목들이 학생들의 진로지도와 연계될 수 있도록 하여야 한다

학생들 입장에서는, 관심이 생긴 분야가 생겼을 때 그 전공 영역이나 관련 교수님에게 접근할 수 있는 가장 쉬운 방법 중 하나는 그 교실과 교수님이 개설한 과목, 특히 선택과목을 수강하는 일이 될 것이다. 따라서 각 교실과 교수님들은 그러한 학생들이 쉽게 접근할 수 있도록 좋은 선택과목을 개설하는 일에 노력하여야 할 뿐 아니라 그러한 선택과목을 선택한 학생들 하나하나를 관심을 가지고 지도해 나가고, 향후 진로를 그쪽으로 선택하는 데 도움을 주어야 할 것이다. 그 학생들이 교수님 입장에서는 미래의 학문적 동역자가 될 수 있는 존재들이기 때문이다.

4. 진로 선택의 과정에 있어 학생들이 자발적이고도 주도적으로 활동할 수 있도록 지원하는 것이 필요하다

이미 오래전인 2005년에 미국의학교육학회에서 들었던 밴더빌트 의과대학의 전공선택 지원 전문 웹 사이트 개발과 운영은 매우 인상적이었다. 무엇보다도, 학교가 아닌, 학생들이 그 중심이 되어 이러한 웹 사이트를 제작하고 작성하였다는 것이 특징이었다. 예를 들어 '외과에 관심이 있는 학생들'끼리 동아리를 만들어, 자기들끼리 정보도 공유하고, 또 외과 레지던트들, 펠로우들도 그 동아리에서 학생들과 소통을 하고, 때로는 교수님도 그 안에 들어와 의견과 정보를 주는 일들이 있게 되면, 그것은 예과 1학년부터 본과 4학년, 그리고 그 이후의 모든 과정에서 연속적으로 매우 큰 힘을 발휘할 수 있는 자리가 될 수 있음을 보여주었다.

5. 학습 부진을 겪는 학생들의 진로지도는 더욱 중요하다

의대생들 중 졸업 시점에서 자신의 전공 과 선택 과정에서 상대적으로 더 큰 혼란을 겪는 사람들은 일반적으로 학업 성적이 나쁘고,

자신에 대한 정확한 평가를 하지 못하고, 성격적으로 결정을 잘 내리지 못하고, 가치관의 혼란이 있는 경우들이 많을 수 있다. 따라서 이들에 대한 지원은 본과 1학년 때부터 체계적으로 잘 이루어져야 한다. 학습부진자들에게는 학습에 대한 이야기만을 강조하여 할 가능성이 있는데, 그것을 넘어서서 그들의 진로 선택에 대한 지도까지를 해 나가야 할 필요가 있을 것이다.

6. 이러한 학생 진로지도 프로그램을 전체적으로 운영하고 관리하는 대학 내 기구가 있어야 한다

그곳을 통하여 이 일이 전문적이고 체계적으로 이루어지도록 하는 것이 필요하다. 의과대학의 조직으로서 일반적으로 교육부학장은 학생들의 교육 커리큘럼 운영에 대한 책임과 역할을 담당한다. 그러나 그것만으로는 불충분하여, 학생부학장을 두는 경우들도 있다. 일반적으로 학생부학장은 학생들의 생활지도, 장학, 그리고 때에 따라 입학 업무 등도 담당하지만, 여기서 중요한 것은 진로지도에 대한 총괄적 역할을 하여야 한다는 것이다. 이를 통하여 각 전공 과와 학생들 사이에서 일어나야 하는 다양한 의사소통과 정보소통이 체계적이고 균형 있게 이루어지도록 하는 것이 필요하다. 이런 적극적인 진로지도 활동을 통하여 각 의과대학이 가지고 있는 교육 철학과 목표를 실현할 수 있을 것이다.

Ⅳ 마치는 말

우리나라 의과대학은 우리나라 전체에서 극소수의 최우수 학생들만을 받고 있다. 이들은 향후 우리나라 및 세계 의료계의 지도자로서 역할을 하여야 하는 사람들이다. 그러나 그럼에도 불구하고 우리 학생들은 의과대학의 엄청난 학습량만을 소화해 내면서 점수 따기에만 몰려가고 있기에, 막상 의대를 졸업하고 자신의 전공과를 선택하여야 하는 시점이 되면 당황하고 있다. 자신이 앞으로 해 나가야 할 일에 대한 구체적인 관심과 자기개발, 분명한 목표나 사명감을 가지지 못하고 그저 수동적으로, 요구되는 학교 점수만 따 왔기 때문이다. 그러면서 매우 제한된 정보, 그것도 그저 자신의 1~3년 선배 정도들을 통한 제한된 정보를 가지고 자신의 전공과를 선택하여야 하게 되니까, 이들은 우왕좌왕하고, 결국 매우 '나쁜 선택'들을 하게 되는 경우가 많이 있다. 여기서 나쁜 선택이란, 자신이 그 과를 왜 택하는지 이유와 목표가 분명하지 않아, 그 과를 하면서 큰 기쁨과 보람을 가지지 못하고, 더 나아가서는 그 전문가로서의 자부심과 열정을 가지지 못하여서 결국 그 영역에서 지도자로서 커 나가지 못하게 되는 결정을 의미한다. 사실, 의과대학이 아닌, 다른 단과대학들은 이미 이러한 학생 진로지도가 중요 교육 영역이 되어 있다. 워낙 다양한 직업으로 진출하여야 하기 때문이다. 그러나 의과대학만은 '의사'라는 이미 정해진 '직업'이 있기 때문에, 그 안에서의 진로지도란 말 자체가 좀 어색하게 되어 있다. 그러나 문제는 의사 중에서도 '어떤 의사'가 되어 어떤 일을 하여야 하는 가에 대한 결정과 준비가 의대생들에게도 매우 중요한데, 그러한 것에 대한 전문적 지도가 의과대학에서는 별로 없다는 것이다.

그러다 보니, 학생들은 아무런 체계화된 정보나 지도 없이 스스로 자신들의 결정을 어두운 미로 속의 개미들처럼 암중모색 속에서 결정해 나가는 문제가 생기고 있는 것이다. 앞으로 대학과 교수님들의 적극적인 진로지도, 그리고 학생들의 적극적인 탐색과 용기 있는 결정들이 진로 선택 안에서 이루어지기를 기대한다.

📖 후기

이 글은 저자가 썼던 여러 글들을 이번에 통합하여 다시 구성한 글이다. 즉 이 책의 1판에 들어가 있던 몇몇 글들에서 진로지도의 부분들을 가져왔고, 2006년 출간된 <예비의사를 위한 전공선택 가이드북>(전우택, 양은배, 김은경 공저, 군자출판사) 1판과 같은 제목으로 2014년에 출간된 2판에 썼던 글 중 일부를 발췌하고 그것에 새로운 의견들을 덧붙였으며, 그 외에 최근 더욱 심화되고 있는 특정 전공과들의 기피 현상 등에 대한 저자의 생각, 그리고 2023년 유럽의학교육학술대회 (AMEE)에 참석하여 듣고 생각하였던 내용, 그리고 학생 진로지도와 연관되어 있었던 저자의 경험 등을 모두 모아서 정리한 것이다. 의대생들의 진로지도를 위하여 수고하시며 고민하고 계신 모든 의대교수님들과, 진로 선택을 고민하고 있는 학생들에게 이 글이 작은 도움이 되기를 바란다.

CHAPTER 08

인공지능과 의사 역량 -미래 의사는 무엇을 할 수 있어야 하는가?

I 시작하는 말

2016년 3월 9일부터 15일까지 5번기로 있었던 이세돌 9단과 알파고와의 바둑대국은 전 세계에, 그리고 특히 우리나라에 거대한 충격을 주었다. 그리고 그 충격은 의료와 의학교육에까지 미치게 되었었다. 무엇보다도, 앞으로 환자 진료와 진단, 치료 계획 수립 등에서도 놀라운 기억 및 판단 능력을 가지고 있는 AI가 그 일을 수행할 수 있게 된다면, 의료는 과연 어떻게 될 것이며, 의사의 역할은 무엇이 될 것이며, 그렇다면 의학교육은 과연 어떤 것이 되어야 할 것인가에 수많은 질문들이 제기되어야 하였기 때문이다. 그리고 2023년 Chat.GPT가 마침내 일반화되면서 AI 이슈는 이제 상상 속의 일이 아닌 현실의 문제가 되었다. 그러면서 그것에 대한 대답을 찾아가는 과정 속에서 과연 의사가 가진 본질적인 역량(Competency)은 무엇이 되어야만 하는가라는 질문까지 있게 되었다. 이 글에서는 이 질문들에 대한 답을 생각해 보려고 한다.

II 인공지능과 의사의 역할

1. 미래 의료와 의학교육의 간단한 원칙

인공지능 시대의 의료는 어떻게 될까? 그리고 그에 따라 의학교육은 어떻게 하여야 할까? 너무도 거대하고 복잡해 보이는 질문이지만, 사실 이것에 대한 대답 원칙은 의외로 매우 간단할 수 있다. 즉 "인공지능이 더 잘하는 것은 인공지능이, 인간 의사가 더 잘하는 것은 인간 의사가 하는 의료가 될 것이다. 그래서 의사들은 인공지능과 함께 일하는 것에 유능하도록 교육되면 된다. 그러면서 의학교육은 인간 의사가 더 잘하는 것에 집중하면 될 것이다."

인공지능이 인간보다 더 우월한 영역은 자연어 처리, 패턴인식, 지식의 분류, 기계학습, 편견에 구애받지 않음, 저장 공간이 무한함과 같은 것들이다. 이에 비하여 인간이 더 우월한 영역은 상식, 딜레마 해결, 윤리의식, 공감능력, 상상력, 추상화 능력 등이다. 따라서 앞으로 의료와 의학 영역에서 새로 쏟아져 나오는 모든 논문과 새로운 지식을 분류하고 정리하여 최신 지견의 결론을 제시하는 것, 영상이나 병리 슬라이드의 패턴을 인식하여 결론을 내리는 것, 여러 복잡한 임상 데이터 조건들 속에서 진단 가능성이나 치료 가능성이 높은 순서대로 모든 확률을 계산하여 의견을 제시하는 것, 환자나 보호자의 말을 정확히 이해하고 인식하는 것, 그에 대한 분석이나 반응을 어떤 인종적, 경제사회적, 문화적 편견 없이 결정하는 것, 의학과 연관된 모든 지식을 다 저장하여 사용 가능 상태로 입력하고 기억하는 것 등은 모두 의료와 의학에 있어 인공지능이 담당할 일이 될 것이다. 어떻게 보면, 이런 것들이 지금까지 전통적으로 의사들이 해 온 거의 대부분의 일인 것 같을 것인데, 그러면 정작 인간 의사는 무엇을 하는 사람이 될까? 그리고 그것을 의학교육에서는 어떻게 교육시켜야 할까? 이 글은 그것을 네 가지로 정리하고자 한다.

2. 인공지능 시대에 의사가 할 일과 의학교육의 내용

1) 의료 인공지능들이 제시하는 의견들에 대한 평가와 최종 판단

인공지능 기술의 발달로 인하여, IBM Watson을 시작으로 하여 수많은 의료 인공지능이 이미 개발되었고, 현재도 개발 중이다. 따라서 의사의 진료실에는 여러 개의 의료 인공지능 모니터가 켜질 수 있다. 이 때 각 의료 인공지능은 같은 논문에 대하여도 그 의미의 가중치를 다르게 줄 수 있고, 또는 사용하는 국가나 인종의 데이터 분량이 서로 다를 수도 있어, 의료 인공지능들은 얼마든지 다른 의견들을 제시할 수 있게 된다. 즉 진단도 다르고, 치료 우선순위도 다르게 제시하는 의료 인공지능들이 얼마든지 있을 수 있는 것이다. 따라서 앞으로는 그런 여러 개의 의료 인공지능들의 의견들을 다시 종합하고, 상반된 그 각각에 대한 분석 의견을 제시하는 제3의 의료 인공지능도 등장할 수 있다. 그러나 어떻게 되든 분명한 것이 있다. 그것은 한 명의 환자에 대한 최종적인 임상 판단과 치료 시행은 "인간 의사"가 한다는 것이다. 그리고 그에 대한 법적 책임도 "인간 의사"가 진다는 것이다. 오진이나 환자에 대한 잘못된 치료 결과가 나왔을 때, 그것을 의료 인공지능이 책임지지는 못한다. 모든 의료 인공지능 회사들은 최종적인 판단은 의사의 몫이라는 것을 매우 강조한다. 따라서 의료 인공지능들이 아무리 발달하여도, 인간 의사는 여전히 환자 진료와 치료에 있어 그 핵심에 있게 될 것이다. 즉 인간 의사는 자신이 더 잘할 수 있는 딜레마 해결, 상상력 능력을 발휘하여야 할 것이다.

그러나 의사의 진료가 이렇게 된다면, 인간 의사에게 요구되고 그래서 의학교육에 요구되는 것은 지금과는 달라질 것이다. 가장 큰 변화는 "기계적 암기"를 요구하고 평가하는 것은 없어질 것이라는 것이다. 그것은 이미 인공지능이 완벽하게 지원할 수 있는 일이다. 그래서 의사는 자신이 환자의 진단과 치료를 위하여 인공지능에 무엇을 질문할지를 정확히 이해하는 능력, 그리고 인공지능이 제시하는 의견에 대한 분석, 이해, 그리고 최종 판단을 하는 능력을 요구받게 되고, 그것이 바로 의학교육이 하게 될 내용이 될 것이다. 이미 인간의 자연어를 이해하고 있는 의료 인공지능들은 의사와 함께 환자 및 환자 보호자의 이야기를 알아듣고, 그에 대한 가능성 있는 진단명, 이제부터 하여야 할 필요가 있는 검사들의 우선순위를 제시할 것이다. 그때 인간 의사는 왜 의료 인공지능이 그런 판단을 하였고, 그런 검사 요구를 하는지를 이해하고 있어야 한다. 그리고 그것에서 일종의 논리적, 알고리즘적 문제가 있을 가능성을 고려하여, 의심되는 진단의 우선순위, 그리고 검사 순서의 우선순위를 선택하여야 할 것이다. 앞으로 의대생들은 진료실이나 입원실에서 의대교수가 하는 그 행위를 별도의 방에서 모니터를 통하여 설명받으며 공부할 것이다. 그야말로 의료 인공지능과 함께 협업 하는 것을 배워 나갈 것이다. 서로 상반된 의료 인공지능들의 의견들을 가지고 판단하는 것이 시험 문제가 될 것이다.

2) 윤리적, 법적, 문화적, 사회적 딜레마를 다루기

의료 인공지능이 아무리 발달을 하여도, 여전히 해결하기 어려운 영역을 가질 것이다. 그 대표적인 영역이 환자 상황에서의 윤리적, 법적, 문화적 판단들이다. 물론 이것도 현행 법규, 법원 판례, 윤리적 원칙 등을 의료 인공지능에 입력하고 의사들의 진료에 도움을 줄 수는 있을 것이다. 그러나 이 부분은 기계적 방법으로 판단하기가 어려운, 훨씬 더 복잡한 인간 내면의 가치관, 종교적 믿음, 무의식적 심리, 역사적 전통 등이 들어가는 문제가 되기에, 이것은 단순한 생의학적인 지식을 가지고 만드는 알고리즘과는 비교할 수 없는 어려움을 가진다. 그래서 인간 의사의 주요한 역할은 환자와 보호자의 모든 상황을 종합적으로 듣고 판단하여 윤리적, 법적, 문화적 판단을 조언해 주는 것이 될 것이다. 인간 의사가 더 우수한 능력을 가진 윤리의식, 딜레마 해결, 상상력, 추상화 등이 사용될 것이다.

이에 따라 의학교육에서도 다양한 의료 현장에서의 사례들이 가지는 윤리적, 법적, 문화적, 사회적 딜레마들을 정확히 다루는 능력을 교육받도록 하여야 할 것이다. 그런 의미에서 인공지능 시대의 의료와 의학교육은 자연과학, 인문과학, 사회과학을 묶는 매우 "융합적 현상"이 될 것이다. 그리고 앞으로 의사들의 전문 과목은 이런 내용을 중심으로 하여 세분화되어 갈 수도 있다. 예를 들어 "낙태 윤리 상담 전문의", "새로 개발되고 있는 약물사용 관련 법률 자문 전문의" 등으로 말이다. 그리고 그에 맞추어 의대생들도 공부를 하게 될 것이다.

3) 환자와 보호자 편에서 종합적 생각을 대신 해주고 동행해 주기

앞으로 진료실에서는 의료 인공지능 스크린을 의사와 환자, 보호자, 의대생, 간호사 등이 모두 함께 볼 것이다. 상황에 따라서는 환자와 함께 온 변호사, 목사님도 같이 볼 수도 있을 것이다. 그리고 환자의 진단과 치료 방법, 그에 따른 예측 치료 결과 등을 모두 함께 볼 것이다. 그것을 의사만 독점적으로 볼 수 있을 가능성은 없다. 이럴 때 의사의 의료란 무엇인 되어야 할까? 이것에 대하여 의사의 마지막 영역으로 마취하고 수술이나 시술을 하는 것은 남을 것이라 말하는 것은 정확하지 않다. 인공지능의 발달로 말미암아 위암이 어떤 위치에서 어떤 정도로 퍼져 있을 때, 어느 부위까지 어떻게 잘라내어야 하는지를 앞으로는 인공지능이 판단할 수 있을 것이다. 그리고 인공 로봇 수술기계가 과거에 수없이 축적된 의사들의 손 움직임을 자료화하여 입력시키고 그 순서대로 처리해 나가, 결국은 인공지능 로봇이 수술을 하는 시대도 올 수 있다. 그러기에 의료 인공지능을 모두 같이 보면서 하는 의사의 의료행위는 환자와 보호자의 입장에서 고통을 공감해 주고, 위로하고, 이 상황을 설명하고, 의료보험 상황과 경제적인 상태까지를 점검해 주면서, 최종적으로 어떤 진단적 판단과 향후 치료 계획을 환자가 선택할지를 설명해 주는 일이 될 것이다. 즉 마치 가족처럼 환자의 결정을 옆에서 친절히 보조하는 역할이 의사의 주요한 역할이 될 것이라는 것이다. 그리고 그 일을 환자를 초진하는 첫 날부터 환자가 사망하는 날까지, 또는 그 이후에 보호자들을 위한 도움 기간까지 계속하게 될 것이다. 의사 혼자서 모든 지식과 정보를 독점하면서 권위적으로 어떤 결론만 딱 이야기해 줄 수 있는 시대는 지나갈 것이다. 그러기에 앞으로 명의 소리를 듣는 의사란 환자와 보호자의 불안과 고통을 가장 잘 공감해 주는 의사, 의료 인공지능에서 제시하는 내용을 가지고 설명을 가장 잘해주는 의사, 마치 가족처럼, 친구처럼, 가장 편안하게 질병의 전체 과정에 동행해 주는 의사가 될 것이다. 인간 의사가 인공지능보다 더 우수한 능력 중 상식, 공감 능력, 딜레마 해결 능력, 상상력, 추상화 능력 등이 사용될 것이다.

따라서 의학교육도 이런 면에서 이루어져 나가게 될 것이다. 비전문가인 환자와 보호자들에게 가장 쉽고도 명확하게 의료 인공지능의 의견을 설명하고, 그것에 더하여 자신의 윤리적, 법적, 경제적, 문화적 의견을 제시하여 환자의 최종 선택을 돕도록 하는 능력이 집중적으로 교육될 것이다. 그리고 환자들을 외래나 입원 상황에서만 보는 것이 아니라, 건강할 때부터, 초진을 받은 날, 그 후 수술 후 집에 퇴원한 상태, 그 이후의 추적 진료와 죽음의 순간까지, 그야말로 처음부터 끝까지를 종단면적으로 이해하고 도와줄 수 있는 능력을 가지도록 교육되게 될 것이다. 그에 따라 의료 커뮤니케이션은 물론이고, 지금의 변호사들이 하는 업무와 유사한 업무, 즉 찾아온 사람이 가진 문제를 매 순간 유형화하고, 그 해답을 찾는 일을 같이 동행하는 사람의 역할을 하는 훈련을 받게 될 것이다.

4) 의료 인공지능에 새로 입력될 지식과 알고리즘 만들기

현재의 기술 수준으로 볼 때, 인공지능은 자신에게 사전에 입력된 내용만을 가지고 작업을 할 수 있다. 따라서 자신이 가지고 있지 않은 정보가 필요하거나, 또는 주어지는 정보의 형식이 자신이 사용할 수 없는 정보가 되면, 인공지능은 의미 있는 활동을 할 수 없다. 그런 의미에서 의사들은 의료 인공지능에 입력되어 있지 않은 새로운 질병,

새로운 치료 방법, 새로운 임상 데이터를 끊임없이 새로 넣어 주어야 하는 일을 해야만 한다. 물론 이것은 모든 의사들이 하는 의료행위는 아닐 수도 있다. 그러나 사실은 모든 의사들이 하게 되는 일이기도 하다. 이미 지금도 그러하기는 하지만, 앞으로는 의사들이 하는 모든 의료행위가 아주 정교하게 국가적인 의료정보 시스템에 입력이 될 것이다. 어떤 검사와 진료를 하였고, 그 치료 결과는 어떠하였는지가 전부 아주 정교하게 빅데이터화될 것이다. 따라서 의사는 그 자신이 그것을 의식하든 안하든, 이미 의료 인공지능에 새로운 기여를 하게 될 것이다. 그러나 일부 의사들은 그것을 넘어서는 일들을 하게 될 것이다. 즉 새로운 질병에 대한 새로운 연구 논문들을 써서 인공지능이 검색하도록 할 것이고, 인공지능이 판단을 하고 여러 의견을 내는 알고리즘을 더 정확하고 새롭고 정교하게 만드는 일들을 할 것이다. 그리고 무엇보다도 인공지능이 검색할 자료와 아닌 자료, 좀 더 가중치를 두어 받아들일 자료와 그렇지 않은 자료들을 구분하고 결정하는 일에 영향을 끼치는 의사들이 있게 될 것이다. 이들이 앞으로의 의료계의 빅 브라더스가 될 것이다. 어떤 상황에서 어떤 약품이 제1선택약제라 결정됨에 따라 제약회사들의 운명은 하루아침에 달라질 것이다. 따라서 의료는 새로운 영역에서의 경쟁들이 시작될 것이며, 여기서 요구되는 인간 의사가 인공지능보다 더 우월한 능력은 상식, 딜레마 해결, 윤리의식, 상상력 등이다.

따라서 의학교육도 이에 맞추어 변화되어 갈 것이다. 의과대학에 따라서는 가장 중요하게 개발시키려 노력하는 영역이 "연구 능력"이 될 것이다. 결국 새로운 의학지식을 만들어 내어 의료 인공지능에 들어가도록 하는 것이 필요하기 때문이다. 그리고 작은 규모의 기초연구에서부터 시작하여 수십만 명을 대상으로 하는 임상 연구, 다양한 연구들의 결과를 대량으로 재분석하는 연구 등 다양한 차원의 연구들이 훨씬 더 전문화되어 진행될 것이다. 의학교육은 그런 연구의 전문화에 맞추어 구성되어야 할 것이다. 그에 따라, 앞으로는 학생들이 논문을 쓰는 것을 전문적으로 지도하는 역할을 집중적으로 하는 의대교수들이 있게 될 것이다.

3. 자신을 성찰하는 직업으로서의 의사

결국 미래의 의사는 인공지능과 함께 의사로서의 활동을 하고 삶을 살아가게 될 것이다. 과거 같았으면 의사의 두뇌가 하여야 했을 일들의 상당 부분을 인공지능이 대신해 줄 것이다. 새로운 논문의 검색과 판단에 필요한 자료의 입력도 인공지능이 다 해줄 것이다. 그런 가운데 의사는 무엇을 할까? 본 글에서는 그 내용을 위에서 네 가지로 정리하였다. 그러나 그 모든 일들을 하면서 의사는 본질적으로 가장 핵심적인 일을 계속하게 될 것이다. 바로 "자신의 판단과 선택에 대한 자기 성찰"이 그것이다. 그런 임상적 상황에서 인공지능이 그런 제안을 하였을 때, 내가 하였던 의학적, 윤리적, 통합적 판단이 과연 옳았었는가? 그것에는 어떤 문제가 있었는가? 나 자신이 법적으로 책임질 잘못을 행하지 않았다 할지라도, 나는 정말 의사로서의 책임을 다 하였는가? 등을 스스로에게 끊임없이 질문하고 답해 나가는 직업이 의사의 일이 될 것이다. 그 성찰 능력은 인공지능이 가지고 있지 못한 능력이다. 그래서 의대생들에게 가르쳐야 할 가장 어려운 과제이다. 일반적으로 의대생들은 그것을 가장 힘들어 하기 때문이다. 그러나 그들이 바로 미래의 의사들이기에, 우리는 그들을 성찰하는 의사가 되도록 노력하여야 한다.

III 의사의 역량

AI 시대에서의 의사 역할에 대한 생각은 이 글의 두 번째 질문이었던, 근본적으로 의사는 무엇을 하는 사람이고, 무엇을 할 수 있는 사람이어야 하느냐는 생각으로 이어져 간다. 의대생들이나 전공의들, 그리고 더 나아가 전문의들의 자격 취득 후 교육과 수련은 그냥 세월이 지나가면 저절로 이루어지는 것이 아니다. 아주 구체적이고 정밀한 목표가 설정되고, 그것을 의대생, 인턴, 전공의, 전문의 취득 후에 어떤 식으로 어느 수준까지 이루도록 할 것인가를 사전에 규정하여, 그 틀 안에서 섬세하고 체계적이며 엄격하게 이루어 나가야 하는 것이다. 그것이 의사의 핵심 역량에 대한 교육이라고 할 수 있다. 이것은 매우 본질적이고도 광범위하며, 의료계뿐만 아니라 사회 전체의 의견까지를 반영할 수 있어야 한다는 점에서 어려운 숙제라고 할 수 있다. 그런데 이에 대한 체계적 연구를 수행할 수 있었던 기회가 필자가 속한 연구팀에 있게 되었다. 이 연구는 2020년 한국보건의료연구원의 '환자 중심 의료기술 최적화 연구사업' 중 '환자 중심 성과 향상을 위한 전공의 교육체계 개선방안 연구'의 세부 연구주제로 이루어졌다. 충남의대 이선우 교수님이 전체 연구책임자가 되셨고, 저자는 그중 의사의 역량을 규정하는 세부연구 책임자가 되어 임선주, 윤소정(부산의대), 이건호(대구카톨릭의대), 김영전(원광의대), 김찬웅(중앙의대), 정한나(연세의대) 교수님들과 함께 연구를 할 수 있었다. COVID-19의 어려운 상황 속에서도 이 연구를 함께 수행해 주셨던 교수님들께 감사드린다. 여기서는 이 논문에서 제시한 의사 역량을 간단히 소개하도록 한다. 연구 결과는 “한국의 환자 중심 의사 역량 연구”(전우택, 정한나, 김영전, 김찬웅, 윤소정, 이건호, 임선주, 이선우, 의학교육논단 24(2):79–92, 2022)를 통하여 자세히 확인할 수 있으며, 그 연구를 통해 만들어진 세부 결과들에 대한 여러 연구 논문들의 목록은 이 글의 후기에서 소개하도록 한다.

1. 연구의 배경 및 특징

2012년 세계의학교육연맹(World Federation for Medical Education, WFME)이 국가별로 미래지향적 의사의 역할을 규명하여 제정할 것을 권고하였고, 그 후 이러한 작업들이 여러 나라에서 활발히 이루어졌다(Project on the Future Global Role of the Doctor in Health Care).[1] 우리나라도 이에 대한 여러 연구들이 수행되었고, 2014년에 '한국의 의사상[2]'이 만들어져 발표되었고, 2021년 그 수정 작업이 이루어져 '한국의 의사상 2022'로 개정되었다.[3] 그러나 의사의 역량은 한 번 정해지면 계속 사용되는 것이 아니라 시대의 변화와 필요에 맞추어 계속 다시 검토되고 수정되어 나간다. 미국이나 캐나다에서도 그런 작업들이 이루어졌고, 이 연구도 그런 흐름 속에서 시행되었다. 이 연구 및 연구결과의 특징은 다음과 같다고 할 수 있다. 첫째, 의사의 역량을 의

1) World Federation for Medical Education. Role of the doctor, Copenhagen: World Federation for Medical Education, 2012.

2) Ahn DS, Han JJ, Lee MJ, Huh YJ, Kwon BK, Kim MK, et al., A study on role of Korea's doctors, Sejong: Ministry of Health and Welfare, 2013.

3) Han JJ. A study on Korean doctor's role 2020. Healthc Policy Forum, 19(4):53–9, 2021.

대생 기간, 인턴 기간, 전공의 기간, 전문의 취득 후 기간 동안, 각각 어느 수준까지, 어떤 내용으로 설정하고 시행할지를 구성할 수 있는 맞춤형 틀로 사용할 수 있도록 현실적으로 만들어졌다는 것이다. 둘째, 역량을 추상적으로 제시하지 않고 '어떤 대상을 향한 어떤 역량인가'로 구체적으로 규정하였다는 것이다. 즉 질병, 환자, 동료, 사회, 자신, 학문이라는 대상을 향한 역량으로 규정하여, 가르치는 사람이나 배우는 사람들에게 역량에 대한 개념을 명확히 하였다는 것이다. 셋째, 역량을 규정해 나감에 있어 의학교육 전문가들의 의견뿐만 아니라, 전문의, 전공의, 의대생 등과 간호사, 일반 시민 등의 의견까지를 폭넓게 수렴하였고, 의사 역량과 연관된 국내 논문, 신문기사, SNS상의 거대한 빅데이터를 분석하여 작성하였다는 것이다.[4)]

4) 이 연구에서는 7명의 공동연구자가 1단계로 워킹그룹을 구성하여 기존 의사역량 연구결과들을 검토하였고, 2단계로 국내외의 의사역량 연구 문헌 및 자료들을 분석하고, 의사역량과 연관된 내용들을 논문, 신문기사, SNS에서는 어떻게 다루었는지를 알아보기 위하여 국내 논문(2011－2020), 국내 신문기사(2016－2020), SNS 자료(2016－2020)를 대상으로 텍스트 마이닝과 토픽 모델링 방법을 이용한 빅데이터 분석을 시행하였다. 논문은 1,945편이 추출되었고, 중복되거나 주제에 맞지 않는 연구를 삭제하여 최종 1,885편을 분석하였다. 신문기사는 총 9,781편이 추출되어 이 중 2,068편이 분석되었다. 이러한 작업을 거쳐 본 연구의 결과로 작성되는 환자 중심 의사역량 체계의 핵심 역량과 그 하부 역량의 틀을 1차안으로 만들었다. 3단계로 2단계에서 만든 역량 내용을 가지고 타당화 작업을 실시하였다. 이를 위하여 첫째, 50명의 의학교육 전문가들을 대상으로 2차에 걸친 델파이 조사를 실시하였고, 둘째, 일반 시민 1,000명, 간호사 407명, 의대생 237명, 전공의 361명, 전문의 200명을 대상으로 그들이 생각하는 의사의 역량에 대한 조사를 하여 2차안을 구성하였다. 이상의 과정을 거쳐 만들어진 2차안을 가지고 공청회를 실시하여 그것에서 나온 의견들을 반영하고, 국어학자의 감수를 받아 '한국의 환자 중심 의사역량' 최종안을 작성하였다. 본 연구에서는 기존 역량 체계들에 대한 분석과 문헌고찰, 한국적 상황에서의 필요 등을 검토하였다. 그리고 SNS, 신문 기사를 대상으로 한 토픽 모델링(Topic Modeling)을 통하여 일반 시민들이 원하는 의사의 역량을 1) 연구하는 의사, 2) 협력하는 의사, 3) 친절하고 윤리적인 의사, 4) 소통하는 의사, 5) 사회활동에 참여하는 의사의 5개 Topic으로 나눌 수 있었다. 여기에 의사로서의 가장

2. 의사의 역량

본 연구 결과로 나타난 의사에게 요구되는 핵심 역량은 총 6개였다. 의대생들과 전공의들이 바로 이 역량을 가질 수 있도록 교육하고 수련시키면 된다고 정리한 것이다. 그 6개의 핵심 역량은 구체적으로 17개의 세부역량을 통하여 이루어지도록 제안되었다. 그 자세한 내용들은 논문을 참조하시기 바란다. 그 내용을 간단히 소개하면 다음과 같다.

1) 전문가(Expert)로서 질병/건강에 대한 역량

이것은 가장 기본적인 의사의 역량으로서 의사 양성 과정에서 가장 강조되는 역량이며 진단 및 치료 과정에서 업무 수행 능력을 일컫는다. 이번 연구에서는 이것을 단순한 진료 역량을 넘어서서 다양한 임상적 의사결정 과정에서 과학적인 판단과 환자 중심적 접근을 할 수 있는 역량 및 환자의 안전과 삶의 질까지를 높일 수 있는 역량까지로 개념을 확장하여 제시하였다. 구체적인 세부 역량은 다음과 같다. (1) 전문적인 진료, (2) 환자 중심 및 근거 중심 진료, (3) 환자 안전 및 삶의 질 향상

기본적인 역량인 질병을 치료하는 전문가로서의 역량을 포함하여 총 6개의 의사 역량을 추출하였다. 일반 시민, 간호사, 의대생, 전공의, 의사들을 대상으로 하는 의사의 역량에 대한 설문을 통하여 총 2,710개의 설문 응답을 받았고, 그중 반복된 내용 등을 제거한 1,647개의 반응을 분석하였다. 그중 1회만 반응이 있었던 응답, 의미 없는 단어 등을 삭제하고 최종적으로 776개의 단어를 가지고 워드 클라우딩(Word Clouding) 과정을 진행하였다."(출처: 전우택, 이선우 등, "한국의 환자중심 의사 역량 연구", 의학교육논단, 24(2):79–92, 2022. https://doi.org/10.17496/kmer.2022.24.2.79.)

2) 소통가(Communicator)로서 환자에 대한 역량

의사의 핵심적 역량은 환자와의 의사소통 능력이다. 아무리 진료 능력이 우수하다 할지라도, 환자 및 환자 보호자들과의 의사소통에서 문제가 있다면, 그는 결코 좋은 의사가 아닌 것이다. 일반적으로 의사 역량에서 소통이라는 역량은 환자, 환자 보호자와의 소통뿐만 아니라, 동료 의사들이나 병원 동료들 간 소통이나 사회와의 소통까지를 폭넓게 포함시켜 이야기되었으나, 본 연구에서는 소통가로서의 능력은 오직 환자 및 환자 보호자와의 의서소통 역량만으로 규정하여 그 대상과 목적을 분명히 하였다. 구체적인 세부 역량은 다음과 같다. (1) 상호 협력적 환자-의사 관계, (2) 공감적 의사소통, (3) 진료에 대한 설명과 동의받기

3) 협력자(Collaborator)로서 동료에 대하여 가지는 역량

의사는 혼자서 진료하고 활동하는 사람이 아니다. 동료 의사들, 간호사들, 의료기사들, 사무직원들, 청소하시는 분들 등 수많은 직종들과의 협력을 필요로 하는 일을 하는 사람이다. 따라서 그들과의 협력을 얼마나 잘할 수 있는가가 한 의사의 최종적 업무 역량을 결정하게 된다. 그런 의미에서 본 연구에서는 협력자로서의 의사 역량을 동료들에 대한 협력 능력으로 구체적으로 규정하여 핵심 역량으로 제시하였다. 세부 역량의 내용은 다음과 같다. (1) 효과적인 협진과 의뢰, (2) 팀워크와 개선을 위한 노력.

4) 보건의료 리더(Leader)로서 사회에 대하여 가지는 역량

의사가 환자와 질병에 대하여만 역량을 가지면 되지, 사회에 대

한 역량까지 가지라는 것은 이해가 안 된다고 할 수도 있다. 그러나 환자도, 의사도, 사회와 동떨어져 존재하면서 아프고, 치료하고 하는 것이 아니다. 환자는 사회의 모든 환경, 제도, 재정 상황 속에서 아픈 것이고, 의사 역시, 국가의 의료보험 체계, 의료 수가, 병원의 운영 시스템 속에서 자신의 진료를 하는 것이다. 그만큼 의료라는 현상 자체는 "사회적 현상"이다. 그러기에 의사는 자신의 진료실에 들어와 있는 환자를 치료하는 것과 함께, 그 환자가 놓여 있는 사회, 의료 상황과 제도를 치료하려는 적극적 활동을 할 수 있어야 진정한 의미에서 환자를 치료하는 것이 된다. 그리고 당장 눈앞에 온 환자들에 대한 진료뿐만 아니라, 아직은 눈에 안보이지만, 결국 미래에 나타날 것으로 예상되는 모든 의료적 문제에 대한 준비와 대비의 활동까지를 할 수 있어야 한다. 그것이 의사의 사회적 역량인 것이다. 그 세부 역량은 다음과 같다. (1) 건강증진을 위한 사회적 활동, (2) 보건의료의 형평성 강화, (3) 미래변화에 대한 대응 준비

5) 전문직업인(Professional)으로서 자신에 대하여 가지는 역량

의학 전문직업성(Medical Professionalism)이란 대중이 의사 또는 의료 시스템에 대하여 가지고 있는 신뢰를 증진시키는 일련의 가치, 행동, 관계를 의미한다. 즉, 의학 직업전문성은 의사가 대중으로부터 신뢰를 받을 자격이 있다는 것을 증명하는 태도로 구성할 수 있는 것이다. 전문적 최신 지식과 기술을 숙달하는 노력을 게을리 하여 환자에게 최적의 진료를 제공하지 못하는 것부터, 비윤리적 행위를 하고, 수술 전날 심한 음주를 하는 등의 자기 관리를 하지 않는 것 등은 모두 전문직업인답지 못한 행동인 것이다. 그리고 이러한 행동은 국가나 법이 강제하여 하는 것이 아니라, 전문가로서의 스스로의 자부심과 위

엄을 가지고 자발적으로 하는 것이며, 의사 집단 내부의 자체적인 규율과 원칙으로 이루어져야 하는 것에 동의하고 그것에 적극적으로 참여하여야 한다는 것이다. 그 세부 역량은 다음과 같다. (1) 의료윤리 준수, (2) 의사 주도의 자율규제 참여, (3) 자기관리 및 동료보호

6) 의학 발전에 기여하는 사람(Scholar)으로서 학문에 대하여 가지는 역량

의사는 구체적으로 자신이 직접 논문을 쓰지 않는다 할지라도, 자신들의 모든 의료 행위를 통하여 의학 발전에 기여하고 있게 된다. 그 모든 의료 행위는 국가나 기관, 개인의 의료정보 시스템이 입력되어 들어가고, 그것을 통하여 국가, 기관, 연구자들은 어떤 약물과 치료법의 통계를 만들어 더 나은 미래 의학을 만들어 가고 국가 정책을 만들어갈 수 있기 때문이다. 그런 의미에 더하여, 의사는 끊임없이 의사로서의 자기 진료 역량을 증가시키기 위한 노력을 하여야 하고, 다른 의사들의 그런 활동을 지원하여야 하며, 만일 여건이 된다면 직접 연구에도 참여함으로써 의학 발전에 기여하는 역량을 가져야 한다는 것이다. 그 세부 역량은 다음과 같다. (1) 지속적 전문성 개발, (2) 의사의 학습 촉진, (3) 의학적 탐구

3. 인공지능시대에 새로운 사회 속에서의 의대생 교육과 전공의 수련을 위한 역량 체계

AI시대에 들어서면서 의사가 가져야 하는 역량을 다시 한 번 점검하는 것은 중요한 의미를 가진다. 그러나 의사에게 요구되는 역량의 본질은, 사실 따지고 보면 과거와 큰 차이가 없음을 볼 수 있다. 다만

그 역량을 발휘하는 방식에서 AI와 같은 새로운 기술을 더불어 사용하게 된 측면이 더 크다 하겠다. 그러나 그와는 별도로, 국제사회와 한국 사회의 모든 것이 빠르게 변화하고 있다. 일반 국민들과 환자들의 의료에 대한 기대와 의식 역시 변하고 있다. 국가와 사회가 추구하는 의료제도와 의료체제도 변하고 있다. 과학과 의료 기술도 하루가 다르게 변하고 있다. 이런 가운데 의대생, 전공의, 전문의들의 사고도 변하고 있다. 이렇게 모든 것이 이렇게 변화하고 있기에, 사회가 필요로 하는 의사의 역량도 그 세부적인 내용에서는 변해갈 수밖에 없다. 그런 의미에서 이번 '한국의 환자 중심 의사역량'의 개발 역시, 그러한 변화에 대응하기 위한 한국 의학계의 또 하나의 시도였다고 생각한다. 현재 의학교육과 각 전공 과별로 수련교육을 담당하시는 분들에게 이번 역량 연구 결과가 구체적인 교육 및 수련 목표 및 내용, 그리고 평가의 틀을 만드는 데 도움이 되기를 바란다.

후기

이 글의 I는 2017년 6월 12일자 후생신문에서 특집으로 다룬 <인공지능 시대의 의학교육>에서 필자가 쓴 "의학의 미래, 의학교육의 미래"를 수정보완한 것이다. 글의 시작에서 언급한 것처럼, 이 특집은 이세돌 9단과 알파고와의 대국으로 인한 충격으로 구성된 특집이었다. 그리고 2023년 Chat GPT 가 상용화되고 일반대중화되면서, 이제 2차 충격이 발생하였다. 2023년 8월, 영국 글래스고에서 있었던 유럽의학교육학술대회(AMEE)에서도 거의 모든 주제에서 AI 논의가 다 붙었다는 것은 이 주제가 얼마나 미래에 큰 영향을 끼칠지를 보여주고 있었다. AI가 기술적으로 너무도 빠르게 변화해 가고 있는 이 시점에서 이 글은 이미 오래된 이야기 같지만, 여전히 AI 관련하여 우리가 생각할 기본적인 부분들을 다루고 있다고 생각되어 이 책에 싣는다. 의학교육계에서는 이미 AI와 관련된 수많은 논문들과 글들이 쏟아져 나오고 있다. 저자 역시 더 열심히 공부하고 고민할 영역이라고 생각하고 있다. 이 글의 III는 본문에서 언급하였듯이, 의학교육논단 2022년 24호 2권에 실린 “한국의 환자중심 의사 역량 연구”를 토대로 정리한 것이다. 이 자리를 빌려, 이 연구가 수행될 수 있도록 수고하셨던 이선우 교수님께 다시 한 번 감사의 말씀을 드린다. 이 논문이 실린 특집 호 및 그 다음 호에는 이 논문 말고도 이 연구 전체에 대한 구체적인 세부 논문들이 실려서, 연구 전체의 자세한 내용을 보실 수 있게 되어 있다. 그 논문들의 목록은 다음과 같다.

김영전, 이제욱, 윤소정, 텍스트네트워크 분석을 활용한 국내 의사 직무역량 연구 동향 분석, 의학교육논단, 24권 2호, pp.93-102.
(https://doi.org/10.17496/kmer.2022.24.2.93)

임선주, 김영전, 김찬웅, 이건호, 이선우, 전우택, 정한나, 윤소정, 한국의 환자 중심 의사 역량 프레임 타당화를 위한 델파이 연구, 의학교육논단, 25권 2호, pp.139-158
(https://doi.org/10.17496/kmer.23.001)

전우택, 새로운 한국형 의사 전문역량 틀 개발, 의학교육논단, 24권 2호, pp.77-78.
(https://doi.org/10.17496/kmer.2022.24.2.77)

전우택, 정한나, 김영전, 김찬웅, 윤소정, 이건호, 임선주, 이선우, 한국의 환자중심 의사 역량 연구, 의학교육논단, 24권 2호, pp.79-92.
(https://doi.org/10.17496/kmer.2022.24.2.79)

정한나, 이제욱, 이건호, 신문기사 키워드 분석(2016-2020년)을 통한 의사 및 의료에 대한 사회적 요구 분석, 의학교육논단 24권 2호, pp.103-112
(https://doi.org/10.17496/kmer.2022.24.2.103)

CHAPTER 09

전문직 간 교육(Interprofessional Education) -그 소중한 기억에 대하여

1985년 3월 의대를 막 졸업하고 인턴이 된 필자는 첫 2주간의 근무를 서울 근교 한 작은 파견 병원에서 시작하게 되었다. 당직 근무를 서게 된 첫날 밤 11시경, '마침내' 전화벨이 울리고야 말았다. 아직도 어색한 흰 가운을 급히 챙겨 입고 2층 숙소방을 나서려는 순간, 문 앞에 걸린 전신 거울이 보였다. 거울 속에는, 아는 것도, 할 수 있는 것도 거의 없다고 느끼고 있는 초짜 의사가 비쳐지고 있었고, 한 환자는 그런 의사에게 자신의 의료적 처치를 받겠다고 응급실에 와 있는 것이었다. 그때의 그 '어이없음'과 '떨림'이 지금도 생생하다. 환자분은 술에 만취되어 있었고 미끄러져 살짝 넘어지면서 뒤통수 두피가 약간 찢어져 피가 나고 있었다. 다행히 그 이상의 문제는 없었기에, 찢어진 두피만 꿰매면 되는 상황이었다. 그런데, 사실은 그게 더 큰 문제였다. 의대를 다니면서 외과 실습 때 피부 봉합에 대한 내용을 교육받기는 하였으나, 그때는 아직 의사 국가고시에 실기 시험이 없던 때였다. 솔직히는 피부 봉합을 할 수 있는 역량이 전혀 없었기에, 그 어리어리한 인턴은 이제부터 무엇을 어떻게 하여야 할지를 모르는 가운데 쭈뼛대고만 있었다. 그날 밤 유일한 응급실 근무자였던 40대 초반의 간호사 선생님이 살짝 미소를 지으셨다. 그리고 스스로 봉합 세트를 가져왔고, 나는 그 간호사 선생님에게 정식 피부 봉합 실습 교육을 받기 시작하였다. 멸균장갑은 어떻게 끼는 것이 편리하고, 실은 바늘에 어떻게 끼고, 얼마나 깊게 두피 속으로 바늘을 뜨며, 마무리는 어떻게 하여야 한다는 것을 나는 하나씩 들으며 충실한 학생이 되어 수행해 나갔다. 정말 다행인 점은 환자분이 술에 취하여 자신의 두피를 꿰매고 있는 의사가 생전 처음 피부 봉합을 하고 있는 초짜 인턴임을 전혀 모르고 계셨다는 것이었다. 조금 밉게 꿰매기는 하였지만, 어차피 머리카락은 다시 자라나 그 흉터를 덮을 것이었다. 이제는 숙소로 올라가도 된다는 간호사 선생님의 말씀을 듣고 나는 냉큼 2층 숙소방으로 다시 올라갔다. 어두운 형광등 불빛 아래 거울에 비친 그 인턴은 아까보다는 조금 더 유능하고 조금은 더 자신감을 가진 모습으로 자신을 바라보고 있었다.

지금 돌이켜 보면, 필자가 당시 그렇게 노련한 응급실 간호사 선생님에게 스스럼없이 바로 봉합 교육을 받을 태도를 취하였던 가장 큰 이유는 따로 있었던 것 같다. 필자는 예과 1학년 때부터 어느 학생동아리에 속하여 10회 이상 무의촌 진료봉사를 다녔었고, 그 진료팀에는 의대, 치대, 간호대 학생들과 졸업한 선배들이 늘 함께 있었다. 그래서 간호대 학생들과 간호사들이 어떤 과정으로 교육을 받으며, 어떤 역량을 가지고 있는지를 알고 있었다. 따라서 비록 인턴이라 할지라도 '의사'라는 자존심으로 '간호사'에게 교육을 받는 것은 적절하지 않을 수 있다는 식의 생각이 전혀 없었다. 예과 1학년의 눈에 간호대 선배들은 이미 환자를 돕는 일에 있어 너무도 유능한 사람들이었고, 그들에게 무언가를 배우고 도움을 받는다는 것은 너무도 당연한 것이라는 체험적 교육을 나는 이미 받았던 것이었다. 그런 현상을 '전문직 간 교육(Inter-professional Education) 결과'라는 엄청나게 복잡한 학술적 명칭으로 부른다는 것을 나는 그때 전혀 몰랐다. 그러나 어찌되었든 나는 조기 전문직 간 교육의 성공적 결과물이었다. 그리고 그날 밤, 그 환자분은 담당의사가 기술적으로는 미숙한 의사였음에도 불구하고 전문직 간 협력에 의하여 성공적인 진료를 무사히 받고 퇴원할 수 있었다. 이것이 바로 전문직 간 교육이 추구하는 근본적 목표이다.

그러나 지금 돌이켜 보면, 그날 응급실에서 벌어진 그 상황의 주인공은 '배우는 데 열린 자세를 가진 훌륭한 인턴'이 아니었다. 아무것도 모르면서 긴장만 하고 있는 초짜 인턴의 상황을 즉각 이해해 주고, 적극적이고도 자상하게 '그 인턴'을 학습시켜 주며, 동시에 환자가 무사히 치료를 받고 퇴원할 수 있게 만들어 주었던 그 간호사 선생님이 그 주인공이었다. 전문직 간 교육이란 '둘 이상의 직업인이 서로에게서 서로에 대해 배워 협력을 증진시키고 진료의 질을 높이는 상황'[1]을 의미하는데, 그날 그 협력을 증진시키고 진료의 질을 높이는 역할을 주도적으로 한 것은 그 간호사 선생님이었기 때문이었다.

사실, 모든 의료는 반드시 팀으로 이루어지게 된다. 의사, 간호사, 약사, 방사선 기사, 영양사, 사회사업사, 행정 직원, 보조간호사, 운전기사, 청소부 등, 정말 다양한 직종들이 그 팀을 이룬다. 그리고 크든 작든, 한 의료기관이 수행하는 의료의 질을 최종적으로 결정하는 것은

---

1) Barr H., Interprofessional education: today, yesterday and tomorrow. Learning and Teaching Support Network for Health Science and Practice, London, 2023. Online, Available: www.health.ltsn.ac.uk

결국 이러한 '팀원들 사이의 협동 능력'이다. 팀원들의 전문성과 능력, 훈련 내용을 사전에 서로 충분히 알고 있고, 자신의 역량과 상대방의 역량이 어떻게 합쳐졌을 때 최종적으로 환자의 진료에 가장 큰 도움을 주는지 알 수 있으며, 그를 위하여 서로가 긍정적인 의사소통을 할 수 있는 것이 전문직 간 협동이고, 그것을 할 수 있도록 하는 것이 전문직 간 교육이다. 전문직 간 교육과 협력은 '환자에 대한 최선의 진료'를 공동의 최고 목적으로 한다. 나와 내가 속한 직종의 자존심과 이익이 최고 목적이 되면, 결국 직종 간 협력은 불가능해지고, 환자는 제대로 된 최선의 진료를 받지 못하게 된다. 그렇게 된다면, 그 전문직은 전문직으로서의 의미를 잃게 된다.

그런 의미에서 전문직 간 교육은 보건의료 영역에서 가장 중요한 교육 중 하나이다. 그리고 그것이 가진 효과들에 대한 논문들도 매우 많다. 그러나 그럼에도 불구하고, 교육 현장에서 이것을 실제로 시행하는 것은 매우 힘들다. 전문직 간 교육을 시행하여야 하는 다양한 전문직 교수들이 그 본질에 대하여 같은 개념을 공유하여야 하고, 같은 목적을 가지고 그 시간을 운영하여야 하는데, 그것이 힘든 것이다. 그래서 의대 교수가 간호대학에서, 간호대 교수가 의과대학에서, 학생들을 대상으로 직종 간 협력에 대하여 아무리 좋은 강의를 하여도 그것이 의미있는 결과를 만들어 내기는 힘들다는 것을 체험하곤 하였다. 더구나 더 다양한 직종들을 위하여 교육받고 있는 학생들에게 팀이 되어 협력하는 가치와 방법을 알 수 있도록 하는 것은 더욱 어려운 과제였다.

"적대적인 태도를 수정하라. 공통의 가치와 지식, 기술을 정립하

라. 팀을 구성하라. 함께 문제를 해결하라. 지역사회의 요구에 함께 대처하라. 실제 업무를 수정하라. 직종의 개념을 바꾸라"[2] 직종 간 교육에 대하여 WHO 자료에서 나오는 이 말들이 이 책을 통하여 실제로 달성될 수 있기를 기대한다. 그리고 그날 밤 응급실에서 초짜 인턴을 앞에 앉혀놓고 피부 봉합술을 정성껏 가르쳐 주신, 지금은 그 이름도 기억하지 못하고 있는, 간호사 선생님께도 늦게나마 감사 인사를 드린다.

후기

이 글은 Peter Donnelly의 쓴 <How to succeed at Inter Professional Education>(2019, John Wiely & Sons Ltd)를 정욱진, 박귀화, 박경혜, 박연철 교수가 공역하여 출간한 <보건의료 전문직 간 교육 IPE 지침서>(2021, 예당북)의 추천사로 저자가 썼던 글을 수정 보완한 것이다.

일반적으로는 짧게 쓰는 것이 관례인 책의 추천사임에도 불구하고, 저자가 이렇게 길게 쓴 이유는, 보건의료 영역에서 전문직 간 교육(IPE)은 정말 중요하면서도, 아직도 너무도 어렵기 때문이다. 그 어려운 이유 중 하나는 의사들과 의대생들이 그 중요성에 대하여 진정성 있게 이해하지 못하고, 그것에 수동적 태도를 취하기 때문이다. 따라서 이 주제가 얼마나 의미 있고 중요한 일인지를 설명하는 데 있어, 저자의 사례를 사용하기로 하였다. 학생 교육 시 교수의 개인적 사례가 학생들의 학습 동기를 높이는 가장 효과적인 방법 중 하나임은 이미 널리 알려져 있기 때문이다.

2) WHO, Learning together to work together for health, World Health Organization, Geneva, 1998.

CHAPTER 10

의학적 상상력
-의학, 상상의 세계로 들어가다

I 시작하는 말: 본과 1학년 학생이 들어간 상상의 세계

정신과 의사가 되겠다고 생각을 한 것은 필자가 고등학교 1학년 때였다. 그리고 의예과에 들어갔고, 의과대학 본과 교육을 받았으며, 인턴을 마치고 마침내 정신과 레지던트가 되어 정신의학의 길로 들어섰다. 고등학교 1학년 때부터 시작하여 3년, 예과 2년 본과 4년 인턴 1년 등 총 10년의 세월을 보내면서, 단 한 번도 정신과라는 전공 학문 이외의 다른 진로를 생각해 본 적이 없었다. 일반적으로 의대생들이 인턴을 마치는 순간까지도 전공과 선택을 앞에 두고 마음이 하루에도 수없이 바뀌는 것이 일반적인 현상이고 보면, 필자의 경우는 매우 이례적인 것이었다.

그런데 필자에게도 단 한 번 정신과를 선택하는 것에 결정적 고민이 생긴 적이 있었다. 바로 1981년 본과 1학년 2학기 미생물학 수업을 받으면서 있었던 일이다. 본과 1학년의 기초의학 공부는 매우 지루하였다. 물리며 화학 같은 과목에 별 흥미를 가지고 있지 못하였던 필자에게, 해부학, 생화학, 생리학, 미생물학 등의 기초의학 교과목들은 정말 지루하고 힘든 수업의 연속이었다. 그렇게 지루한 본과 1학년의 시간을 보내고 있던 어느 날, 미생물학 수업 시간에 지금은 은퇴하신 이원영 교수님이 처음으로 들어오셨고 바이러스에 대한 강의를 시작하셨다. 그런데 수업의 첫 시작이 다음과 같은 질문이었다.

"여러분이 만일 바이러스라면, 한 마을에 들어가서 이제부터 어떻게 활동하시겠습니까?"

그것은 지루한 공부에 늘어져 졸고 있던 본과 1학년 학생에게 갑자기 들이닥친 천둥 같은 질문이었다. 순간 나는 자세를 고쳐 잡고 똑바로 교수님과 칠판을 응시하기 시작하였다. 지루한 과학적 사실의 나열과 그 엄청난 양의 지식을 기계적으로 암기하고 있어야만 점수를 받고 진급할 수 있다는 생각에 묶여 있던 나에게, 그 질문은 의대를 진학한 후 처음으로 "생각"을 요구하는 질문이었던 것이다.

아득한 30년 전 이야기라 그날 수업이 어떻게 진행되었는지 이제는 더 기억나지 않는다. 그러나 분명한 사실은 그 수업이 끝나면서 나는 이원영 교수님의 교수실을 따라 찾아갔다는 것이었다. 예과 기간 전체와 본과 1학년의 그때까지 온통 인문과학, 사회과학 책들과 정신과 관련 서적만 읽고 지내던 내가 미생물학이라는 그 이전까지는 전혀 돌아보지도 않던 이과(理科) 과목(?)에 관심을 가지게 되었다는 강력한 증거였다. 떠듬거리며 나는 이원영 교수님께 내가 왜 찾아왔는지 설명을 드렸다. 미생물학에 관심이 있다고. 그러자 교수님은 미소를 지으시면서 나에게 책 한 권을 책꽂이에서 뽑아 건네주셨다. 왓슨과 클릭의 유전자 배열 연구에 대한 내용 등이 들어가 있던 영어 전공서적이었다. 관심 있으면 읽어 보라는 것이셨다. 그 책을 소중히 들고 나와 도서실에 가서 조심스레 펴 보았던 기억이 난다. 물론, 내가 흥미를 가질 수 있는 그런 내용은 솔직히 전혀 아니었다. 그래서 얼마 후 그 책을 다시 교수님께 예의바르게 돌려 드리고 돌아왔다. 그 후 다시 이원영 교수님을 직접 찾아가 뵌 적은 없었던 것 같다. 다시 내 본연의 정신과 지망으로 되돌아 간 것이다. 그러나 아직도 나의 마음속에 남아있는 그 수업 시간의 충격, 기쁨, 감동, 환희를 나는 기억한다. 그 수업은 나의 무엇을 자극한 수업이었을까? 그 시간은 의과대학을 다니면서 내가 체험한 최초의 "상상력"을 자극받은 수업이었다. 돌이켜보면 그때 내가 감동한 것은 바이러스학이나 미생물학이 아니었다. 그것은 바로 "상상력"이었다. 수업 시간에도 상상력을 자극받고, 그래서 수업 시간이 즐거울 수 있다는 것을 나는 그때 처음으로 체험한 것이었다.

II 상상력과 의학의 관계

상상력은 인간의 지적 활동과 놀이에 있어 가장 근본적 원천이 된다. 원시인들은 사슴의 발자국만을 보고도 이 사슴이 얼마나 크며, 어디를 향하고 있고, 여기를 지나간 지가 얼마나 되었는가를 "상상"해 낼 수 있었기에, 굶어 죽지 않고 살아남을 수 있었다. 농경사회가 시작되면서는 아무리 배가 고파도 파종할 씨앗을 먹지 않고 참았다가 봄이 되면 그것을 땅에 뿌릴 줄 알게 되었다. 이 씨앗을 땅에 뿌리는 것은 씨앗을 버리는 것이 아니라 가을이 되었을 때 다시 많은 또 다른 씨앗으로 되돌아 올 것을 "상상"할 수 있었기 때문이었다. 늑대의 가면을 쓰고 춤을 추면서는 늑대라면 어떤 감정을 가지고 몸을 어떻게 움직일 것인가를 "상상"할 수 있었기에 자신이 끝없이 몰입될 수 있는 "예술의 기쁨"을 느낄 수 있었을 것이다. 그리고 인간이 문자를 발명해 내고는 단순히 사실의 기록과 의사 전달만으로 문자를 이용하지 않는다. 그것을 가지고 "상상의 이야기"를 하고 쓰기 시작한 것이다. 그런 상상의 이야기가 사실은 인간의 삶이 가진 가장 본질적 문제를 직면하고 그 문제를 해결할 수 있게 만드는 원동력이 됨을 인간은 알았던 것이다. 바로 이 "상상력"의 힘을 알게 된 것은 인간의 진보에 있어 불의 발견보다 더 큰 힘을 가진 것이었으리라.

의학도 인간의 상상력의 산물이다. 이유도 모른 채 어느 날 전염병에 걸려 극심한 고통을 받다가 죽어가던 인간들은 상상을 시작하였을 것이다. 왜 이러한 현상이 나타나는가? 그리고 이것은 어떻게 해결할 수 있는가? 매우 제한된 과학적 지식만을 가지고 인간은 생각하고 또 생각하였을 것이다. 그리고 마침내는 인간의 눈에 보이지 않는 악령이 이런 현상을 만들어 낸 것이라고 생각해 내었을 것이다. 그것이 샤먼들의 축귀 제례로 발전하였을 것이다. 이것은 수천 년을 이어져 내려왔다. 1885년 우리나라에서 최초의 서양의술을 소개한 알렌, 에비슨과 같은 분들이 조선 땅에 들어왔을 때, 전국에 콜레라(호열자)가 창궐하면, 국가가 하는 유일한 일은 하늘을 향하여 대포를 쏘는 것이었다. 호열자 귀신이 큰 소리를 듣고 놀라 이 땅을 떠나라는 조치였다. 이러한 상상력은 고통받는 인간들에게 큰 위로를 주었고, 힘을 주었을 것이다. 실제로 큰 효과가 있지 않았다 할지라도, 내가 질병 밑에 깔려 비참하게 당하고 있는 것만이 아니라, 내가 스스로 적극적으로 이 질병과 투쟁할 수 있는 존재라는 사실을 스스로에게 확인시킬 수 있었기 때문이었으리라. 정신과적 고통은 더 혼란스러운 것이었다. 귀신이 들린 것으로밖에는 도저히 설명할 수 없는 현상 앞에서 인간은 더욱 무기력할 수밖에 없었다. 그래서 할 수 있었던 것이라고는 환자를 두들겨 패어 그 안의 귀신을 내쫓는 것이었다. 살구나무 학파와 복숭아나무 학파로 학계는 양분되어 있었다. 어느 나무로 환자를 패야 귀신이 더 잘 내쫓기는 지에 대하여 다른 주장들이 있었기 때문이다. 지금 보면 어이없는 일들이지만, 그 당시로는 나무가 가진 특징들과 연관된 상상력을 최대한 발휘한 인간들의 힘겨운 몸짓들이었다. 그러한 상상력의 노력들은 그 이후, 인간의 정신에 영향을 끼칠 수 있는 약물들을 더 정교하게 만들어 내는 토대가 된다.

그러기에 모든 학문과 마찬가지로 의학도 "상상력"이 가장 강력한 토대이다. 그리고 그 상상력을 잃는 순간, 그 학문은 무너지게 되어 있다. 그런데 지금 의학교육이 바로 그런 상태에 들어가 있다. 의학이 상상력의 산물이며, 여전히 해결되지 않는 의학적 난제들을 해결할 힘도 결국은 상상력이라는 이 가장 기본적이고도 단단한 사실을 이해하지도, 아니 상상하지도 못하는 상황이 벌어진 것이다. 이에 따라 의학은 힘을 잃게 되었다. 유감스러운 일이다.

III 의학적 상상력의 의미와 역할

의대생이 자신의 시험문제 답안지를 작성하면서 "배운 대로 암기한 내용"을 쓰지 않고 "나름대로의 상상력과 창의력"을 발휘하여 답안지를 쓴다면, 다들 걱정하게 될 것이다. 유급하고 제적당할 날이 별로 많이 남지 않았다고 예상될 수 있기 때문이다. 의사가 "의학 교과서 및 의료보험 공단의 지침"에 따라 진료하지 않고 자신의 "창의력과 상상력"을 발휘하여 새로운 치료법을 시술하고 있다면 다들 걱정하게 될 것이다. 학회에서 제명당하고 어쩌면 의사 면허증을 잃게 되는 날이 멀지 않았다고 예상할 수 있기 때문이다. 이와 같이 의학교육과 의료 진료에 있어 "상상력"은 일종의 터부시되는 단어가 되어 있다. 그런데 정말 그런 것일까? 의학에서 상상력이란 어떤 의미와 역할을 가질까?

1. 의학 이론과 임상 현장 사이에 존재하는 거리(Gap)를 극복하게 하는 의학적 상상력

인간의 몸은 기계가 아니다. 그러므로 우리가 의학 교과서에서 진리인 것처럼 배운 내용이 환자에게 그대로 나타나는 일은 거의 없다. 매우 흔한 맹장염(충수돌기염)에 걸린 것을 진단내리는 것이 외과에서는 가장 어려운 것 중 하나라고 한다. 가장 흔하고 가장 간단한 질병인 것 같음에도, 소위 "교과서적으로" 아픈 사람은 거의 없기 때문이다. 이 때 의사들로 하여금 환자 진단을 하게 만들고 치료에 임하게 하는 것은 "의학적 상상력"이다. 의사의 임상적 추론 능력은 의사의 상상력과 깊은 연관을 가진다. 정신과에서의 조현병 진단도 마찬가지이다. 교과서적인 조현병 증상으로 쉽게 진단을 내릴 수 있는 환자들도 많이 있지만, 전혀 다른 증상으로 시작하여 점차 조현병의 모습을 향해 가는 경우도 얼마든지 있기 때문이다. 교과서에 그렇게 쓰여 있지 않다는 것이 진단을 제대로 내리지 못함의 이유와 핑계가 될 수 없다. 그러기에 의학적 상상력은 의사의 가장 중요한 실력이다. 많은 경험을 가진 노련한 의사가 된다는 것은 결국 학습된 경험으로 인하여 더 예민한 “상상력”을 가지게 되었다는 것과 같은 말이 된다. 그리고 그 상상력은 가지고 태어난 측면도 있으나, 철저한 교육으로 만들어져야 하는 것이기도 하다.

2. 환자의 고통에 대한 이해와 공감을 할 수 있게 하는 의학적 상상력

의사는 환자의 아픔을 같이 느낄 수 없다. 교통사고가 나서 온 몸이 부서진 상태에서 응급실에 들려 온 환자의 고통을 의사는 자신의 몸으로 느낄 수 없는 것이다. 그러나 의사는 그 순간, 그 환자를 돌보아야 하고, 치료하여야 한다. 의사는 자신이 느끼지 못하는 아픔을 어떻게 치료할 수 있는가? 옆에서 울고 있는 가족의 마음을 어떻게 공감하고 그들에게 적절한 위로와 격려를 할 수 있는가? 여기서 가장 중요한 것은 의사의 소위 “공감 능력”이다. 환자와 보호자 당사자는 아니지만, 이들이 지금 어떤 신체적, 정신적 고통을 받고 있겠구나 하는 것을 “상상”하여 “공감하여 주는 것”이 바로 의사가 명의(名醫)가 되는가 아닌가를 구분하게 만드는 요건이 된다. 공감할 수 있는 의사만이 환자 및 보호자와 의미 있는 대화가 가능하고, 그래서 영향을 끼칠 수 있으며, 결국 치료를 할 수 있다. 거의 모든 병원에서 거의 똑같은 진료 도구 및 검사 장비, 약품을 가지고 있게 된 오늘날의 의료에 있어, 명의가 되는 핵심은 “의학적 상상력”이다.

3. 탁월한 의학 연구 능력을 만들어 내는 의학적 상상력

일반적으로 연구란 거대한 만리장성에 벽돌 한 장을 더 얹어 놓는 것과 같다. 기존의 지식들을 토대로, 그 위에 다시 하나의 새로운 지식을 더 올려놓는 것이다. 일반적으로 그런 것에 의하여 과학은 발전한다. 그러나 문제가 발생한다. 기존의 지식만으로, 그리고 기존에 쌓아 놓은 지식 위에 벽돌 한 장 더 얹는 것으로는 도저히 해결할 수 없는 문제들이 발생하기 때문이다. 이것은 완전히 새로 생각하고 새로 접근하여야 할 문제이다. 이러한 문제의 해결은 "일반 학자들"이 접근할 수 있는 문제들은 아니다. 이것은 오직 "상상력"을 가진 학자들만이 할 수 있는 것이다. 그러기에 1928년 발진티푸스를 연구한 공로로 노벨 생리학·의학상을 수상한 샤를 니콜(Charles Nicolle)은 다음과 같이 이야기하였다. "새로운 사실의 발견, 전진과 도약, 무지의 정복은 이성이 아니라 상상력과 직관으로 하는 일이다."

1854년 영국 런던은 콜레라로 수많은 사람들이 죽어가고 있는 죽음의 도시였다. 시체들을 걷어 가져다 버리는 일이 아직 살아있는 사람들의 가장 큰 일이었다. 많은 의사들이 이 병의 실체를 이해하고 치료하고 예방해 보려고 모든 노력을 다하고 있었다. 죽은 환자의 시체를 구석구석 해부해 보았고, 살아있는 환자들에게 온갖 약물과 화학물질들을 투여하고 있었다. 그러나 콜레라로 죽은 환자들의 숫자는 매일같이 기하급수적으로 더 증가하고 있었다. 이때, 존 스노우(John Snow)는 전혀 다른 시각에서 이 문제를 관찰하였다. 런던의 시 지도를 펼쳐 놓고, 콜레라로 죽은 사람들이 살던 집의 위치를 지도에 점으로 표시해 나갔다. 마침내 그 점들은 일정한 패턴을 가지고 있음을 알아냈다. 오염된 펌프 하나에서 나온 물이 다양한 형식으로 사람들에게 전달되었고, 그 물을 마신 사람들이 병에 걸려 죽고 있다는 것을 알게 되었다. 근대 역학의 시작이 이루어지던 순간이었다. 이런 새로운 차원의 접근으로 인하여 수많은 사람들이 병으로부터 예방될 수 있었고, 목숨을 구할 수 있었다. 만일 존 스노우도 당시 최고의 명성을 가지고 있었던 다른 의학자들처럼 죽은 시체의 해부에 공을 들이고 있었더라면, 콜레라의 예방은 불가능하였을 것이다. 이것은 그의 전혀 다른 차원의 "상상력"이 만들어 낸 쾌거였다. 의학의 난제를 해결하는 연구의 돌파는 기존 지식의 정리가 아닌 이러한 "상상력"에 의하여 이루어지는 것이다. 아인슈타인은 그 시대의 주요 물리학 패러다임을 받아들이지 않음으로써 획기적인 업적을 만들어 낼 수 있었다. 그는 "내가 만일 광자라면 어떻게 할까?"라는 전혀 다른 상상을 하고 있었던 젊은이였다. 연구란 상상이다. 아직까지 현대 의학이 해결하지 못하고 있는 의학적 난제들을 해결하는 도구가 바로 "상상력"인 것이다.

4. 타 학문과 의학의 연계를 가능하게 하는 의학적 상상력

인간은 자신들이 성장한 지역의 특유한 예술과 과학체계가 선호하는 패턴만을 인식하는 경향을 가지고 있다. 이것은 자신이 처음 접한 학문의 인지적 특성에 집착한다는 것으로 말할 수도 있는 것이다. 의학은 그런 의미에서 매우 현실적이고 실용적인 특성을 가진 학문이다. 눈에 보이는 것, 그리고 구체적으로 환자에게 실제적인 도움을 주는 것만을 중요하게 여기는 특성을 가지는 것이다. 이러한 의학교육을 받은 사람들은 어떤 학문에 대한 평가에 있어서도 그것이 인간에게 실제적인 도움을 줄 수 있는가를 자신의 판단 기준으로 만드는 특성을 가진다. 그러다 보니 자신이 익숙하게 이해하고 실제 사용할 수 있는 것이 안 되면 그것을 비하하거나 무시하는 경향이 있게 된다. 이것이 타 학문과 의학을 연계시키는 능력을 낮추게 한다. 의학은 타 학문이 이루어 낸 성취를 최종적으로 인간의 몸에 적용하는 특성을 가진다. 의학 자체가 새로운 창조를 만드는 경우보다는, 타 학문에서 이룬 창조적 업적을 인간의 몸에 창의적으로 적용하는 일에 더 집중하는 학문인 것이다. 그러기에 의학자들이 갖추어야 할 필수 능력은 타 학문의 업적들을 정확하게 이해하고 그것을 인간의 질병과 몸에 어떻게 적용할지를 생각해 낼 수 있는 것이다. 그런 의미에서 의사나 의학자가 자신의 기본적 바탕이 되는 의학적 인식과 편견, 고정 관념을 뛰어 넘을 수 있는 인지적 능력, 즉 타 학문을 편견 없이 있는 그대로 볼 수 있는 의학적 상상력을 필요로 한다. 그것을 가지지 못한다면, 의학은 타 학문의 발전 성취를 알아보고, 그것을 흡수하여 새로운 의학 발전을 이루는 작업을 할 수 없게 된다. 결국, 의학적 상상력이 의학의 발전을 이루는 핵인 것이다.

5. 의학 공부를 하게 하는 동기를 만드는 것으로서의 의학적 상상력

지금 우리나라의 경우, 의학을 공부하는 학생들에게는 두 가지 공통점이 있다. 첫째, 이들이 고등학교 기간 중 극히 우수하였던 학생들이라는 점이다. 최상위권 학생이 아니면 의학교육의 장(場)으로 진입하는 것 자체가 불가능하다. 둘째, 그런데 이들이 의학 공부를 하면서는 학습 동기가 매우 저조하고 지루해하며, 낙오하는 학생들도 많다는 것이다. 그 우수한 학생들이 왜 공부에 흥미를 못 느끼며 그야말로 죽지 못해 가까스로 공부들을 하고 있는가? 의학이라는 학문이 매우 어려운 학문이라서 그런가? 그런데 그 질문에 대한 답은 "아니다"이다. 의학 공부는 다른 학문들에 비하여 그다지 어려운 학문이 아니다. 암기량으로 치면 고대 라틴어나 동양 고전을 공부하는 학문에 비하여 사실 그렇게 외우는 것이 꼭 많다고 할 수도 없을 것이다. 어려운 수학 문제를 풀어내야 하는 것도 없다. 최첨단 기계 조작법을 아주 능숙하게 익혀야 공부가 되는 그런 학문도 아니다. 그런데 그럼에도 불구하고, 이 우수한 학생들이 공부하기를 그렇게 힘들어하고 수없이 낙오하는 이유는 무엇인가? 그것은 "창의력, 상상력을 요구하지 않는 교육과 학습의 특징" 때문이라고 이야기하면 과장된 것일까?

기계적 암기만을 요하는 학습은 학생들의 학습 동기를 극히 저하시킨다. 창의력과 상상력이 학습 동기를 유발하기 때문이다. 서론에서 저자가 쓴 것처럼, 자신의 창의적 두뇌를 사용할 것이 요구되는 학문에서 학생들은 반짝 눈을 뜬다. 그리고 그것에 몰입하기 시작한다. 학습은 어느 사이에 "놀이"가 된다. 가장 이상적인 학습 형태가 학습과 놀이가 합일되는 것이라 한다면, 현재 이루어지고 있는 의학교육은 그야말로 가장 놀이적 기능이 없어진 기계적 학습의 전형을 보여 주고 있다고 할 수 있을 것이다. 학습 동기를 만들어 낼 수 있는 가장 좋은 방법은 자신의 창의성이 작동될 것을 요구받는 도전이다. 우수한 의학도들이 학습에 흥미를 느끼도록 만드는 가장 효과적인 방법은 그들이 그들의 학습을 좀 더 창의적으로 할 수 있도록 만들어 주는 것이다. 여기서 창의적이라는 말은 의미 없는 그저 치졸하게 기발한 무언가를 하도록 한다는 것이 아니다. 자신의 전체 두뇌를 전부 이용하여 최선을 다하여야 그 결과를 만들어 내고 평가 받을 수 있는 그런 상태가 되도록 하는 것이다.

Ⅳ 의학교육에서 창의력을 어떻게 늘려 나갈 수 있을까?

그런데, 정말 의학교육에 있어 그런 상상력을 자극하고, 창의성을 높이는 교육이 가능할까? 만일 가능하다면, 그 구체적인 방법은 과연 무엇일까? 여기서는 그에 대한 다섯 가지 방법을 생각하여 본다.

1. 이미 성취한 것이 아닌, 아직 성취하지 못한 것에 대한 교육을 하여야 한다

마케도니아의 알렉산더 대왕이 아직 왕자 시절의 이야기이다. 그의 아버지 필립 왕은 크게 성공한 당대의 정복왕이었다. 국가 주변 일대를 다 평정해 나가자 어느 날 아들은 아버지에게 불평을 말한다. "아버지께서 모두 다 점령해 버리시면 제가 점령할 땅은 어디에 남겠습니까?" 그때 유능한 아버지라면 어떻게 하였을까? 자신이 이미 정복한 땅의 지리와 인구, 특산물 등을 자세히 설명하고 그것을 외우라고 하였을까? 아니면 전 세계의 지도를 아들 앞에 펼쳐 놓고, "보아라, 아들아, 아버지가 점령한 땅은 아직도 한 줌조차 안 된다. 네가 점령할 땅은 이리도 넓고 넓다."라고 하였을까? 교육은 후자여야 하는 것이다.

수업을 마치고 나오신 의대 교수님들이 하시는 한결같은 이야기가 있다. "수업 시간이 너무 짧다."라는 것이다. 의학 지식은 계속 폭발적으로 증가하고 있고, 그래서 학생들에게 가르쳐야 할 지식의 양도 엄청나게 늘어났는데, 주어진 수업 시간은 과거와 똑같아 힘들다는 것이다. 연세의대와 같은 경우는 아예 그 수업 시간을 2004년부터는 과거의 반으로 줄이는 새 교육과정을 실시하였으므로, 교수님들의 불만은 더 커질 수밖에 없는 상황에 있었다. 그런데 어떻게 할 것인가? 이렇게 증가하는 지식의 양에 맞추어 교육 시간도 증가하여야 할까? 그에 대한 필자의 생각은 다음과 같다.

교수들이 가르쳐야 할 것은 이미 알려진 그 지식만이 아니다. 어차피 그 지식은 몇 년 지나면 또 낡은 것이 될 것이다. 중요한 것은 이미 인간이 습득한 지식이 아니라, 아직 해결하지 못한 난제들이다. 그 난제들을 설명하고 그리고 나서 지금까지 알려진 지식의 양을 조금만 정리하여 가르쳐도, 학생들은 그 지적 호기심과 상상력으로 인하여 스스로 도서관에 가서 모든 자료들을 뒤지고 "진짜 자기 공부"를 할 것이다. 수업은 학생들로 하여금 가슴이 뛰는 자극의 시간이 되어야 한다. 굳이 교수님의 강의를 듣지 않아도, 친구 학생들이 정리해 줄 "내용 족보", "문제 족보"만 보면, 수업 효과를 똑같이 얻을 수 있는 그런 수업이라면, 그런 수업은 없어도 된다. 그 수업을 통하여 학생들이 받는 영향력이 없기 때문이다. 바로 학문을 향한, 새로운 미지의 세계를 향한 흥분의 상상력이 작동하지 않았기 때문이다.

실제로 아리조나 의대의 외과학 교실 설립자 중 한 분이신 찰스 위트(Charles Witte) 교수는 그의 아내 말리스 위트(Marlys Witte) 교수와 함께 학생들을 대상으로 의학영역에서 아직 지적 공란으로 남은 영역에 대한 것을 과제로 공부하도록 하는 "의학적 무지(無知)를 주제로 한 교육"을 실시하였었다. 학생들에게 창의력과 상상력을 키울 수 있는 의미 있는 교육이었던 것이다. 그리고 우리가 한 번 도전해 볼 만한 교육이라 생각한다.

2. 차원적 상상력을 키울 수 있도록 만들어야 한다

영상의학과 의사들은 2차원의 방사선 자료를 앞에 가져다 놓고 3차원의 입체적 인간 내부 상황을 자세히 탐색해 나간다. 또한, X-ray, MRI, CT 등은 고정된 영상이지만 그것을 살아 움직이는 생명체로 상상하여 시간적 개념이 들어간 움직임으로 해석한다. 이와 같이 차원적 상상력이란 2차원에서 3차원을 상상하고, 3차원에서 4차원을 상상하는 힘을 말한다. 그런데 의학이 요구하는 차원적 상상력은 단순히 영상의학과 의사들이나 로봇 수술을 시행하는 외과 의사들에게만 요구되는 능력이 아니다. 환자의 생물학적 차원의 질병 상태를 보면서, 이 환자가 가지고 있을 심리적 차원의 고통을 바라볼 줄 알고, 이 환자 질병의 원인과 치료 과정, 그 예후에 결정적 영향을 끼치는 눈에 보이지 않는 정치, 경제, 사회의 상황, 의료제도와 문화 등의 사회문화적 차원의 원인을 파악할 수 있어야 하며, 환자와 그 가족이 이 질병의 고통을 통하여 체험하고 있는 영적 차원의 성숙을 볼 수 있어야 한다. 이것이 바로 차원적 상상력이다. 생물학적인 1차원적 자료와 상태에 국한되지 않고, 이 병 전체를 4차원의 입체로 볼 수 있는 그런 능력을 가지도록 교육을 하는 것이다. 이것은 이론적으로 자주 언급되는 의료의 생물학적-심리적-사회문화적-영적 모델에 대한 충실한 교육을 의미한다. 이론적으로는 그런 모델이 중요하다고 이야기하면서도 전체 커리큘럼의 95%가 생물학적 지식 교육으로 구성되는 현재의 의학 교육에 과감한 개혁이 필요한 이유이다. 그런 차원적 사고를 할 수 있는 사람들만이, 이 시대의 고통과 문제를 해결해 나갈 수 있는 진정한 리더가 될 수 있을 것이다. 이것이 의학교육에서 인문사회의학 교육의 강화가 필요한 이유이다.

3. "이야기에 예민한" 사람들이 되도록 교육하여야 한다

사실 병원이라는 공간은 수없이 많은 이야기로 가득 찬 곳이다. 모든 환자들과 보호자들마다 그들 나름대로의 긴 사연들과 절박한 사정들을 가지고 있다. 의사들은 자신이 많은 "환자" 사이를 돌아다니며 회진을 돈다고 생각하겠지만, 사실은 많은 "이야기들" 사이를 돌아다니고 있는 것이다. 그 이야기를 귀담아 들을 수 있고, 적은 양의 이야기만 하여도, 그 전체의 이야기를 알아들을 수 있는 그런 예민함이 의사들에게는 절대적으로 중요하다. 그래야 "진짜 의료"를 행할 수 있기 때문이다. 하지만, 지금 의과대학에 입학하는 학생들은 그야말로 "이과(理科) 출신" 학생들이다. 인간의 이야기에 귀 기울이기보다는 화학식, 물리 공식, 수학 문제에 유능함을 보인 학생들이라는 것이다. 이런 "근본적 하자(?)"가 있는 학생들에게 "인간의 이야기에 대한 예민성"을 요구하는 것은 사실, 매우 어려운 일이다. 그러나 어렵다고 포기할 수 없는 것이 의학교육의 위치이다. 이들이 다 교육을 받고는 고통받는 환자들과 그 보호자들 곁으로 나갈 사람들이기 때문이다. 그러기에 학생들에게 환자들의 이야기에 예민한 사람들이 되도록 하는 교육이 필요하다. 그런데 이런 교육이 결코 쉽지가 않다. 그러기에 시인이면서 의사였던 윌리엄 카를로스 윌리엄(William Carlos Williams)은 "나는 환자들의 복잡다단한 마음속에서 나 자신을 잃어버린다."라고 이야기한 바 있다. 환자들의 그 복잡한 마음과 상황을 이해하는 것이 얼마나 힘든가를 보여 주는 말이다. 아직 여러 면에서 경험과 생각이 부족한 학생들에게 이러한 세계에 접근할 수 있도록 하는 교육 방법은 여러 가지가 있을 수 있다. 간접적으로는 인간의 고통이나 심리를 잘 다룬 책, 영화, 연극 등을 가지고 시행할 수 있다. 그것에 접하여 스스로 생각하고 글을 쓰고 이야기를 나눌 수 있도록 하는 교육이 필요한 것이다. 직접적으로는 고통에 들어가 있는 사람들 곁에 가서 직접 그들을 도우며 체험을 나누도록 하는 방법도 있다. 암환자나 노숙자들과 함께 보낸 시간이 많은 학생들에게 변화가 생기는 것을 볼 수 있었다. 현대 의학교육의 가장 어려운 과제 중 하나이다.

언젠가 이러한 이야기를 하자, 어느 분이 하신 질문이 기억난다. 병원이 그렇게도 이야기가 풍부한 곳인데, 굳이 소설이나 영화를 이용하여 교육을 하여야 하는 이유가 무엇인가 하는 것이었다. 맞는 말이었다. 사실, 환자들의 이야기는 때로 소설보다 더 소설 같고, 영화보다 더 영화 같기 때문이다. 그래서 그런 이야기를 잘 정리하고, 그것을 학생 교육용으로 쓸 수도 있다. 그러나 사실, 너무도 내밀한 이야기들이 많아, 개인의 사적인 내용이 너무 많이 노출되는 어려움을 가지곤 한다. 그런데 소설과 영화들은 그런 어려움 없이, 매우 전문적으로 그런 섬세한 내용을 잘 정리해 놓곤 한다. 교육용으로 더 편리한 것이다. 그리고 세계의 모든 사람들과 함께 토론을 할 수 있는 강점도 가진다. 피카소는 이런 이야기도 하였다. "예술은 사람들이 진실을 깨닫게 하는 거짓말이다." 상상력 교육을 위하여 우린, 그 '정리된 거짓말'을 이용하는 것이다.

4. 단편적 지식의 나열이 아닌 지식의 기원과 의미, 그리고 지식 사이의 연계가 강조되는 교육과 평가가 이루어지도록 하여야 한다

유능하게 가르치는 선생님들의 교육 특징 중 하나는 그날 가르치는 내용 자체만을 설명하는 것이 아니라 이 지식이 과거 및 미래의 학습 내용과 어떻게 연결되어 있는지를 선명하게 보여 준다는 것이다. 그냥 단편적 지식들을 나열하여 쏟아놓는 것이 아니라, 이것이 학생들이 과거에 배운 지식과는 어떻게 연결되고, 앞으로 배울 내용들과는 어떻게 이어진다는 것을 정확히 설명해 주며, 동시에 관련 지식들과 어떻게 연결되는지를 설명해 주는 것이다. 이와 같이, 지식의 기원과 의미, 타 지식과의 연계에 대해 가르치면, 학생들의 학습 동기는 크게 증가하게 된다. 학습에서 자신의 상상력이 작동하기 때문이다. 그 지식의 연결 작업은 상상력과 창의성을 요구한다. 그러면서 학생들은 수업에 더 적극적으로 참여하게 되고 학생들의 학습 효과는 크게 증가한다. 그리고 학생들은 "진정한 지식"을 갖추게 된다.

이러한 것은 교육을 시키는 것뿐만 아니라, 학생 평가에도 적용될 필요가 있다. 단편적 지식을 물어보는 시험 문제만 출제하면, 학생들은 결국 단편적 지식만 외우는 저급한 학생들로 바뀌어 간다. 그러나 지식의 통합과 연결, 의미를 묻는 문제들이 주어지면, 학생들은 고차원적 상상력과 통합 능력을 가진 학생들로 바뀌어 간다. 결국 학생이란 교수의 출제 수준에 의하여 만들어지는 것이다. 의학교육에서 어떻게 상상력을 평가하는 문제를 낼 수 있냐고 질문할 수 있다. 물론 시험 문제 자체야 임상적 추론 능력을 묻는 질문 정도가 전부일 수 있다. 그러나 앞에서 이야기한 "의학의 미지의 영역"에 대한 리포트나 포트폴리오를 작성하게 하는 과제, 또는 오늘 수업한 학습 내용을 가지고 타 지식 영역과 연계시키는 과제를 주게 된다면, 그것은 얼마든지 학생들의 "의학적 상상력"을 평가할 수 있는 평가 도구가 될 수 있다.

5. 의학적 상상력을 키우기 위하여 교육에 구체적 조치들을 취할 수 있다

이와 같은 상상력과 창의력의 개발을 자극하는 의학교육을 실시하겠다고 한다면 당장 부딪치게 되는 질문이 있다. 이미 의학지식, 더 구체적으로 표현하면 생의학적(Biomedical) 지식을 가르치는 시간도 부족한데, 거기에다가 이런 식의 상상력 교육, 인문사회의학 교육을 강조한다면, 그것이 과연 가능한가라는 것이다. 그것에 대한 대답은 이것이다. "예, 가능합니다." 다만 그것이 가능하기 위하여 다음과 같은 몇 가지 조치들이 필요하다.

1) 학년별 학습 목표의 정비가 필요하다

현재 본과 1학년과 2학년 교육과정에 과도하게 배치되어 있는 학습 목표와 학습 내용을 본과 3, 4학년, 그리고 가능하다면 예과 교육과정으로까지 합리적으로 분산시켜야 한다는 것이다. 학생들의 교육시간이 부족하다는 교수님들의 불만은 대부분 본과 1, 2학년의 강의시간 부족을 의미한다. 그런데, 이렇게 부족한 이유 중 가장 큰 것은 그때 가르칠 내용이 과다하다는 것이다. 즉 의사 국가고시의 전체 출제 내용부터 최신 지견까지 다 합하여 가르치려니 시간이 부족할 수밖에 없는 것이다. 그러나 본과 1, 2학년 때는 그 수준과 학습량에 있어 적합한 정도의 교육만을 시키고, 본과 3, 4학년 때 적절한 심화 교육을 배치하여 가르친다면, 교육은 훨씬 더 자연스러우면서도 효과적이 될 수 있을 것이다. 실제로 현재 본과 3, 4학년의 교육 내용은 임상실습이라는 이름으로 이루어지고 있으나 그 학습 요구량이 본과 1, 2학년에 비하여 상대적으로 매우 적다. 따라서 본과 1, 2학년 때 학생들이 교육 받을 내용을 시간 수에 맞추어 적절히 축소할 필요가 있다. 그리고 그 때 다루지 않은 교육 목표와 내용을 본과 3, 4학년 실습 시간에 적절히 다루도록 할 필요가 있다. 예를 들어 임상의 경우, 2학년 강의 시간에 한 번 듣고, 또 3, 4학년 실습 시간에 반복하는 것이 반드시 가장 효율적인 교육은 아니다. 2학년 강의 시간에는 가장 기본적인 내용만을 교육받고 좀 더 심화된 구체적 내용은 3, 4학년 때 얼마든지 교육받을 수 있는 것이다. 기초 교육도 1학년 강의 시간의 목표를 적절히 조절한 후, 2~4학년 교육과정에서 임상과 기초의학을 연계시킨 교육 과정으로 분산이 가능하다. 사실, 1학년 때 집중적으로 교육을 받고, 그 이후에는 다시는 기초의학은 펴 보지도 않게 하는 교육보다 이것이 훨씬 더 좋은 의학자들을 키워 낼 수 있는 방법이 될 수 있다. 그렇게 된다면 1학년부터 4학년 때까지 학생들은 좀 더 여유 있고 효과적인 학습을 할 수 있고, 동시에 상상력을 자극받을 수 있는 교육 시간을 만들어 갈 수 있을 것이다.

2) 명실상부한 기초-임상-인문사회의학 통합교육이 만들어 지도록 하여야 한다

예를 들어 암에 대한 교육을 받을 때, 일반세포의 특성, 암세포의 특성, 각종 암질환의 증상, 치료, 예후, 암환자의 심리, 암환자 치료비용 지불 및 지원 시스템, 죽음에 대한 사회문화, 호스피스 등을 모두 통합하여 함께 교육할 수 있는 커리큘럼이 만들어져야 한다는 것이다. 그런 내용들을 전부 다른 교과목하에서 다르게 분리하여 가르침에 따라 학생들은 암에 대한 정확한 개념과 통합적 이해를 하지 못하게 된다. 그리고 이런 통합 교육을 통하여 자연스럽게 다차원적 사고를 할 수 있는 학생이 될 수 있고, 그래서 좀 더 상상력과 창의력을 가진 학생이 될 수 있을 것이다. 이와 같이, 의학의 전 영역을 기초, 임상, 인문사회의학의 내용으로 구분하지 않고, 통합하여 가르칠 수 있는 획기적인 교육 시스템이 개발될 수 있다면, 학생들은 훨씬 더 의료 문제에 대한 본질적 이해를 하면서 그에 대한 학습 동기를 가지고 학습에 임할 것이다. 그리고 훨씬 더 창의적인 의사들이 양성될 것이다.

3) 학생 평가에 있어 학생의 상상력과 창의성이 평가되는 방식이 도입되어야 한다

즉 암기 위주의 필기시험과 함께, 학생들이 스스로 공부하고 상상력과 창의력을 발휘할 수 있는 학생 연구 프로젝트 등을 실시하고 그 결과를 평가에 넣는 방법이 개발되어야 한다는 것이다. 그래서 단순 암기에만 능력을 보인 학생들이 최종적으로 우수한 학생으로 평가받는 일이 없도록 하는 것이 필요하다는 것이다. 또한 특별히 더 창의적인 학생들을 위한 별도의 교육 프로그램과 평가 시스템을 만드는 것이 필요할 것이다. 그런 학생들을 위한 선택과목이 개설되고, 개인적 멘토링이 실시될 수 있다면, 가장 우수한 학생들이 가장 열등한 학생으로 평가받는 모순이 의학교육에서 점차 없어져 갈 것이다.

V 마치는 말: 21세기 의학의 가장 큰 과제

의학에서 상상력은 단순히 기발한 것을 만들거나 행동하는 것이 의미하는 것이 아니다. 우는 아이들의 청진을 더 쉽게 하기 위하여 청진기를 따뜻한 장난감으로 만드는 아이디어부터 의수족을 더 정교하게 움직일 수 있는 새로운 방법을 찾아내고, 지금까지 도저히 치료 못하였던 질병에 쓸 수 있는 새로운 약물을 개발해 내며, 가난한 시골 벽지의 사람들도 모두 편안하게 양질의 진료를 받을 수 있는 국가 의료 제도를 만드는 것, 그리고 죽어가는 환자들을 잘 돕는 가장 편안한 대화 방법이 무엇인지를 알아가는 것에 이르기까지, 의학이 필요로 하는 상상력은 단순한 기발함을 넘어선다. 그리고 그것은 모두 하나의 공통점을 가진다. 바로 "인간을 소중히 여기는 정신"과 "첨단 과학기술"과의 "결합"이다. 역사적으로 의학은 언제나 정신과 과학의 결합물이었다. 히포크라테스의 의학이 탄생한 것도 그 시대가 가지고 있던 가장 앞선 정신과 그 시대의 최고 과학이 합쳐져 가능하였다. 그 전통은 수천 년의 의학사 속에서 지금도 계속 흘러오고 있다. 그러기에 진정한 "의학적 상상력"은 "정신적 상상력"과 "과학적 상상력"을 합하여야 만들어진다. 아마 그런 최고의 "의학적 상상력"을 상상하는 그 것이 바로 21세기 의학의 최대 과제는 아닐까? 인간이 할 수 있는 최고의 수준에서 최선을 다하여 인간의 고통과 맞서 싸워 인간을 보호해 내는 일, 이것이 "의학적 상상력"이 존재하여야 하는 이유이다.

후기 ··

이 글은 <의학적 상상력의 힘>(전우택, 임정택 외. 21세기북스, 2010)에서 저자가 집필한 프롤로그 '의학, 상상의 세계로 들어가다'를 옮긴 것이다. 인문학자이신 연세대학교 독문과 임정택 교수님과 뜻을 모아, '상상력'이라고 하는 의학과는 매우 이질적인 주제를 의학과 연계해 보자는 시도로 만들었던 책이었다. 여기에 울산의대 이재담 교수님, 고려의대 안덕선 교수님, 그리고 연세의대의 나군호 교수님, 이일학 교수님, 김재진 교수님과 연세대 보건대학원 이자경 교수님, 연세대 미디어아트센터 허정아 박사님이 함께 모여 책의 기획에서부터 시작하여 발간에 이르기까지 여러 차례 회의를 하면서 정말 신나게 웃던 일들이 기억난다. 상상력에 대한 책을 출간 준비한다는 그것만으로도 너무도 재미있고, 상상력이 자극되는 일이었다. 하물며, 정말 의학을 대상으로 하는 상상력이 발휘되어 새로운 연구가 이루어지고, 새로운 교육이 이루어지며, 새로운 진료가 이루어진다면 얼마나 신나고 행복할까 하는 생각을 한다. 모든 것은 상상력에서 시작된다. 그것은 의대생들의 교육에서도 마찬가지이다.

CHAPTER 11

인문사회의학 교육
-인문사회의학이란?

Ⅰ "인문사회의학"에 대하여

저자가 의학교육에 대한 책을 처음으로 출간한 것은 2003년이었다. 그리고 그 책의 제목은 〈인문사회의학과 의학교육의 미래〉(전우택, 양은배, 연세대학교 출판부, 2003)였다. 이것이 우리나라에서 처음으로 "인문사회의학"이라는 용어가 공개적으로 사용되었던 시점이었던 것 같다. 이러한 "새로운 용어"를 굳이 사용하였던 배경을 그 책의 서문에서 저자는 다음과 같이 말하였다.

"1997년, 저자는 미국 보스톤으로 연수를 떠나게 되었다. 하버드 의과대학의 사회의학과(Department of Social Medicine)와 난민정신건강 프로그램(Harvard Program for Refugee Trauma)에서 연구 활동을 하며 많은 것을 보고 듣게 되었다. '사회의학과'는 자연과학적 성격이 강한 의학과 인문, 사회과학을 접목시키는 연구, 교육, 현장 활동을 하는 과였다. 그 기간 중 앞으로의 세계 의학을 주도하고 있다고 말하는 의과대학의 학생 교육 활동을 볼 수 있는 기회들이 있었다. 최첨단의 과학기술을 이용한 연구 뒤에는 의학이 어떤 방향으로 어떻게 나아가야 하는지를 평가하고 예측하는 사회과학적 분석이 있었다. 그리고 그 뒤에는 궁극적으로 인류에게 무엇을 가치 있는 것으로 보아야 하며, 그것은 인간에게 무엇을 의미하여야 하는지에 대한 인문과학적 고뇌가 있었다. 지도자란 기술의 문제를 가지고 고민하는 사람들이 아니었다. 그들은 가치와 방향을 가지고 고민하는 사람들이었다. 그리고 그것을 학생들에게 교육하려고 애쓰고 있었다. 그것은 나에게 새로운 도전이었다. 이와 연관된 한 가지 예가 있다. 저자가 소속되어 있던 하버드 대학 난민정신건강 프로그램에서 집단 강간과 살인 등을 당한 코소보 난민들의 정신건강 평가와 증진을 위한 연구 프로젝트를 시행하게 되었다. 그래서 첫 연구 모임이 있게 되었다. 일반적인 한국 상식으로는 난민들의 정신건강에 대한 최신 연구 논문 결과들을 읽고 무엇을 어떻게 평가할 것인가의 방법론 토론으로 바로 들어갔어야 했다. 그러나 그 첫 연구 모임의 첫 초청 연자로 온 사람은 하버드 대학의 철학과 교수였다. 그는 인간의 기억 현상이 가지는 철학적 의미에 대한 강의를 하였다. 그리고 그것이 어떻게 진실과 거짓 사이를 다니는지에 대하여 토론하였다. 그 자리에서 저자는 자연과학과 인문과학, 사회과학이 어떻게 통합되는지를 절실히 체험하였다. 기술자와 지도자의 교육은 어떻게 다른지를 보았다. 그리고 이러한 학문적인 체험을 한국에 있는 우리 의대생들에게도 전달해 주고 싶었다."

이러한 경험을 하였었기에, 의학과 인문과학, 그리고 사회과학을 모두 융합하는 새로운 용어가 필요하다는 생각을 하였다. 전통적으로 사용되어 왔던 "의료인문학"이라는 용어는 가장 익숙하기도 하였고, 의학이 자연과학 영역뿐 아니라 인문학적 영역으로까지 연계되어 있음을 보여주는 중요한 용어였다. 저자 자신부터가 그 영역에 큰 관심을 가지고 정신의학과 의료인문학의 연결을 열심히 공부하고 있었던 사람이기도 하였다. 그러나 일반적으로 인문학이란 문(文), 사(史), 철(哲)을 의미하였고, 주로 의학사, 의료윤리, 의철학, 의료문학 등으로 그 중심 영역이 펼쳐져 있어서, 미국 연수를 하면서 저자가 보았던 그런 인문과학적 측면과 함께 사회과학적 측면까지를 모두 포함하여 융합적 영역을 만들기에는 한계가 있다고 생각하게 되었다. 그래서 만들어낸 용어가 "인문사회의학"이었다. "의료인문학"이라는 용어는 '인문학'이 중심에 있어 그중 의료 관련 영역으로 연결되었다는 의미를 가진다면, "인문사회의학"이라는 용어는 '의학'이 중심이 되는 용어로서 그중 인문과학, 사회과학 영역으로 연결되었다는 의미를 가진다고 할 수 있다. 따라서 의학이 기초의학과 임상의학에 더하여, 의학의 제3의 축으로서의 인문사회의학이 존재하도록 하는 것이 중요함을 강조할 수 있는 용어였다. 그러나 이 용어를 사용하는 데는 조심스러운 측면이 있었다. 의료영역에서 당시까지 사회에 관한 부분은 주로 예방의학의 영역이었고, 그런 의미에서 예방의학과 별도의 개념으로서의 인문사회의학이라는 영역이 존재할 수 있는가를 생각하여야 하였기 때문이다. 하버드 의대에는 당시 예방의학과와 사회의학과가 별도로 있었다. 예방의학은 주로 역학, 환경, 정책, 통계 등을 다룬다면, 저자가 속해 있던 사회의학과는 사회학, 경제학, 국제의료, 난민, 인류학, 신학 등 훨씬 더 넓은 학문 분야들이 융합되고 있었고, 그것은 예방의학의 직접적 영역이 아니었다. 그래서 저자는 1999년 연수를 마치고 학교로 돌아와 "인문사회의학"이라는 용어를 사용하기 시작하였고, 그것은 당시 연세의대가 CDP 2004를 준비하면서 이런 인문사회의학적 교육을 강화하려는 목표를 가짐으로써 더 빠르게 진행할 수 있었다. 당시 상황을 서문의 다음 구절에서는 이렇게 이야기하고 있다.

> "1997년 7월부터 1999년 7월까지의 미국 연수를 마치고 모교로 돌아왔을 때, 연세의대는 새로운 의학교육 내용을 작성하는 거대한 작업을 시작하고 있었다. 바로 CDP 2004(Curriculum Development Program 2004)였다. 2004년부터 도입할 것을 목표로 하는 교육 프로그램의 개발은 기존의 의학교육 방식을 근본적으로 바꾸는 획기적이고 미래지향적인 새로운 시도였다. 학교 당국은 저자를 그 중 '의료와 사회 분과'에 참여할 수 있도록 해 주셨다. 그동안 경험하고 생각한 내용들을 학생들의 교육 프로그램에 직접 도입해 볼 수 있는 기회가 된 이 CDP 2004 준비과정은 저자에게 이 책이 나올 수 있도록 만든 직접적인 계기가 되었다고 할 수 있다."

사실 저자가 의학교육에 관심을 가진 것은 전통적인 의학교육 전반에 대한 관심보다는 "인문사회의학 교육"에 대한 관심이었다고 하는 것이 정확할 것이다. 그래서 의학교육의 가장 중요한 본질적 영역들은 당시 헌신적으로 활동하시고 계셨던 다른 교수님들이 담당하여 주셨고, 저자는 그중 인문사회의학 교육에 집중을 하였다. 그런 과정을 거치면서 정리된 책이었기에, 책의 제목부터가 〈인문사회의학과 의학교육의 미래〉였던 것이다. 그리고 그 후 저자가 학회나 외부 대학에서 발표를 하였던 내용들도 대부분은 인문사회의학 교육에 대한 것이었다. 이 책이 연세의대의 새로운 교육 커리큘럼인 CDP 2004가 시작되기 전에 출간되었다면, CDP 2004 시작 이후의 경험들까지를 모두 모아서 다시 좀 더 확장하여 전문적으로 만든 책이 〈인문사회의학〉(전우택, 김상현, 오승민, 청년의사, 2010)이다. 〈인문사회의학과 의학교육의 미래〉에서는 인문사회의학에 대한 것뿐 아니라, 의학교육 전체에 대한 문제의식, 미래를 위한 제언 등을 한 것이었다면(다시 돌이켜 보면 그 책에서 제안한 내용들이 그 후 20년 넘게 꾸준히 추진되었다) 〈인문사회의학〉은 오직 인문사회의학 교육에 집중하여 작성된 책이다. 이 책은 총 3부로 구성되어 있는데 1부는 인문사회의학의 필요와 개념, 2부는 외국 의과대학의 인문사회의학 교육 사례, 3부는 인문사회의학 교육 담당교수를 위한 제언으로 구성되어 있다. 현재도 인문사회의학 교육 현장에서 사용되고 있는 책이기에, 관심 있는 분들은 이 책을 이용할 수 있다. 그 후 연세의대에서는 의사학과와 의학교육학의 대학원 과정을 "인문사회의학 협동과정"으로 운영하여 석박사들을 배출하기 시작하였고, 2018년에 기존의 의사학과, 의료법윤리학과에 "통일국제의료 division"을 새로 만들어 더함으로써 "인문사회의학교실"을 창설하게 되었다. 그러면서 대학원 인문사회의학 협동과정에는 의사학과 통일국제의료, 그리고 다양한 학문분야의 융합으로서의 인문사회의학의 세 영역을 연계하여 운영하기 시작하였다. 이제 인문사회의학은 교내에서는 그런 체계를 가지게 되었고, 국내 다른 대학들과 의학교육 영역에서도 이 용어를 사용하는 일들이 점차 증가하고 있다. 그리고 그 후 국내에서는 의사로서 다양한 인문과학, 사회과학 영역에서 국내외 박사학위를 취득하고 활동에 들어가게 된 학자들이 하나 둘씩 증가하게 되어, 과거와는 비교도 될 수 없는 큰 집단을 형성하기 시작하였다. 향후 과제 중 하나는, 이들이 함께 모여 서로에게 자극과 격려를 줄 수 있고, 각자의 학문을 발전시켜 나갈 수 있는 학회를 구성하는 일이 될 것이다.

세계적으로 가장 대표적인 의학교육 교과서처럼 사용되는 영국의 Harden 교수의 책 〈A Practical Guide for Medical Teachers〉(2nd ed)(John Dent, Ronald Harden, Dan Hunt. Elsvier, 2021)에서는 인문사회의학적 영역의 교육에 있어 의사소통(24장), 윤리(25장), 프로페셔널리즘(26장) 앞에 "Social and Behavioral Sciences in Medical School Curricula(23장)"를 배치하여, 의학교육에서의 사회과학 영역과 인문과학 영역을 포괄하였다. 기초의학과 임상의학에 더하여 의학의 제3의 축으로서의 인문사회의학이 필요하다는 개념은 미국 AMA Education Consortium에서 <Health Systems Science>(S. Skochlak, et al., Elsvier, 2017)라는 제목의 책을 발간함으로써, 그 위치와 존재를 명확히 하는 데까지 나아갔다. 이 책은 그 후 2021년에 2판(Elsvier, 2021)이 나왔고 전 세계 의학과 의학교육계에 해당 영역이 중요한 화두가 되도록 하는 데 큰 역할을 하였다. 이 HSS는 미국적 상황 속에서 매우 현실적인 관점을 가지고 제시된다는 특징을 가진다. 즉, 미국에서는 전 국민 의료보험이 되지 않고 있고, 모든 환자들이 다 제각각의 의료비 관련 상황 등을 가지고 있기에, 그런 내용들을 미국 의과대학생들과 의사들이 정확히 알아야만 한다는 매우 현실적인 필요가 그 바탕이 된 부분이 있다. 그러면서 의사소통, 환자안전, 법과 윤리, 보건의료, 리더십 등, 병원 현장에서 직접적인 임상의학 영역이 아니지만 실용적 중요성을 가진 주제들에 집중한다. 그러나 의사학이나 의철학 등 좀 더 근본적인 성찰을 요구하고 키워나가는 영역은 포함되지 않는다. 즉 인문사회의학 분야에서 병원 현장에서의 미시적이고 실용적인 영역만을 다루고 있다고 보여진다. 그것도 당연히 매우 중요하고, 미국이 이와 같이 제3의 축을 강조함으로써 전 세계가 그것을 공식적으로 인식하게 한 것은 큰 의미를 가진다. 그리고 향후 기후변화, 인구변화, AI 등을 향한 더 거시적인 성찰과 접근이 필요로 되는 데까지 더 확장되어 나가는 것으로서의 인문사회의학의 개념 형성과 발전이 있기를 기대한다.

인문사회의학 교육에 대한 내용은 이미 앞에서 소개한 두 권의 독립된 책들이 있기에, 여기서는 그것을 별도로 더 설명하지는 않도록 한다. 다만, 그러한 인문사회의학의 개념 소개와 그 교육을 위하여 필요로 된 자료들을 묶는 일을 하는 과정에서 썼었던 두 개의 짧은 글들을 여기에 싣도록 한다. 두 글의 출처 등은 후기에 적는다.

II 의학교육의 새로운 소리들

병원은 늘 소리로 가득 차 있다. 수술 받고 회복실에서 막 나오는 환자들의 신음소리, 창백해진 백혈병 아이 엄마의 숨죽인 울음소리, 회진을 돌며 급하게 걸어가는 의사들의 발걸음 소리, 환자에게 달린 복잡한 의료 장비들의 날카롭고 단조로운 기계 소리, 중환자실 앞에 앉은 가족들의 간절한 기도 소리, 원무과 앞에서 병원 진료비 청구를 받아든 지친 가장의 한숨 소리, 죽은 자의 사체를 싣고 가는 침대 바퀴 소리, 그리고 막 태어나는 신생아의 가녀린 첫 울음 소리 …….

이렇게 소리로 가득 찬 병원이지만, 그 안에서 일하는 의사들에게 병원은 지극히 조용한 공간이다. 누구에게나 그러하듯이, 늘 익숙하게 듣는 소리는 더 이상 의미 있는 소리가 아니기 때문이다. 직업적으로 능숙하게 일을 하기 위한 몰두는 그 모든 소리로부터 의사들을 차단시킨다. 의사들은 학생 때부터, 그런 '소리'에 '방해'받지 않고 침착하고 정확하게 지금 자신의 눈앞에 '의학적 문제'를 가지고 누워 있는 환자에게 가장 빠르고 효율적으로 '의학적 조치'를 취하는 것이 '훌륭한 의사'의 조건이라고 배워왔고, 또 그렇게 실천하며 살아왔다.

그러나 인간의 질병은 육체적, 생물학적, 생태 병리학적 측면만을 가지고 있는 것이 아니다. 자기 자신이나 자기 가족의 육체적 질병은 심한 우울과 불안과 같은 정신적인 고통을 동반한다. 그리고 때로는 자신의 삶이 지금까지 무엇을 향하여 어떤 의미를 가지고 나아가고 존재해 왔는지에 대한 철학적, 영적 질문을 하도록 한다. 그뿐만이 아니다. 환자나 보호자는 잘 의식하지 못하겠지만, 건강할 때 별생각 없이 지불하고 살던 의료보험료와 육체적 질병을 치유하면서 병원에 지불하는 치료비는 사회적인 자원들이 얼마나 합리적이고 정의롭게 우리 사회 내에서 배분되고 있는지를 예민하게 반영하고 있다. 즉 질병의 정치적, 경제적 측면이 있는 것이다. 또한 환자가 신앙과 시도로 병을 이겨내야 할지 아니면 병원에 가서 치료를 받아야 할지, 또는 병원에서 치료받으면서 동시에 한방 치료도 겸해야 할지 아닐지를 결정하는 것은 질병의 종교적, 문화적 측면을 반영한다. 결국 한 사람의 신체적 질병과 그에 대한 대응은 한 개인의 육체적, 정신적, 영적, 사회적, 문화적 측면뿐만 아니라 그 환자가 놓여 있는 사회와 국가, 인류 전체의 육체적, 정신적, 영적, 사회적, 문화적 측면을 가지고 있는 것이다. 그리고 의사란 바로 그런 다층적, 다면적 측면을 가진 한 인간의 고통 앞에 서 있는 존재이다.

그러나 최근 150년 정도의 기간 동안 이루어진 서양 의과학의 급격한 발전은 누구보다도 의사 자신들을 압도해 왔고 변화시켜 왔다. 그 전까지는 막연히 귀신의 소행쯤으로 보고 있었던 많은 질병의 구체적인 생물학적 원인들을 알게 되면서, 의사 자신들은 더 이상 질병이 가진 정신적, 영적인 의미를 생각하지 않게 되었다. 한방 치료를 겸용하겠다는 환자들의 말을 그저 한쪽 귀로 흘려들으면서 문화적 측면을 무시하게 되었다. 환자가 지불하여야 하는 치료비의 문제는 사회 자원의 합리적이고 정의로운 분배와 연관된 문제가 아닌, 그저 병원 원무과와 의료보험 공단의 문제로 생각하게 되었다. 즉 질병이 가진 사회적, 정치적, 경제적 측면도 이제 의사들의 고려 대상은 되지 않게 된 것이다. 오로지, 해마다 폭발적으로 증가하는 새로운 의학 지식과 신약들, 그리고 신기술들을 습득하는 것에 몰두하면서 의사들은 자신들의 관심 영역과 역할을 생물학적, 의과학적 영역으로 스스로 축소하였다.

이러한 현상은 모든 사회 영역이 전문화, 세분화되는 현상 속에서 불가피한 측면도 있고, 또 의료만의 현상도 아니라고 생각할 수 있다. 그러나 문제는 질병을 가지고 병원에 눕게 되는 환자들의 고통은 '총체적 고통'이지, 그렇게 전문가들이 나누는 것처럼 전문화되고 세분화된 고통이 아니라는 것이다. 의사들이 생의학적인 측면만을 다룰 줄 아는 '작은 존재'가 되면, 그래서 인간의 고통이라는 '거대한 문제'보다 너무 왜소한 존재가 되면, 결국 그것은 환자와 보호자들의 고통 증가로 되돌아온다. 그리고 인간의 신체적 질병과 그것을 중심으로 형성되는 거대한 고통을 전체적이고 통합적으로 다룰 전문가가 우리 사회 안에 의사 말고는 따로 존재할 수 없기에, 결국 인간의 고통을 줄이기 위하여는 의사들이 통합적 시각을 가지고 인간의 고통에 접근하도록 하여야 한다. 그것이 최근 의학교육에서 인문사회의학 교육이 강조되는 이유가 된다.

그러나 의학도들에게 그런 폭넓은 인문, 사회적 시각과 접근 능력을 가지도록 하는 것은 쉬운 일이 아니다. 이미 의예과에 들어 올 때부터 수학과 물리, 화학에 우수한 능력을 보인 학생들이고, 우수한 의학논문을 쓰는 것이 의학자로서 최고의 목표가 되는 학생들에게 인간의 고통이 가지는 정신적, 영적 의미를 가르친다는 것은 생각보다 간단한 일이 결코 아니기 때문이다. 그러나 최근 의학교육은 이것에 도전하고 있다. 그 도전을 하고 있는 사람 중 하나로서 필자는 의학교육에 있어서의 인문사회의학 교육의 방향을 이렇게 스스로 정하고 있다.

첫째, 인문사회학적으로 비판적 사고 능력을 가진 의사를 키우는 것이다. 그저 '주어진 의료 조건 속에서 아픈 환자들만 최선을 다하여 열심히 치료'하는 의사만으로는 우리가 지금 안고 있는 문제를 해결할 수 없다. 문제는 그 '의료 조건'이며, 결국 환자들이 놓여 있는 '의료 조건을 치료'할 수 있는 의사까지가 되어야 인간의 고통에 대한 총체적 해결이 가능해진다. 이것은 단순히 소위 사회과학 이론으로 '의식화된 의사'들을 만들어 낸다는 것을 의미하는 것이 아니다. 이것은 인간과 사회에 대한 전체적 시각을 가지고 인간의 고통을 전체적 시각에서 접근할 수 있는 의사를 만들어 내야 한다는 것을 의미한다.

둘째, 감동할 줄 아는 능력을 가진 의사를 키우는 것이다. 정신의학적으로 볼 때, 비판하는 능력보다는 감동하는 능력이 훨씬 더 고차원적 능력이다. 조현병 환자들 중 증상이 심한 환자들의 일부 특징은 완전히 자폐적인 상태가 되는 것이다. 하루 종일 고개를 푹 숙이고 주위 사람들과 아무런 대화도 하지 않는 채 자기만의 세계 속에 들어가 있는 사람들은 매우 증상이 심한 것이다. 그래도 이것보다 좀 나아지면 말을 하고 주변 세계에 관심을 보이기 시작한다. 그런데 그 관심이 때로는 자기 주변 사람들이 자기를 해치기 위해 음모를 꾸민다고 흥분하고, 그 증거를 대기 위하여 다른 사람들의 행동과 그 숨은 의도에 대하여 일일이 다 분석하며 비평하고 싸우려 드는 모습이 되기도 한다. 계속 치료해 가면 결국 이런 모습은 없어진다. 그러나 치료의 최종 목표는 그런 증상이 없는 것에서 끝나지 않는다. 가장 중요한 것은 결국 환자가 가족들과 함께 텔레비전 일일연속극을 보며 같이 웃고 그 내용에 대하여 잡담을 나눌 수 있는 상태가 되는 것이다. 그리고 그것은 "공감과 감동의 능력"을 보이는 현상이다. 비판하는 능력은 대학 교육 정도를 받으면, 아니, 대학 교육을 받지 않아도, 인간은 누구나 어느 정도 쉽게 가지는 능력이다. 그러나 공감하고 감동하는 능력은 그렇지 않다. 더구나 그것이 자신이 아닌 타인의 고통에 공감하고, 그 고통의 경감에 대하여 감동할 줄 알게 되는 능력이라면, 그것은 인간이 가진 최고의 능력 중 하나가 될 것이다. 그리고 의사는 그런 불가능한 능력을 요구받는 사람들이다. 그러기에 감동할 줄 아는 능력을 키우기 위한 교육이 필요로 되는 것이다.

셋째, 의사로서의 소명감을 가지도록 하는 것이다. 의사는 인간이 태어나면서 최초로 만나는 손길의 주인공이다. 인간이 죽으면서 마지막까지 의지하게 되는 대상이다. 의사는 늘 환자들의 삶과 죽음 바로 옆에서 존재한다. 그런데 최근 세계적으로 의학교육의 최대 문제는 "전문적인 직업의식(Professionalism)의 약화"이다. 과거에 비하여 경제적 수입을 보장받지 못하는 가운데 과중한 일의 부담과 탈진을 느끼는 젊은 의사들이 의사의 삶과 활동에 대하여 자부심이나 사명감을 가지지 못하고, 그것은 수동적인 진료 태도로 연결되어, 결과적으로 의료 질의 저하를 가져오고 있다는 것이 전 세계적으로 나타나고 있는 현상이기 때문이다. 따라서 젊은 의학도들에게 어떻게 하면 의사로서의 소명감을 느끼고 그들의 직무를 수행할 수 있도록 할 것인가는 의학교육에 있어 최첨단 의학 지식을 가르치는 것만큼이나 중요한 과제가 되고 있다. 그러나 인간의 생명은 고귀하며 의업은 숭고한 일이라는 식의 교육은 젊은 의학도들에게 전혀 호소력을 가지지 못한다. 사실, 그러한 소명감은 그런 설득과 생각을 넘어선 그 무언가를 요구한다.

문자적으로 볼 때, '소명감'이란 소명을 자신이 가지고 있다고 느끼는 상태를 말한다. 즉 소명감의 선행 조건은 '소명(Calling)'이다. 자신의 삶이 정말 이 일을 위하여 소명, 즉 부르심을 받았다는 그런 의식을 가지는 것이다. 그런 의미에서 소명감이란 종교적 표현으로 말한다면 '신(神)과의 만남'에 의하여서만 가질 수 있는 최종 산물 중 하나라 할 수 있을 것이다. 의학도들에게 의사로서의 소명감을 가지도록 하는 교육은, 사실, 그 지점에서부터 시작한다. 그래서 그것은 '의학'을 넘어선 교육에의 도전이기도 하다. 그러나 이것이 어찌 의학교육만의 문제이겠는가? 모든 교육의 공통된 문제일 것이다.

의과대학은 늘 소리로 가득 차 있다. 3월이 되어 새로 가득 밀려 들어오는 의대생들의 발소리, 해부학 실습실을 처음 들어가면서 두려움과 호기심에 조심스레 소근 대는 목소리, 엄청난 양의 시험 준비를 한다면서 처음 마주하는 의학 원서들 앞에서 밤을 새우는 낯섦에 지친 학생들의 커피를 마시는 소리, 임상 실습에서 환자에게 어색한 표정을 지으며 나아가 어디가 어떻게 아프시냐고 더듬거리며 질문하는 목소리, 졸업을 앞두고 자신이 앞으로 어떤 의사가 되어 어떤 일을 하다가 어디에 자신의 뼈를 묻어야 할지를 상의하고 싶어 하는 학생들의 상담 목소리……. 이런 소리들로 가득 찬 의과대학이 나와 우리 의대 교수님들에게 '조용한 공간'이 되지 않기를 바란다.

III 거대한 빙하 밑, 그 "인문사회의학"의 비밀

아주 오래된 방식으로 거칠게 구분한다면, 의학은 '이과(理科)'에 속하지만 의료는 '문과(文科)'에 속한다. 의학은 "병"을 다루고, 의료는 "사람과 사회"를 다루기 때문이다. 그래서 의학과 의료를 모두 다루어야 하는 "의사"는 결국 "이과와 문과에 모두 능한 사람"이어야 한다.

그러나 그럼에도 불구하고 그동안 수학과 물리를 최고로 잘하는 학생들만이 의과대학에 입학하여 왔다. 의과대학에 재학하는 동안에도 문과적 사고 능력과 성찰 능력을 요구받는 일이 별로 없었다. "의학"을 주로 배우기 때문이었다. 그러다가 전공의가 되어 비로소 "진짜 환자"들을 대상으로 하는 "의료" 행위를 하게 되면서 전공의들은 일종의 거대한 "인지적 문화충격"을 겪는다. 지금까지 수학 문제를 풀면서 주로 사용하여 왔던 자신들의 두뇌 부위들만을 가지고는 도저히 그 정답을 주도적으로 낼 수 없는 수많은 "인간과 사회의 문제"에 봉착하기 때문이다.

환자, 보호자, 의사 및 간호사, 의료기사, 병동 청소부 등 병원 내

타 직종 동료들, 진료 의사와는 시각이 전혀 다른 병원 경영자들, 일반 국민들이 가진 의료 문화, 의사들의 내집단 문화, 국가의 의료보험 시스템, 국가가 보건의료 영역에 투입하는 자원의 양과 그 결정 과정, 국가의 의사 양성 정책, 그리고 빠르게 변해가는 인구구조와 질병의 양상 변화, 거기에 COVID－19와 같은 긴급한 팬데믹 상황, 그리고 결국은 의사가 그 마지막을 동행해 주어야 하는 환자의 죽음과 삶의 의미까지, 의사가 만나고 해결해 나가야 하는 그 내용들은 분자생물학이나 유전학 등의 기초의학 영역과 내과, 외과 등의 임상 의학 영역에서 다루지 않는다. 그때서야 의사들은 자신들이 의과대학에서 배웠던 지식들은 의사가 다루어야 하는 일에서 그야말로 "빙산의 일각"이었다는 것을 비로소 알게 된다.

한국의학교육학회에 이번에 창간하는 웹진 블로그의 제목인 "인문사회의학"이라는 용어는 언뜻 보면 좀 이상하다. 수천 년의 역사 속에서 인간이 만들어온 학문을 크게 인문과학, 사회과학, 자연과학으로 나눌 때, 이 용어는 그 셋을 모두 다 포괄하기 때문이다. 그런 "약간의 모순"을 인지하면서도 굳이 이 용어를 썼던 이유는, 의사가 다루어야 할 일들을 모든 포괄하는 "새로운 용어"가 필요하였기 때문이다. 즉, 그래야만 인간의 생명을 다루는 의사가 마주하는 "그 거대한 빙산"을 모두 묘사할 수 있기 때문이다. 인간과 고통, 삶과 죽음, 선과 악에 대한 깊은 이해와 성찰을 할 수 있는 인문과학적 능력, 사회와 시스템, 집단역학과 돈의 움직임을 통찰할 수 있는 사회과학적 능력, 그리고 전문가로서 환자의 질병을 치료해 낼 수 있는 자연과학적 능력을 모두 발휘할 수 있는 "제대로 된 좋은 의사"가 되어야, 사회도, 환자도, 그리고 의사 자신도 비로소 자신감과 자부심을 가질 수 있기 때문이다.

〈인문사회의학〉 블로그는 그래서 만들어졌다. 의대생들과 의사들에게 필요로 되는 인문과학적, 사회과학적, 자연과학적 능력이 균형을 이룰 수 있도록 하는 다양한 자료들을 안정적이고 지속적으로, 그리고 편안히 사용할 수 있도록 공급하는 것이 그 목적이다. 이를 통하여서 앞으로 의학 영역뿐만 아니라 치의학, 한의학, 간호학, 약학, 보건학 등의 보건의료 영역, 그리고 더 나아가 인간을 다루는 신학, 철학, 역사학, 문학, 인류학, 사회학 등 타 학문 분야에서도 이 블로그가 의미 있게 사용될 수 있게 되기를 바란다.

교육 목적을 가지고 만드는 블로그이기에, 모든 원고는 예과 1학년생들도 흥미 있게 읽을 수 있는 수준과 문체로 써 달라는 가이드라인을 모든 저자분들에게 안내해드렸다. 아마도 완전히 학술적인 글과 완전히 대중적인 글의 중간 어디쯤 되는 원고들이 만들어져야 할 것이다. 쉬운 일이 아니다. 그러나 세상에 쉬운 일이 어디 있었던가? 이 블로그를 시작하는 데 한국의학교육학회의 여러 분들이 수많은 회의와 준비 작업을 해 주셨다. 진심으로 존경하는 그 분들의 과거 및 현재의 노고뿐만 아니라 미래의 노고가, 이 땅에 좋은 의사들을 만들어 내는 가장 매력적이고도 의미 있는 토대를 만들어 낼 것을 믿는다.

후기

이 글의 I은 이 책을 준비하면서 작성한 글이다. 그러나 II는 10여 년 전 연세대학교에서 출간되는 대학저널인 <진리 자유>에 "의학교육의 새로운 소리들"이라는 제목으로 실었던 글이었고, 이 책의 1판에도 실렸던 글이다. 의대 교수나 의대생이 아닌, 훨씬 더 폭넓은 독자들을 대상으로 쓴 글이었기에 의학과 의료의 타 학문들과의 융합성을 설명하려 쓴 글이었는데, 그러다 보니 인문사회의학이라는 것의 개념을 설명하는 글이 되었다. 거기서 제기한 의대생 교육에 대한 질문은 여전히 유효하다. 그리고 지금도 병원에서, 의대에서 나는 소리도 차이가 없다. 다만, 그 소리를 듣고 있는 의사들과 의대생들이 정말 바뀌었는가? 그것이 중요할 뿐이다. III는 필자가 한국의학교육학회의 회장으로 역임하던 2022년에 학회가 창간한 웹진 블로그 <인문사회의학>(mhsos.co.kr)의 창간호에 창간사로서 '거대한 빙하 밑, 그 "인문사회의학"의 비밀'이라는 제목으로 실었던 글이다. 현재도 웹진 블로그 사이트로 들어가 보면 다양한 관련 내용들을 확인할 수 있다. 의학교육에 있어, 의대생들과 젊은 의사들에게 인문사회의학이라는 것의 개념과 실제를 흥미 있고 현실감 있게 교육하기가 매우 어렵다. 그 이유로서 중요한 것은 첫째, 적절한 교수를 구하기 어렵다는 것이고, 둘째, 교육을 하는 데 사용할 수 있는 적절한 자료를 구하기 어렵다는 것이다. 그것은 전국 40개 의과대학이 공히 다 가지고 있는 어려움일 것이다. 이것을 해결해 보기 위한 시도의 하나로서 학회에서 만든 것이 바로 웹진 블로그 <인문사회의학>이다. 이것의 창간을 위하여 헌신적으로 수고하여 주셨고, 지금도 수고해 주고 계신 여러 교수님들에게 깊이 감사드린다. 그리고 이 웹진이 앞으로도 많은 학생들과 교수님들에게 요긴한 자료들이 되기를 기대한다.

CHAPTER 12

의학교육 혁신
-의학교육자들의 꿈

Ⅰ 20년 전 시작하였던 의학교육 혁신의 꿈

저자가 의학교육에 대한 책을 처음으로 출간한 것은 2003년에 나온 〈인문사회의학과 의학교육의 미래〉(전우택, 양은배, 연세대학교 출판부, 2003)였다는 이야기를 앞의 11장에서 한 바 있다. 위 책은 저자가 1997년부터 1999년까지 미국 하버드 의과대학 사회의학과(Dopartment of Social Medicine)에서 연수하며, 하버드 의대의 의학교육에 대하여 보고 듣고 생각한 것들을 모아, 연세의대 의학교육이 어디를 향하여 어떻게 가야 한다고 생각하는지를 제안한 일종의 "의학교육 혁신 기획서" 같은 성격을 가지고 있었다. 그 내용은 위 책의 "1부 새로운 의학교육을 향하여"에 정리되어 있다. 책이 출간되고 21년이 지난 지금, 위 책의 1부 내용을 보다 보면, 저자가 연세의대 의학교육학교실 교수로서 지난 20년간 추구해 온 모든 내용이 이때 정리된 것을 토대로 진행되어 왔다는 것을 새삼스레 다시 느끼게 된다. 당시 저자는 새로운 의학교육을 위한 네 가지 제안을 하였었다.

첫째, 인문사회의학 교육의 강화였다. 의학만이 아닌, 다양한 자연과학, 인문과학, 사회과학에 대한 융합적 경험이 될 수 있는 프로그램을 예과 때부터 시작하여 전체 본과 기간 중 운영할 수 있어야 한다는 것이었다. 그 후 연세의대에서는 CDP 2004에서부터 예과 및 본과 전 학년에 걸친 인문사회의학 교육이 다양하게 강화되어 실시되었고, 대학에는 인문사회의학교실이 만들어졌고, 대학원에는 인문사회의학 협동과정이 만들어 졌다는 것은 앞의 11장에서 자세히 쓴 바 있다.

둘째, 지적 자극을 주는 시스템의 개발이었다. 의학교육이라는 것이 단지 학생들의 기계적 암기력만 요구하는 교육이 되어서는 안 된다는 전제하에, 학생이 책을 통해 독학하더라도 다 알 수 있는 내용을 굳이 강의라는 형식을 통하여 긴 시간 붙잡아 두지 말고, 가장 효율적으로 스스로 공부할 수 있는 자료들을 제공한 후에 질문과 토론으로 구성되는 교육을 하자는 것이었다. 그 방법 중 하나가 PBL(Problem based Learning)이었다. 이 시간은 암기가 아닌, 생각과 토론을 해야 하였기 때문이다. 그리고 학생 연구가 이루어지도록 교육하고 지원하자는 것이었다. 이것은 연세의대 교육과정 개편인 CDP 2004, 2013, 2023을 통하여 꾸준히 진행되어 왔다. PBL이라는 당시로서는 매우 낯설고도 어려웠던 학습 방법을 통하여, 교수님들과 학생들은 새로운 의학교육의 어려움과 가능성을 체험하였다. 그리고 CDP 2013을 통하여 절대평가가 도입되면서 학생들의 논문 숫자는 획기적으로 증가하였다.

셋째, 교육의 개별화와 특성화였다. 모든 교과목이 필수화되어 있는 기존 교육 커리큘럼을 필수과목과 선택과목으로 구분하고, 필수과목에서는 모든 학생들이 꼭 알아야 하는 내용만 다루고, 나머지 부분은 과감히 선택과목 내용으로 돌리자는 것이었다. 그러면서 선택과목 내용을 대학원 교과목과 연계하자는 것이었다. 실제로 CDP 2004에서 선택과목 제도가 도입되었고, 모든 졸업생들의 성적표에는 각기 다른 이수 교과목의 이름들이 들어가는 일이 있게 되었다. 그리고 특성화 선택과정이라는 이름하에 모든 학생들은 자신들의 진로에 대한 준비를 별도로 다양하게 할 수 있는 2개월의 시간이 도입된 것도 CDP 2004이었다. 대학원과의 연계는 좀 더 어려운 주제였으나 학생 연구의 활성화를 통하여 새로운 모습으로 진행되고 있다.

넷째, 임상실습 교육의 집중화였다. 기본의학 교육과정에서처럼 임상실습도 필수실습과 선택실습으로 구분하자는 것이었다. 그리고 임상 실습의 교육 내용을 사전에 미리 명확히 정의하고, 그 내용만을 집중적으로 익힐 수 있도록 하여, 우연히 만나는 환자에 대한 소위 “관광실습”이 되지 않도록 하자는 것이었다. 그리고 모든 임상실습이 다 끝난 뒤에 임상종합평가를 도입하여 수행능력을 평가하자는 것이었다. 사실, 의학교육에서 임상실습 교육을 변화시키는 것은 가장 어려운 영역이다. 강의로 하는 기본의학 교육과정은 비교적 소수의 인원이 결정하면 바로 현장 도입이 가능하고, 그것은 관찰 가능하며, 평가도 가능하기 때문이다. 그러나 큰 병원 곳곳에 흩어져 들어가 있어 임상 실습 학생들이 어디서 무슨 체험과 교육을 경험하고 있는지 알 수도 없고, 위에서 내린 교육정책 방향이 현장에서 어떻게 작동하는지를 강제하기도 매우 어렵기 때문이다. 이것은 CDP 2004, 2013, 2023의 모든 과정에서 지속된 큰 화두였고, 지금도 그 개선을 위하여 지속적으로 애쓰고 있다. 실습 내용과 평가 방법의 개선이 주가 되고 있다. 핵심실습과 선택실습으로 구분된 교육과정이 도입되었다가 한동안은 모든 마이너(minor)과 실습도 다 필수적으로 돌아야 하는 기간도 있다가, 다시 핵심실습과 선택실습으로 돌아오는 과정을 거쳤다. 2003년에 이 제안을 하던 때는 우리나라 의사 국가고시에 아직 실기 시험이 도입되기 전이었다. 그래서 술기 수행평가를 하자는 제안을 한 것이었는데, 그 후 2010년 의사 국가고시에 실기 시험이 도입되면서 체계적으로 이 일은 진행되게 되었다.

그리고 그 책에서는 위의 변화를 위한 네 가지 보완조치를 제안하였었다.

첫째, 교수님들에게는 전체 학생을 대상으로 하는 강의 시간을 더 많이 달라고 요청하시는 것보다는, 정말 교수님의 학문 분야에 관심을 가지고 앞으로 함께 일할 동료로서의 학생들을 위한 선택과목 개설에 집중해 달라는 요청을 드렸었다. 어떻게 보면 의식의 변화를 요구한 것이었고, 빠르게는 아니었지만, 점차 진행이 되어 갔다고 할 수 있다.

둘째, 학생들에게는 학습 행위에 있어 수동적으로 끌려 다니지 말고, 교육 결과에 대하여 학생이 책임을 지는 의식의 변화를 요구하였었다. 지금 돌이켜 보면, 이것은 학생 중심 의학교육적 개념이었다. (그에 대하여는 이 책의 7장에서 자세히 설명하고 있다) 쉽지 않은 과정이었지만, 학생들의 의식 변화도 서서히 진행되었던 것 같다.

셋째, 의과대학에게는 의학교육 전담부서의 강화, 진로지도의 강화, 교육의 개별화 변화에 따른 학생 평가제도의 개선, 교수평가 제도의 개선 등을 제안하였었다. 그 후 의학교육 담당 직원들의 숫자는 꾸준히 증가하였고, 2021년에는 연세동곡의학교육원(이 책의 18장)도 설립하게 되었다. 학생들의 진로지도를 위하여 처음으로 진로박람회를 개최하기 시작하였고, 진로 선택을 위한 책들이 발간되었고(이 책의 7장), 교수님과의 대화 시간을 본과생들이 미리 가질 수 있게 되었고, 예과 때 외과 등에 조기 노출시키는 과목도 개설되었다. 학생 평가에 있어 절대평가가 도입되었다(이 책의 6장). 교수 평가에 있어서 교육 평점이 강화되고, 다양화되었으며, 의학교육학교실 소속이 아니면서도 교육 업무에 전념할 수 있는 동곡교육중점교수 제도가 2024년부터 도입되었다.

넷째, 의사 국가고시의 출제 범위 및 경향이 의학교육 개선 방향과 맥을 같이할 수 있도록 변화해 나가야 한다는 제안을 하였다. 사실 이것은 소속 대학에 대한 제안이 아니라, 그야말로 전체 의학교육학계와 국시원을 향한 제언이었다. 대학이 단순 암기만을 요구하는 교육으로부터 다른 것을 추구하는 교육으로 바뀔 때, 의사 국가고시가 계속 단순 암기형 문제 등을 고수한다면, 혼란이 생길 것이라는 걱정에서 나온 제안이었다. 그러면서 저자는 당시, 의학교육은 본질적으로 의과대학들의 정규 교육과정을 통하여 이루어지는 것이지, 의사 국가고시 시험 준비를 통하여 이루어지는 것은 아니라는 것을 강조하였다. 그러나 이러한 저자의 걱정은 기우였다. 국시원에서 의사 국가고시를 관장하시는 분들은 저자의 생각보다 훨씬 더 앞서 가시는 분들이었고, 또 출제에 참여하시는 교수님들도 그런 수준을 이미 넘어서고 계셨다. 그리고 2010년에는 의사 국가고시에 실기 시험까지 도입되어 술기 교육이 강화될 수 있는 기반도 마련되었다. 의학교육평가원을 통하여 의대 평가가 이루어지는 제도를 과감하고도 선진적으로 도입해 주신 국내 선배 교수님들의 수고에 의하여 한국 의학교육 전체의 질은 빠르게 개선되어 갔다. 한 부실 의대가 폐교되는 것은 그 상징이 되었다.

20년 전에는 꿈이라고 생각하며 제안하였던 것이었는데, 이제 돌이켜 보니 그것들 중 많은 것이 이루어져 있는 것을 보게 된다. 이것은 물론 저자의 제안과 저자의 노력 때문에 나온 결과는 아니다. 정말로 교내와 교외의 수많은 교수님들의 남모르는 헌신과 노력이 있어 이루어진 결과였다. 이 자리를 빌어 그 모든 분들에게 진심으로 감사의 말씀을 올린다. 누군가는 먼저 질문하고 먼저 제안하지만, 그것을 현실화시키는 것은 전혀 다른 분들의 사명이고 역할임을 다시 한 번 느낀다. 각자의 역할이 있는 것이다. 저자에게는 "의학교육 혁신에 대한 꿈을 꾸는 역할"이 주어졌던 것 같다.

중요한 것은 지금 누군가가 앞으로의 20년을 위하여 또 새로운 꿈을 꾸어야 한다는 것이다. 학생들을 위하여 애쓰고 계신 많은 분들 속에서 새로운 꿈은 또 나올 것이고, 앞으로 또 이루어져 나갈 것이다. 저자에게 1999년에 많은 생각을 하게 하였던 그 하버드 의과대학은 그로부터 20년 후인 2019년부터 새로운 교육과정을 시도하였고, 미리 공개되어 알려졌던 그 준비 내용들은 저자에게 또 하나의 새로운 자극이 되었다. 아래 글 Ⅱ는 그것을 중심으로 하여 대한의학회 뉴스레터 2017년 3월에 "한국 의학교육의 변화와 과제"라는 제목으로 저자가 쓴 글이다. 2003년 〈인문사회의학과 의학교육의 미래〉라는 책이 발간되고 15년 뒤에 썼던 이 글은 그동안 달려 온 위치에서 앞으로 어디를 향하여야 하는지를 생각한 것이었다. 이 글은 2017년을 시점을 하여 쓰여져 있다.

II 지속되어야 하는 의학교육의 혁신

1. 하버드 의대의 새로운 교육 혁명

하버드 의과대학은 2019년부터 새로운 커리큘럼을 도입한다. 새 교육과정은 세 가지 특징을 가진다. 첫째, 교육 기간 배치의 변경이다. 1학년 때 기초의학과 임상의학에 대한 강의를 모두 끝낸다. 2학년 때에는 임상 실습을 진행한다. 이것은 과거보다 7개월 일찍 시작하는 것이고, 한 환자를 장기간 follow up 하면서 병의 처음부터 끝까지를 보게 하고, 동료들과의 관계 경험을 중시여기는 프로그램이다. 그리고 3–4학년 동안에는 집중적이고 심화된 학습과 연구(Focused, Advanced Studies and Research)를 한다. 기존의 전통적인 교육 기간 배치를 완전히 바꾼 것이다. 둘째, 학생 연구의 강화이다. Harvard–MIT Health Science and Technology(HST) MD Program 등 학생들의 연구력을 높일 수 있는 강력한 프로그램을 트랙으로 도입하여 운영한다. 셋째, 새로운 학습방법, 즉 거꾸로 학습(Flipped Learning)의 전면 도입이다. 수업 시간에 교수는 지식과 정보를 전달하는 강의를 더 이상 하지 않는다. 그런 것은 사전에 제작된 동영상 및 과제물을 통하여 학생이 수업에 들어오기 전 먼저 스스로 학습하게 한다. 그리고 수업 시간에는 소그룹으로 나뉘어 문제 해결을 중심으로 한 지식 적용 토론을 하고, 교수는 그런 토론을 지도하고 평가한다. 수업은 핵심지식 뒤에 존재하는 원칙을 탐구하는 것을 지원하는 시간으로서의 기능을 수행하도록 한다. 학생들의 학습 방법 자체를 바꾸는 것이다.

2. 의학교육의 변화 방향

왜 하버드 의과대학은 이런 급진적인 교육 변화를 하려는 것일까? 이것은 미래의학교육의 어떤 점을 시사하고 있는 것일까? 이것은 다음과 같은 세 가지로 정리할 수 있다.

첫째, 의사가 가져야 하는 의학적 지식을 의사가 습득하는 방법과 형식이 완전히 달라져 가고 있다는 것을 보여 준다. 지금까지 유능한 의사, 명의가 되는 방법은 교과서의 많은 지식을 머릿속에 체계적으로 잘 기억하고 있고, 최신 논문들을 부지런히 읽어 알고 있고, 많은 개인적 임상 경험을 통한 "임상적 분별력과 지혜"를 가지는 것이었다. 그러나 인공지능의 발전과 그것의 의료계에서의 적용은 이런 과거의 틀을 근본적으로 완전히 바꾸게 하였다. 교과서적 지식을 기억하는 것은 의미가 없어졌다. 인간과는 비교가 되지 않을 정도로 컴퓨터가 이미 완벽하게 모든 것을 저장하여 가지고 있는 것이다. 최신 논문을 의사가 읽어 가는 것과 비교가 안 되게, 그리고 자신의 전공 분야 영역뿐 아니라, 완전히 다른 영역의 어제 나온 논문까지를 인공지능은 모두 검색한다. 그리고 한 명의 의사가 가졌던 임상 경험을 토대로 하는 판단이 아닌, 수많은 의사들과 의료 기관들의 임상 경험을 빅데이터로 정리하여 그중 최상의 결정을 판단하고 선택하게 한다. 이런 세상이 되고 있기에, 미래 의사들을 교육하고 있는 의과대학의 교육 방식도 혁명적 변화를 가질 수밖에 없게 된 것이다. 그래서 기존의 지식을 머릿속에 암기하도록 하고, 어느 정도 암기하였는가를 측정하는 평가 방식은 없어지게 된다. 기본적 개념을 이해한 다음에는, 바로 문제 해결을 위하여 기존의 지식과 정보를 어떻게 불러내고, 변형하여 적용하는지를 스스로 익히도록 하는 것으로 교육의 본질이 바뀌고 있는 것이다.

둘째, 미래 의사는 완전히 두 종류의 직종으로 나뉠 것임을 보여준다. 즉 인공지능이 지시하는 대로 따라 환자에게 진료를 제공하는 의사들의 집단이 있게 될 것이다. 그리고 그 인공지능에 새로운 정보와 지식을 입력시키는 의사들의 집단이 있게 될 것이다. 좀 극단적인 표현을 한다면, "인공지능에 지배를 받는 의사들과 인공지능을 지배하는 의사"로 나뉠 것이라는 것이다. 인공지능의 지배를 받는 의사들은 그 전문성을 점점 더 인정받지 못할 가능성이 있고, 간호사, 간호조무사, 약사, 간병인, 사회복지사 등과 일정 부분 겹치는 역할로 갈등이 생길 수도 있을 것이다. 반대로, 인공지능을 지배하는 의사들은 기존의 의사들과는 비교가 안 될 만큼의 더 큰 사회적, 의학적 영향력을 가지게 될 것이다. 그들이 인공지능에 입력하는 그 내용이 한 국가와 전 세계의 의학과 의료를 규정할 것이기 때문이다. 그래서 제대로 된 좋은 연구를 통하여 의미 있는 새로운 지식을 만들어 내는 능력을 가질 수 있도록 만드는 것이 의학교육의 경쟁 내용이 될 것이다. 하버드 의대는 그것을 의식하고 변화해 나가는 것이다.

셋째, "의료-인간-사회"라는 세 주제가 삼각형 모형으로 서로 이어져 있는 것에 대한 본질적 이해와 그 처리 능력을 가지도록 하는 교육으로 가는 것을 보여준다. 임상 실습 시, 더 다양하고 많은 환자들을 보는 것이 중요한 것이 아니라, 한 명의 환자가 처음 외래를 방문한 후, 진료를 받고, 검사를 받고, 수술을 받고, 회복하여 집으로 퇴원하여 외래로 다니는 전 과정을 학생 한 명이 전담하여 같이 체험하도록 하는 과정 속에서, 학생들은 환자가 가지는 심리적 갈등, 가족들과의 관계의 변화, 진료비 걱정과 진료비를 내기 위하여 취하는 조치들, 그런 진료비를 그렇게 지불하도록 하는 사회 시스템과 제도 등에 대하여 배우도록 하는 것이다. 막연히 강의 시간에 간단히 듣고 지나가는 것이 아닌, 환자 곁에서 진짜 실제 상황을 같이 겪도록 하는 이런 교육이 의대생들로 하여금 의료와 의학의 진정한 "인간(인문)-사회-의과학의 복합성"을 체득하게 하는 것이다. 그런 능력을 가지는 의사들은 간호사나 약사들과 역할 갈등을 가지지 않는다. 인간을 돕는 일에 있어 환자, 보호자, 사회를 향한 분명한 리더십을 가지기 때문이다. 그러나 그런 능력을 가지지 못한 의사들은 역할 갈등 속에 점차 더 초라해져 갈 것이다.

3. 한국 의학교육의 미래

어떻게 보면, 4차 산업혁명으로 인하여, 후발 국가들도 선진국이 가지고 있는 인공지능 프로그램을 똑같이 사용하게 되면서 활동의 수준을 단번에 선진국 수준으로 높일 수 있는 기회를 가질 수도 있다. 그러나 선진국들은 인공지능에 투입하는 새로운 정보와 프레임, 규칙들을 자신들의 의도대로 바꾸어 가면서 후발 국가들이 영원히 따라올 수 없게 만드는 시도들을 할 수도 있을 것이다. 이미 미국 의과대학들은 소위 "4차 산업혁명과 미래사회"에 대응하는 의학교육으로 혁명적 변화들을 시작하였다. 2차 산업 혁명에서는 너무도 뒤떨어진 우리나라였지만, 3차 산업혁명에서는 상당한 능력을 보여 주어 오늘날에 이르게 되었다. 이제 전 세계, 각 영역으로 밀려들어오는 4차 산업혁명에서 우리나라가 먼저 대응하고 주도하는 능력을 보일 수 있느냐에 우리 민족의 미래가 달려 있다. 그리고 그 대응과 주도에 의학과 의학교육이 최전선에 서있다. 실제로 4차 산업사회에서 보건의료가 핵심에 있고, 우리나라의 가장 똑똑하고 유능하여 미래를 책임져야 하는 젊은이들 대부분이, 바로 이 의학계에서 교육을 받고 있기 때문이다. 우리가 의학교육을 혁명적으로 바꾸어 나가야 하는 이유이다.

후기

이 글의 Ⅰ은 <인문사회의학과 의학교육의 미래>(전우택, 양은배, 연세대학교출판부, 2003)에서 제안하였던 의학교육 미래에 대한 제안이 20년 뒤인 지금, 어디까지 어떻게 이루어져 왔는가를 점검하는 내용으로 구성되었다. 그리고 Ⅱ는 대한의학회 뉴스레터 2017년 3월호에 "한국의학교육의 변화와 과제"라는 제목으로 실렸던 것이다. 짧은 글이었지만, 당시 저자가 의학교육에 대하여 가지고 있었던 몇 가지 문제의식을 정리한 글이었다. 여기서 생각해 본 내용들은 그 후 연세의대 CDP 2023을 준비하는 데 많이 참조가 되었다고 할 수 있다. 그러나 아직도 갈 길은 멀다. 이 글에서 저자가 썼던 내용 중 AI 시대에 미래 의사는 "인공지능에 지배를 받는 의사들과 인공지능을 지배하는 의사"로 나뉠 것이라는 표현은 그 후 몇몇 글에서 인용되는 표현이 되기도 하였다. 이미 여러 해 전의 표현이지만, 이 표현은 여전히 유효한 것이기에, 미래 의학교육을 설계할 때 적극적으로 생각하여야 하는 화두가 되어야 할 듯하다. "의학교육의 혁신"은 의학교육을 하는 모든 사람들에게 영원한 숙제이다. 지금 눈앞에 있는 학생들을 위한 노력과 함께, 아직 입학도 하지 않은 학생들이 받아야 할 교육을 지금부터 또 철저히 준비하여야 하고, 그를 위하여 지금 실행하고 있는 교육의 변화를 꿈꾸고 준비하고 활동에 나서야 하기 때문이다. 지금 이 순간에도, 의학교육의 현실과 미래를 위하여 애쓰고 계신 모든 분들에게 진심어린 존경의 마음을 드린다.

PART

03

의학교육과 교수

CHAPTER 13

의대교수의 특권과 책임

I 시작하는 말: “의사”인가, “교수”인가?

매번, 외국에 나갔다가 귀국 비행기를 타고 들어오면서 세관신고서를 쓰게 된다. 이때 직업란이라는 것이 있다. 그것을 쓸 때 잠깐 망설이게 된다. 직업을 “의사”로 써야 할지, “교수”로 써야 할지, 아니면 “의대교수”로 써야 할지, 바로 판단이 서지 않기 때문이다. 물론 “의대교수”가 가장 정확한 용어 같지만, 국문과 교수가 자기 직업란에 “국문과 교수”라고 쓰지는 않을 것이기에, “의대교수”라는 구체적 직업의 기입은 무언가 어색하다. 그러면서 새삼 “의대교수”라는 “직업”에 대하여 생각하게 된다. “의대교수”가 아닌, 다른 “타 학문 분야 교수”(약간 무례할 수도 있지만, 의대 안에서는 이 분들을 “일반교수”라고 통칭하기도 한다)들은 일 년의 반을 방학으로 자유롭게 쓰는 것에 비하여 “의대교수”들은 방학이 아예 없다. 오히려 전공 진료과에 따라서는 그때가 일 년 중 가장 바쁘기도 하다. 휴일에도 회진이나 응급환자를 이유로 병원에 나오는 일들이 수없이 많다. “일반교수”들은 출근도 자유롭다. 강의 시간만 엄수하면 되는 경우들도 있다 그러나 “의대교수”들은 새벽에 병원에 출근하여, 밤늦게야 퇴근하는 삶을 평생 산다. 그러면서도 초과근무수당이라는 것은 아예 생각조차 해보지 않는다. (요즈음은 약간의 변화도 있는 것 같기는 하지만) 그래서 그런 "열악한 인생"을 가장 가까이에서 보는 요즘 전공의들은 의대교수가 되는 것을 스스로 포기한다는 이야기까지 들리기도 한다. 그러고 보면 직업란에 "교수"라 쓰는 것은 무언가 약간 억울하면서 부적절하다는 생각이 들기도 한다. 혹시 "의사"라고 쓰는 것이 더 맞는 것은 아닐까? 그러나 "의대교수"는 분명히 "교수"이다. 의사로서 교수가 아닌 삶을 사는 분들과는 분명 차이가 나는 인생을 살게 되기 때문이다. 조금 새삼스럽기는 하지만, 이제부터는 그런 "의대교수"의 특권과, 그 책임에 대하여 생각해보도록 한다.

II 의대교수의 특권

1. 의대교수는 교육에 있어 특권을 가진다

지금 의과대학은 우리나라에서 가장 공부를 잘하는 학생들을 완전히 독점하여 입학시키고 있다. 이렇게 입학한 의대생들과 전공의들을, 강의실에서, 병원 병동에서, 실험실에서, 수술실에서, 동아리 활동 공간에서 교육할 수 있는 특권을 의대교수들은 가진다. 너무도 바쁜 의사로서의 활동 때문에 이것이 특권인지 힘든 의무인지, 혼란스러운 분들도 있겠지만, 사실 이것은 어마어마한 "특권"이 맞다. 가장 우수한 젊은이들과 직접 만나면서 무언가를 가르치고 그들에게 교수님이라는 존칭을 듣는 것은 매우 제한된 사람들, 제한된 의사들에게만 주어지는 큰 특권이기 때문이다. 이 특권을 아무런 의식 없이, 또는 별것 아닌 당연한 것으로 여기는 의대교수들이 있다면, 그들은 의대교수가 가잘 수 있는 가장 가슴 벅찬 "제자 양성의 감동"을 누리지 못하고 사는 불행한 사람들이라 할 수 있다.

2. 의대교수는 진료에 있어 특권을 가진다

대학병원에서 진료할 수 있다는 것은 의대교수들이 가지는 큰 특권이다. 비록 엄청난 임상적 부담에 짓눌려 쩔쩔매고 있다 할지라도 분명 그러하다. 일반적으로 대학병원은 타 병원들에 비하여 상대적으로 더 크고 좋은 임상 시설들을 가지고 있다. 그리고 더 많은 우수한 인적 자원들을 진료 팀의 일원으로 가지고 진료를 할 수 있다. 그리고 의대교수라는 직함을 가지고 하는 진료이기에, 환자나 보호자들의 신뢰와 공손한 태도를 상대적으로 더 쉽게 얻을 수도 있다. 아직 조교수나 부교수로서, 자신의 이름이 이 진료 영역에서 널리 알려져 있지 못하더라도, 자신의 이름이 아닌, 대학병원의 이름으로 자신의 능력과 위상을 보장받기에, 마치 거인의 어깨위에 올라탄 난장이처럼 갑자기 스스로가 큰 존재로 부각될 수 있는 기회를 가지기도 한다. 늘 병원 수입 및 개인 수입 통계 앞에 노출되어 있고 그로 인한 압력을 받기도 하지만, 적어도 그 압력이 개원의 분들, 또는 종합병원 원장님들의 매달 직원들 월급 주는 일에 대한 직접적 부담만큼은 되지 않는다. 시설을 더 좋게 해주지 않고 인력을 더 주지 않는 대학병원 당국에 대하여 불평만 하면 되지, 그것을 제대로 만들어 놓아야 하는 직접적 책임을 보통 의대교수들은 가지지 않는다. 이것이 정말 대단한 특권이라는 사실을 의대교수들은 보통 은퇴 후에 비로소 알게 된다.

3. 의대교수는 연구와 공부에 있어 특권을 가진다

교수 평가의 가장 중요한 잣대 중 하나는 연구 업적이다. 따라서 바쁜 임상 활동 속에서 연구해야 한다는 것은 힘든 "의무"이지 특권이 아닌 것처럼 느낄 수도 있다. 그러나 의대교수에게 연구는 특권이다. 우선 연구할 수 있는 자격을 인정받고, 대학이 가지고 있는 연구시설이나 연구자원들을 사용할 수 있으며, 연구에 함께 참여할 수 있는 대학원생들을 지도할 수 있고, 연구비 수주 여부를 떠나 교내, 교외 연구비를 신청할 수 있는 자격을 가진다는 것 그 자체가, 사실은 사회제도가 주는 엄청난 특권이다. 또한 자신의 연구결과를 관련 학술지에 싣는 자격을 당연하게 인정받는 것도, 사실은 특권이다. 이런 연구에 대한 특권은 "공부"를 할 수 있는 특권과도 연관이 된다. 의대교수들이 공부를 하는 것은 교수로서 "자신의 실력"을 높이기 위하여 스스로 해야 하는 자신의 일이다. 그러나 대학은 그런 교수 "개인의 발전"을 "학교, 기관의 발전"으로 받아들인다. 그래서 의대교수들은 일반교수들처럼 긴 방학 기간을 가지기는 어려워도, 가끔 국내외 학회를 참석하여 공부에 집중할 수 있는 기회들을 공식적으로 당당히 가질 수 있다. 자기 발전을 위한 공부 시간 가지는 것을 그 개인이 아닌, 소속기관이 보장하고 지원해 주는 것이다. 이것도 교수이기에 가지는 특권이다.

4. 의대교수는 사회활동에 있어 특권을 가진다

사회는 어떤 어려운 사안이 생겼을 때, 그것에 대한 "교수"들의 의견을 경청하려 한다. 한 사회 안에서 최고의 전문적 지식과 사유 능력은 교수들이 가지고 있다는 사회적 신뢰를 교수들은 받고 있기 때문이다. 이것은 보건의료 이슈에서도 마찬가지이다. 보건의료 영역에서 어떤 이슈가 발생하였을 때, 언론과 사회는 "정부 발표"나 "의사"가 아닌 전문 영역의 "의대교수"들의 말과 행동에 관심을 집중한다. 그만큼 사회는 보건의료 영역에서의 "의대교수"의 위상을 존중한다. 이에 따라, 의대교수들은 한 사회가 가지고 있는 문제들에 대하여 권위 있고 의미 있는 발언과 활동을 할 수 있는 특권을 가진다. 동시에, 사회의 변화가 요구되는 어떤 조직적 활동이나 사회운동이 필요로 될 때에도, 의대교수들은 그런 것을 선도하고, 사회적 자원들을 움직이기에 더 유리한 위치에 있다.

5. 의대교수는 정년보장이라는 특권을 가진다

의대교수가 가지는 가장 눈에 띄는 특권 중 하나는 "정년보장"이라는 것이다. 이것은 "교수"들만이 가질 수 있는 매우 중요한 특권이다. 이와 같이 직업적, 전문적 안정성을 보장해 주는 제도는, 대학이라는 교육제도가 만들어지고 교수라는 직업이 만들어진 이후 정립된 가장 대표적인 "대학 제도" 중 하나이다. 이런 제도가 만들어진 이유는 가장 우수한 인재들을 대학에 교수로 있게 붙잡아 두기 위함과 동시에, 학문을 하는 교수들의 자율성과 안정성을 보장하기 위함이다. 일단 정년보장을 받은 교수가 되었다면, 다른 교내외 압력에 흔들리지 말고, 자신의 철학과 소신에 따라 교육과 연구, 그리고 진료나 사회 활동을 당당히 하라는 것이다. 대학 내에서 교수란, 그 한 명 한 명이 하나의 독립된 성(城)의 성주(城主)가 되는 것이다. 타인의 지휘나 간섭 없이, 자신의 학문 세계와 자신의 교육 세계를 열어갈 수 있는 권한을 부여 받는 것이다. 한국은 의대교수의 정년이 아직 65세이고, 미국은 아예 연령에 따른 정년 제도가 없지만, 어느 경우이든, 이것은 의대교수가 가지는 매우 특별한 특권이다.

Ⅲ 의대교수의 책임

어찌 보면 누구나 다 아는 그런 의대교수의 "특권"을 이리도 길게 설명한 이유는, 그 특권에 상응되는 의대교수의 책임이 매우 크기 때문이다. 이제부터는 그것에 대하여 생각해 보기로 한다.

1. 의대교수는 의학교육에 있어서의 특별한 책임을 가진다

의대교수란 직업은 강의실에서, 연구실에서, 병동에서, 수술실에서, 회의실에서, 늘 자신보다 나이가 어린 피교육생들에게 노출되는 직업이라 할 수 있다. 따라서 의대교수의 모든 언행은 어떤 것이든 모두 "교육적 의미"를 가질 수밖에 없다. 따라서 그것을 의식하고 더 나은 교육자로서 활동하기 위한 노력을 스스로 엄격하게 하는 것이 의대교수의 본질적 책임이다. 그러나 의대교수를 선발할 때, 대부분의 의과대학들은 "연구업적"을 주로 평가한다. 교육능력을 평가하는 일은 거의 없다. 예를 들어 다른 학문 영역에서는 교수 선발 시 공개강의를 하도록 하고 그것을 평가한다. 그러나 의대에서 교수를 선발할 때 그런 교육능력을 평가하는 일은 거의 없다. 그래서 탁월한 교육자로서의 자질을 가지고 있고, 그것이 잘 개발된 사람들도 의대교수로 들어오지만, 그 반대의 사람들도 의대교수로 들어올 가능성은 늘 있다. 따라서 의대교수에게 요구되는 가장 중요한 책임 중 하나는 "좋은 교육자"로서의 능력을 가지도록 스스로 노력하여야 한다는 것이다. 이것은 “교육과 관련된 교육과 훈련”을 받는 것, 자신의 교육 능력과 교육 콘텐츠를 끊임없이 개발하는 것, 자신의 교육능력에 대한 학생들의 평가와 동료평가를 진지하게 받아들이는 것, 대학의 교수이자 교육자로서 자기성찰을 치열하게 하는 것 등을 포함한다. 그런 과정을 통하여 의대교수들의 교육 능력은 더 우수해져 간다. 의학 영역에서의 좋은 교육자는 태어나기보다는 만들어진다고 하는 것이 더 적합할 것이다.

2. 의대교수는 진료에 있어 특별한 책임을 가진다

일반적으로 개업의, 봉직의들에게는 “환자의 숫자”가 매우 중요하다. 그것이 의사로서의 명성을 의미하고, 의사로서의 성취를 의미하기 때문이다. 그러나 의대교수에게 진료는 그것을 넘어서는 의미가 더 있다. 단지 이미 정해져 있는 소위 루틴(Routine) 방식으로 치료할 수 있는 환자의 숫자가 많은 것을 넘어서서, 숫자가 적더라도 난치 사례의 환자들에게 마지막 희망이 되는 진료를 할 수 있는 의사가 되어야 하기 때문이다. 즉 어느 의사나 치료할 수 있는 흔한 환자들로 구성된 긴 진료 대기 기간은 대학병원 의대교수의 명성을 의미하지 않는다. 한국의 의료 환경상 일반 환자들도 일부 진료는 하여야겠지만, 어떤 특수한 질병의 특수한 사례는 “그 교수님에게 진료받아야 한다.”는 말을 들을 수 있도록 하는 것이 의대교수가 하는 진료의 특징이 되어야 한다. 그리고 비록 흔한 질병이고, 그것을 어떤 방식으로 치료하는 것이 이미 관행이 만들어져 있다 할지라도, 그것을 넘어서는 더 효과적이고, 더 효율적으로 진료할 수 있도록 하는 새로운 진료와 연결된 연구 활동이 이루어져야만 의대교수가 하는 진료로서의 진정한 의미와 가치를 가진다. 그런 의미에서 의대교수는 진료를 하는 의사로서 특별한 책임을 가진다고 할 수 있다.

3. 의대교수는 연구에 있어 특별한 책임을 가진다

모든 학문 영역에서 다 마찬가지이지만, 의학 영역에서도 소위 한 시절에 "잘 나가는" 세부 및 세부-세부 연구 주제들이 있다. 연구비도 집중적으로 거기에 모이고, 학술 지원도 거기로 모인다. 그런 연구 주제를 먼저 선점하고, 그 영역에서 좋은 업적을 선도적으로 내는 것은 연구자로서 매우 의미 있는 활동임에 분명하다. 그러나 그것이 전부는 아니다. 미래를 위하여 정말 중요하고 필요한 연구 주제임에도 불구하고, 사람들과 연구재단 등의 인식 부족, 미래 예측 부족, 여건의 부족으로, 어떤 연구 주제들에 대하여는 연구비 지원이 어려운 경우들도 얼마든지 있을 수 있다. 그러나 일반적으로 대학이 아닌 연구소에 있는 연구자들은 아무래도 단기적 업적 평가에 의대교수들보다 더 민감할 수밖에 없기 때문에 남들이 하지 않는 연구를 꾸준히 지속해 나가는 데 있어 어려움이 있을 수 있다. 그러나 상대적으로 좀 더 신분적 안정성을 가지는 대학교수들은, 당장 주목은 받지 못하고 있으나 미래 사회가 정말로 필요로 하는 연구 주제를, 연구비 수주에 상대적으로 덜 민감하게, 꾸준히 진행시킬 여건을 가지고 있다. 또한 자신의 그런 생각과 예측에 동의하는 대학원 학생들이나 전공의들과의 공동 연구로 그 영역의 미래 전문가들을 양성해 낼 수도 있다. 그것이 "의대교수"로서의 연구에 대한 특별한 책임이라고도 할 수 있다. 조교수와 부교수들이 자신의 승진 요건을 맞추려고 열심히 하는 연구도 당연히 매우 중요하다. 그리고 그런 연구 수행을 통하여 연구 능력은 커진다. 그러나 적어도 정교수로 승진한 이후에는, 업적을 위한 연구를 넘어서서, 또는 연구비를 받기 위한 연구를 넘어서서, 자신이 학문과 미래사회에 기여할 수 있는 자신만의 연구를 할 수도 있어야 진짜 의대교수로서의 연구적 책임을 다하는 것이 될 것이다.

4. 의대교수는 사회활동에 있어 특별한 책임을 가진다

의대교수들이 교수라는 신분으로 인하여 더 사회적 신뢰를 받을 수 있고, 사회적 자원들을 더 움직일 수 있다는 것은, 바꾸어 말해, 의대교수들이 매우 강한 사회적 책임을 가지고 있다는 것을 의미한다. 의대교수라는 신분이 아니었으면 가지기 쉽지 않았을 사회적 잠재력을 가지고 있는 것이기에, 그 특권을 제대로 잘 사용하여야 하는 책임이 있는 것이다. 이런 사회적 책임은 크게 두 가지 영역으로 나누어 생각해 볼 수 있다.

첫째, 일반적으로 주목을 받거나 각광을 받지 못하는 사회적 이슈나 집단과 연관되는 책임일 수 있다. 특히 사회적 약자이거나 불이익을 당하는 위치에 있는 인구 집단들, 그리고 그들을 위하여 어떤 활동을 하더라도 그것이 활동자 자신에게 경제적 이익이 될 수 없는 그런 환자군이나 인구집단들을 향한 보건의료적, 그리고 사회적 활동을 하는 것은 직업적, 사회적 안정성을 보장받은 "의대교수"들이 가지는 특권이자 특별한 책임이다. 의학에서 어떤 전공을 가지고 있든지, 그 전공과 연결된 사회적 약자와 이슈는 늘 존재한다. 의대교수는 그런 이슈에 대하여 늘 열린 눈을 가지고 있어야 한다. 따라서 여러 가지 일로 매우 바쁜 조교수, 부교수 시절에도, 가끔은 시간을 내어 그런 이슈에 접근해 보는 시간을 간헐적으로 가지면서 그런 주제에 대한 감각을 개발하고 유지해 나가는 것이 필요하다. 그래야만 나중에 정교수가 되었을 때, 그런 활동들을 더 제대로 할 수 있게 된다.

둘째, 기후변화, 인구절벽, 난민, 제3세계 가난과 같은 절박한 인류 문제가 있다. 이런 문제들은 너무도 복잡한 원인과 구조를 가지고 있기에, 그 해결을 위해서는 수많은 학문들과 전문가들이 융합적 노력이 필요하다. 그중 의학은 거의 모든 주제에 있어 아주 핵심적인 역할을 하여야 하기에, 의대교수들의 역할은 클 수밖에 없다. 실제로 2015년 유엔이 발표한 지속가능발전계획(Sustainable Development Goals: SDGs)의 17개의 목표는 모두 직·간접적으로 의학과 연관이 있다는 것을 볼 수 있다. 따라서 의대교수들의 관심은 자신의 대학, 자신의 병원, 자신의 환자, 자신의 세부 전공 분야를 넘어서야 한다. 자신의 전공 분야를 토대로 하여, 점차 한반도의 문제로, 아시아의 문제로, 인류의 문제로 자신의 활동을 의미 있게 확산시켜 나가는 노력을 하여야 한다. 그것이 의대교수의 사회적 책임인 것이다.

5. 의대교수는 정년보장에 있어 특별한 책임을 가진다

정년보장은 정교수로 승진하는 교수들에게 큰 특권이다. 그러나 큰 특권이기에 큰 책임이 뒤따른다. 이 책임은 크게 두 가지로 구분하여 생각해 볼 수 있다.

첫째, 정년보장 이후의 활동에 대한 책임이다. 어느 의과대학이고, 정교수로 승진한 교수들의 연구업적 감소에 대한 고민들이 있다. 부교수 때까지만 왕성한 연구력을 보이다가 정년보장이 되는 정교수 승진과 함께 연구는 물론, 진료와 교육까지도 그 활동이 확연히 줄어드는 교수들이 상당수 있기 때문이다. 이것이 연령에 따른 노쇠현상인 측면도 있을 수 있지만, 사실은 그보다 자신이 교수로서의 삶을 시작한 이유를 "정년보장" 자체에 두었던 교수들이 있어 나타난 측면도 있을 수 있다. 정년보장이란 정교수 승진 이후로 있는 20년에 가까운 세월을 "잉여기간"으로 보내는 것을 보장해 주는 제도가 아니다. 이것은 정년보장 이후, 앞에서 이야기되었던 교육, 진료, 연구와 공부, 사회활동에서의 책임을 제대로 할 수 있도록 기관이 보장하는 제도이다. 그러므로 정년보장이라는 것이 주는 책임은 참으로 크다.

둘째, 기관 내 좋은 인간관계 및 팀원으로서의 활동 책임이다. 일반 회사들은 조직 구성원에 대한 평가를 하여 그 평가가 나쁘게 나오면 좌천을 시키거나 해고를 한다. 또한 조직 구성원들끼리 갈등이 생기거나 하면, 그 해당 사람들을 각자 다른 부서 내지 지점 등으로 분산 발령하여 다시는 서로 보는 일 없이 회사 생활을 하도록 한다. 그러나 대학은 그렇지 못하다. 일단 한 번 교실의 교수로 들어오면, 더구나 정교수로 정년보장이 되고 나면, 그의 능력과 활동이 어떠하든, 그의 인간관계와 인화 능력과 태도가 어떠하든, 그를 해고하거나, 다른 교실로 전보발령 내리는 것은 불가능하다. 정년퇴직 때까지 그야말로 한 공간에서 같이 늙어가야 하는 것이다. 그러므로 정년보장이 되는 사람들은 교실의 인화와 팀워크에 대한 절대적인 책임을 스스로 가지게 된다. 같은 교실의 교실원이 되었다고 항상 같은 생각과 판단을 하면서 지내게 될 가능성은 거의 없다. 그러나 최소한 가장 기본적인 인간적 신뢰를 유지할 수 있도록 노력하고, 협력하여 교실을 발전시키려는 기본적 자세를 보이면서, 열린 마음과 경청의 태도를 가질 수 있어야만, 그가 속한 교실과 의과대학, 학회 등이 긍정적 발전을 할 수 있다. 그것이 정년보장을 받은 교수들의 큰 책임인 것이다.

Ⅳ 마치는 말: 의대교수의 세 가지 정체성

의대교수가 된다는 것은 일차적으로 한 대학과 대학병원에 고용되는 "대학의 교수"가 되는 것을 의미한다. 그러나 그 활동의 공간이 소속 의대 건물과 병원 건물만으로 한정된다면, 비록 그가 계속 승진에 성공하여 정교수가 되었다 할지라도, 그는 진정한 의미의 의대교수는 아닐 것이다. 의대교수가 된다는 것은 소속 대학을 넘어서서, 자신이 속한 분야 및 세부분야 학술공동체의 중요한 활동 구성원이 되는 것이며, 이를 통하여 소속 대학을 넘어서서 국내, 그리고 제3세계를 포함한 해외 대학들과 소속 학문 자체의 학술 발전을 돕는 역할을 직, 간접적으로 하는 것을 책임으로 가지는 것이다. 즉 "학계의 교수"가 되어야 한다는 것이다. 그러나 진정한 의미의 의대교수는 그 이상의 의미를 하나 더 가진다. 현대 사회가 봉착하고 있는 다양하고 복잡한 어려움과 한계에 도전하며, 미래를 준비하는 데 있어 의학이라는 자신의 전공 분야를 가지고 적극적인 참여와 기여를 하여야 하는 일까지를 하여야 하는 것이다. 이것은 자신이 속한 학문 영역을 넘어서서 융합적 활동을 통하여 이루어야 할 경우들이 많고, 또한 사회적 지도자로서의 역할을 수행하는 것까지를 포괄한다. 즉 "시대의 교수"가 되어야 하는 것이다. 이와 같이 의대교수는 세 가지의 정체성을 가진다. "대학의 교수", "학계의 교수", "시대의 교수" 가 그것인 것이다.

많은 의대생들은 그들의 장래희망을 "의대교수"로 적는다. 성공한 개원의들보다 훨씬 적은 돈을 버는 직업임에도 불구하고 의대생들 눈에 의대교수라는 위치는, 그들이 생각하는 바람직한 의사로서의 삶을 살아가는 데 가장 좋은 위치이자 신분이라고 보여지고 있는 것이다. 똑똑한 젊은이들이 미래에 언젠가 자신들도 서있는 자리가 되기 원하는 그런 자리에서 지금 일하고 있다는 것은 한 인간으로서 태어나 누릴 수 있는 큰 영광이고 행복이다. 모든 전국의 의대교수님들이 그 영광과 행복을 진정으로 잘 누리기를 바란다.

📖 후기

이 글은 한국의과대학의학전문대학원협의회(KAMC)에서 출간된 <의과대학에서 교수하기>(2021, KAMC)에 '의과대학 교수의 책무성, 사회의 요청에 대한 대답이다'라는 제목으로 실렸던 글이다. 우수한 전공의들에게 수련 마치고 펠로우로 남으면 어떻겠냐는, 그래서 의대교수의 길로 들어설 준비를 해보면 어떻겠냐는 교수님의 말씀에 전공의가 "교수님, 제가 뭐 잘못한 것 있나요?"라고 물어본다는 것은 교수들 사이에서 널리 회자되는 슬픈 농담이다. 의대에서 공부 잘하고, 전공의 때 우수한 능력을 보이면, 당연히 의대교수의 길로 들어선다는 일종의 불문율이 여러 이유로 흔들리고 있다. 물론 최고 수준의 의사들이 꼭 의대교수만 되어야 하는 것은 당연히 아니다. 그러나 대학이라는 공간과 교수라는 직위가 가지는 특권과 책무에 대한 이해를 제대로 하지 못한 상태에서, 전공의들이 다른 진로들을 성급히 쳐다보지는 않기를, 그리고 무엇보다도 이제 새로이 의대교수 발령을 받으신 젊은 의대교수들이 자신의 특권과 책무를 잘 이해할 수 있게 되어, 그 직을 안정되게, 그리고 발전적이고 행복하게 수행할 수 있도록, 이 글이 작은 도움이라도 되었으면 좋겠다.

저자가 최초로 출간한 책은 <해외연수 다녀오겠습니다>(전우택 외. 연세대학교 출판부, 1999)였다. 위의 원고에는 빠져 있지만, 의대교수가 누리는 특권 중 중요한 것 하나는 대학의 지원을 받아 장단기 해외연수를 할 수 있다는 것이다. 지금은 대학마다 여건과 상황이 많이 달라졌지만, 저자는 당시 2년간 미국 하버드 의대에 장기연수를 갈 수 있었다. 지금 돌이켜 보면 큰 특권이었다. 그런데 의대교수로서 해외연수에 나가는 것을 준비하는 것부터 현지에서의 적응, 그리고 돌아와서의 정리까지를 소상히 알려주는 가이드북이 없는 것에 대한 아쉬움이 커서, 만일 그런 책이 없다면 없으면 나라도 만들어 후배들만은 이 고생하지 않도록 해 보자 하고 만든 것이 이 책이었다. 의대교수들뿐 아니라, 해외연수에 같이 나갔던 의대교수의 배우자분들께도 원고를 부탁하여 총 14명의 저자가 등장한 책이었다. 오랜 세월이 흐린 뒤에도, 타 대학 교수님들이 자신들의 해외연수 준비와 현장에서 이 책에 큰 도움을 받았었다는 추억담을 이야기해 주시면 기쁘다.

참고 문헌

이무상, 미래사회와 의학교육. 효일, 2008.

전우택 등, 해외연수다녀오겠습니다, 연세대학교 출판부, 1999.

전우택, 김상현, 오승민, 인문사회의학. 청년의사, 2010.

전우택, 의학교육의 미래. 박영스토리, 2016.

전우택 등, 한반도 건강공동체 준비. 박영사, 2018.

D. Kay Clawson, Emery A. Wilson, The Medical School Dean－reflection and direction. University of Kentuchy, College of Medicine, Mc Clanahan Publishing House, 1999.

Henry Rosovsky, The University: An Owner's Manual. W.W. Norton & Company, 1991, 대학 갈등과 선택, 이형행 역, 삼성경제연구소, 1996.

United Nations, Tranforming our World: The 2030 Agenda for Sustainable Development, 2015.

CHAPTER 14

최고 수준 전문가인 의대교수가 되는 법

I 서론: 전문가란 누구인가?

의대교수로 임용된 사람들은 이미 사회적으로 공인된 전문의 자격증, 박사 학위증을 가지고 있는 사람들이고, 자신의 세부 전공을 가지고 있으며, 앞으로 세부-세부 전공의 전문가로서 병원, 학교, 학계, 사회에서 활동할 예정의 사람들이라 할 수 있다. 그래서 이미 전문가가 되어서, 전문가로 활동하고 있는 사람들에게 새삼스럽게 '전문가로서의 의대교수'라는 것을 이야기한다는 것은 무언가 자연스럽지 않은 일이 아니라고 생각할 수도 있다. 사실이 그렇다. 그러나 본 글에서는 그런 '전문가'란 과연 어떤 사람들을 말하는 것이며, 일반 수준에 머무는 전문가가 아닌, 최고 수준의 전문가가 된다는 것은 무엇인지를 생각함으로써, 이 글을 읽는 의대교수님들이 그야말로 '최고 수준의 전문가로서의 의대교수'가 될 수 있도록 돕는 것을 목표로 한다. Herling (1998)은 전문가란 지식, 경험, 문제해결 능력을 가진 사람을 의미한다고 하였다. 이를 필자의 방식으로 좀 더 풀어서 설명한다면, 전문가란 다음과 같은 사람들을 의미한다.

1. 전문가는 자신이 무엇을 알고 무엇을 모르는지를 정확히 아는, 그런 "지식을 가진 사람"이다

전문가란 모든 것을 다 아는 사람이 아니다. 원래 인간이란 그럴 수 없기 때문이다. 그러나 자신이 무엇을 알고 있고, 무엇을 모르는가를 분명히 구분할 줄 아는 사람이다. 그것이 그를 전문가로 만든다. 따라서 저급 전문가는 자신이 다 알고 다 할 수 있다고 이야기하고, 고급 전문가일수록, 자신이 알고 있다고 이야기하고 할 수 있다고 이야기하는 것에 제한을 두는 특징을 가진다. 전문가가 될수록 안다고 하는 것과 모른다고 하는 것의 경계가 분명해지는 것이다.

2. 전문가는 지루하게 반복되는 일을 하면서 많은 시행착오의 "경험을 가진 사람"이다

전문가가 되었다는 말은, 유사한 일들을 수없이 많이 지루하게 반복하면서, 그 과정 속에서 다양한 시행착오를 경험한 사람이 되었다는 것을 의미한다. 그런 의미에서 누군가들에게는 전문가가 된다는 것은 인생을 재미없게 살고 있는 사람이 된다는 것과 같은 의미를 가질 수도 있다. 그러나 전문가들은 그런 반복된 지루함과 시행착오를 통하여, 타인과 사회에 좀 더 의미 있는 존재가 되어간다. 그리고 그 안에서 나름의 즐거움과 의미를 누리는 사람이 된다는 것을 의미한다.

3. 전문가는 "정말로" 문제 해결을 할 수 있는 사람이다

COVID-19가 창궐하였을 때, 전 세계의 이목은 관련 "전문가"

들에게 집중되었다. 그들이 개발한 백신을, 어떤 주기를 가지고 맞아야 하며, 그동안 사회적 격리는 어떤 방식으로 얼마나 가져야 하는가를 전문가들은 이야기하였고, 그대로 따라야만 살 수 있었던 것이다. 전문가란 그런 존재이다. 인간과 사회가 만나게 되는 문제를 직, 간접적으로 "정말로" 해결할 수 있는 사람들을 우리는 전문가라 부른다. 물론, 시행착오를 통하여 최종적 문제 해결에 아직 도달하지는 못하였다 할지라도, 그 문제 해결을 위하여 끊임없이 노력하고 시도하는 과정 속에 있는 사람들을, 그래서 그 문제 해결에 더 다가가고 있는 사람들을, 우리는 전문가라 하는 것이다.

II 최고 수준의 전문가가 가지는 7가지 특성

그러기에 전문가란 되기가 어렵고, 그런 전문가가 된다는 것은 대단한 것이다. 인정받고 존경받을 만하다. 그런데, 이렇게 대단해 보이는 전문가들도 두 가지 종류로 나뉘게 된다. 즉 일반 수준의 전문가와 최고 수준의 전문가로 나뉘게 되는 것이다. 전문가가 되는 것만으로도 이미 너무 힘든 일이었지만, 그중에서도 정말로 최고 수준의 전문가가 되기 위하여는 앞에서 이야기한 지식, 경험, 문제 해결능력을 가지는 것을 넘어서는 또 다른 무언가를 가지고 있어야 한다. 일반 수준의 전문가들은 자격증을 받으면 누구나 될 수 있지만, 최고 수준의 전문가는 자격증과는 별도의 특성을 추가로 더 가져야만 한다. 필자는 오헌석 등(2019)의 논문을 토대로 그것을 다음과 같은 7가지로 정리해 보았다. 이 7가지는 각자 독립적인 특성인 동시에, 서로가 서로에게 깊이 연결되어 있는 특성이기도 하다. 어느 하나가 무너지면 다른 것들도 따라 무너지는 상호 연계성을 가지고 있기 때문이다. 전문가들 중에서도 최고 수준의 전문가들이 가지는 특성은 다음과 같다.

1. 최고 수준의 전문가는 내적 긴장을 계속 유지하는 사람이다

한 번 전문가가 되었다고 해서 영원히 전문가인 것은 아니다. 펼쳐지는 현실 상황, 정보, 기술, 환경은 끊임없이 변화되고, 그에 따라 새로이 해결되어야 하는 문제들이 계속 발생하기 때문이다. 과거의 지식과 경험이 해결에 큰 도움이 되는 문제들도 있고, 오히려 과거의 성공적 문제 해결 업적들이 새로운 문제 해결에 장애가 되는 문제들도 있다. 그런 모든 것들을 해결하기 위하여는 새로운 지식, 새로운 경험, 새로운 문제 해결능력을 필요로 하고, 그것을 갖추기 위하여 일관성 있게 끊임없이 노력하는 사람이 최고 수준의 전문가이다. 즉 이들은 "문제를 해결하기 위한 내적 긴장을 결코 내려놓지 않는 사람"들인 것이다.

이런 내적 긴장을 계속 가지고 있기 때문에 최고 수준의 전문가들은 자신들의 인식, 경험 범위를 넘어서는 새로운 개념, 기술, 지식, 이론 등이 나올 때 그것에 대하여 일단 호의를 가지고 객관적으로 검토하고 이해하고 평가해 보려 한다. 즉 "닫힌" 사고와 행동이 아닌, 매우 "열린" 사고와 배우려는 태도를 가지는 것이다. 그런 의미에서 일반 수준의 전문가들은 과거의 지식과 경험, 문제 해결 경험에 매달려 살고 있다면, 최고 수준의 전문가들은 과거의 자신으로부터 탈피하여 새로이 앞으로 나아가려는 태도를 계속 유지하는 사람들이다.

2. 최고 수준의 전문가는 보이지 않는 미래까지를 준비하는 사람이다

눈에 보이는 현실의 문제들을 잘 해결해 나가는 것만으로는 최고의 전문가라고 하지 않는다. 최고의 전문가는 미래가 가질 것으로 예상되는, 아직은 보이지 않는 문제들을 해결하기 위하여 미리 준비하는 사람이다. 즉 아직 현실 속에는 존재하지 않고 보이지 않는 미래의 문제를 미리 예측하고 그 문제를 해결하기 위한 준비에 들어가 있는 사람인 것이다. 예를 들어 자동차 수리의 전문가라면, 현재 시장에 나와 있는 모든 내연기관 자동차들의 엔진을 최고로 잘 고치는 능력을 가지고 있는 것뿐만 아니라, 앞으로는 내연기관 자동차의 시대가 지나가고, 전기자동차 시대로 바뀐다는 것을 예측하여, 전기 자동차의 모터와 그 고장 수리에 대한 공부와 연구를 시작하여 그 영역에서 최고의 수준에 가 있는 사람이 되어야만 자동차에 있어 최고 수준의 전문가라고 할 수 있는 것이다.

그런 의미에서 최고 수준의 전문가는 "창조적 긴장(Creative Tension)"을 가지고 있는 사람이라고 할 수 있다. 창조적 긴장이란, 현장의 상황이 주는 긴장이 아님에도, 앞으로 있을 미래에 대한 문제들을 먼저 예상하고, 그것을 상상하며, 그에 대하여 창조적인 대안을 만들려는 노력을 하려는 다른 내적 긴장 상태를 의미한다고 할 수 있다. 자신이 이미 전문가로서 활동하고 있는 그 영역에 안주하지 않고, 자신의 전문성을 바탕으로 미래의 새로운 문제와 영역을 향하여 더 자신을 확장시켜 나가는 도전을 피하지 않는 것이다. 최고 수준의 전문가는 이러한 점에서 현실 문제에 몰두하고 있는 일반 수준의 전문가와는 분명한 차이를 가진다.

3. 최고 수준의 전문가는 자신의 일을 여유를 가지고 안정되게 즐기면서 하는 사람이다

일반적 수준의 전문가들도 자신이 맡은 일들은 잘한다. 그러나 그 일을 억지로, 겨우겨우 해낼 때도 있다. 그러나 최고의 전문가들은 자신들에게 주어진 일들을 여유 있게 해낸다. 이것은 기술적 능숙함에 의하여 시간적으로 여유 있게 일들을 해내는 것만을 의미하지 않는다. 여기에는 그보다 더 깊은 차원의 의미가 있다. 즉 최고의 전문가들은 "작은 경쟁"에 목매지 않는다. 일반 수준의 전문가들은 다른 일반 수준의 전문가들과 "경쟁"을 하고, 그 경쟁에서 이기는 것이 자신들의 목표가 된다. 그러나 최고 수준의 전문가들은 타인이 아닌, "절대적 진리, 절대적 목표"를 향하여 꾸준히 나아가는 것만을 의식한다. 그래서 다른 전문가들이 발전하고 성취하는 일을 경계하고 견제하는 식으로 노심초사 하지 않는다. 오히려 그들과 협력하며, 그들이 더 발전하는 것을 기꺼이 도우려 하는 넓은 마음을 보인다. 그래서 그의 활동하는 태도에는 늘 여유가 있어 보인다.

그리고 최고 수준의 전문가들은 자신이 하고 있는 일을 진심으로 즐기면서 한다는 특징을 가지고 있다. 진심으로 즐기는 일을 하는 사람들의 특징은 "그 일을 할 때 시간 가는 줄 모르는 것"이다. 내가 하고 있는 일을 의무감에서 억지로 하는 것이 아닌, 정말 그 일을 스스로 즐기면서 하는 사람이 최고 수준의 전문가가 되는 것이다.

4. 최고 수준의 전문가는 자신의 일을 올바른 가치관 속에서 자기관리능력과 통합적 시각을 가지고 처리하는 사람이다

복잡하고 많은 이권이 걸려 있는 문제들을 처리하는 데 있어, 모든 사람들은 좀 더 쉽고 더 효과적이라고 생각되는 비도덕적인 방식, 타인에 대한 배려가 없는 방식, 자신이 지금까지 지켜 온 가치관에서 벗어난 방식에 대한 유혹을 받기 마련이다. 이때 일반 수준의 전문가들이라면 자신의 가치와 도덕성에서 벗어나는 언행을 할 수 있다. 그러나 최고 수준의 전문가들은 이러한 유혹에 대해 스스로를 향한 엄격성을 가지고 문제들을 마주한다.

그러한 태도는 자신에 대한 엄격성과도 연결된다. 무엇보다도 안정되게 일을 하기 위하여 필요로 되는 것은 자기 관리 능력이다. 최첨단 수술 기술을 최고 수준으로 가지고 있는 훈련되어 있는 의사라 할지라도, 수술 전날 폭음을 하고 다음 날 아침 수술방에 들어간다면, 그 의사는 제 기능을 다 발휘하지 못할 것이고, 결국 그 수술은 최고의 결과를 만들어 내지 못할 것이다. 즉 최고 수준의 전문가가 되기 위하여는 분명한 "자기 절제"와 "자기 관리" 능력을 가지고 있어야만 한다. 마치 올림픽 금메달을 목표로 하는 운동선수가 하루의 모든 일정, 모든 훈련, 모든 휴식, 모든 대인 관계 등에서 엄청난 자기 절제와 자기 관리를 하는 것과 유사하다. 그들이 그렇게 하는 것은 그들이 바로 최고 수준의 전문가이기 때문이고, 또 그래야만 비로소 금메달, 자신이 목표로 하는 최고 수준의 결과를 만들어 낼 수 있기 때문이다.

이런 스스로에 대한 엄격성을 유지할 수 있는 이유는, 현재 마주치게 된 문제를 당장의 이익과 손해의 문제로만 보는 것이 아니라, 그보다 훨씬 더 큰 거시적 차원, 포괄적이고 통합적인 시각에서 볼 수 있는 능력을 가지고 있기 때문이다. 이것은 우리가 소위 말하는 "시스템 사고(Systems Thinking)"와 연관된 이야기이기도 하다. 그러나 더 나아가서는 내가 전문성을 가진 영역을 전문기술적 차원에서만 인식하고 다루는 것이 아니라, 그것을 가운데 두고 그와 연관된 인문과학적 차원, 사회과학적 차원, 자연과학의 타 영역들의 차원들을 모두 포함하는 통합적 지식과 사고를 할 수 있는 능력을 가지고 있기 때문이라고 할 수 있다. 그럼으로 인하여 최고 수준의 전문가들은 소위 "얕은 사유"에 의한 잘못된 착오들을 일으키지 않고, 일들을 처리하고 이끌 수 있는 능력을 가지기 때문이다. 그런 의미에서 최고 수준의 전문가들은 자신의 전공 영역의 책과 정보들 뿐 아니라, 더 넓고 다양한 인문과학, 사회과학, 자연과학의 책들과 정보에 대하여 늘 열려 있고 성찰하고 있는 특징을 가진다.

5. 최고 수준의 전문가는 다른 전문가들과 함께 일하는 시스템을 움직이는 사람이다

일반 수준의 전문가들은 자신에게 주어진 문제를 "혼자"서 해결하려 하고, 또 그렇게 할 때 더 좋은 결과를 만들어 낼 수 있다고 생각한다. 그래서 그렇게 일하는 방식에 대하여 문제의식도 별로 없다. 그래서 늘 "작은 문제"만 해결하며 살아간다. 그러나 최고 수준의 전문가들은 다르다. 그들은 자신이 어떤 영역에서는 최고 수준이지만, 다른 영역에서는 최고 수준이 아니라는 것을 분명히 인식하고 있다. 그래서 주어진 문제를 해결하는 데 있어서, 반드시 다른 전문가들이 필요로 함을 인식하고, 그들과 "함께" 문제 해결을 하려는 생각을 가진다. 그래서 그들은 혼자가 아닌 여러 전문가들의 네트워킹에 의한 "시스템"이 움직이도록 한다. 그래서 이들은 해결하여야 할 문제들이 있을 때, "자기 개인"이 아닌, "자신의 네트워크"가 움직일 수 있도록 하는 사람들이다. 그래서 그들은 "작은 문제"뿐만 아니라, 일반 수준의 전문가들은 해결할 수 없는 "큰 문제"도 해결할 수 있다. 이렇게 될 수 있도록 하기 위하여, 이들은 평소에 다른 전문가들과 정보의 공유, 자원의 공유가 이루어지도록 노력하며, 그런 활동을 통하여 주변 전문가들에게 실력적인 영역에서뿐만 아니라, 도덕적, 인격적인 면에서 "신뢰"를 받는 사람이 되어야 한다. "저 사람은 나를 이용해 먹거나, 나의 발전을 가로 막는 사람이 아니라, 모두가 함께 윈윈(Win－Win)하도록 하는 것을 진심으로 바라는 사람이니, 저 사람을 돕는 것은 나에게도 좋은 일이다."라는 평가를 다른 전문가들로부터 받는 사람들인 것이다. 결국 "최고 수준의 전문가"란 "최고 수준의 네트워크를 가지고 있는 사람"인 것이다. 그리고 최고 수준의 전문가는 반드시 그 주변에 "자발적으로 열성적인 협력자들"을 가지고 있다.

6. 최고 수준의 전문가는 자신의 일과 자신의 소명을 일치시키는 사람이다

일반 수준의 전문가들은 그들이 일을 하는 이유가 돈 벌기, 타인으로부터 인정받기, 그래서 승진하기 정도일 때가 많다. 그러나 최고 수준의 전문가들은 일을 하는 이유가 다르다. 그들은 지금 본인이 하고 있는 일이 나의 소명, 나의 삶의 목표, 나의 존재 이유와 연결되어 있다고 생각한다. 이런 생각의 차이가 일반 수준과 최고 수준의 차이를 만들어 내는 이유는 다음과 같다. 앞에서 이야기한 최고 수준의 전문가가 되기 위하여 필요로 되는 특징 5가지를 정말로 갖추려면 수많은 현실적인 어려움을 극복해 내야만 한다. 그런데 그것이 매우 어렵다. "내가 무슨 부귀영화를 보려고 이 고생을 하며 살아야 하나? 동기들은 개업하여 돈도 잘 벌고 시간도 여유 있게 쓰면서 행복하게 잘 살고 있는 것처럼 보이는데, 나는 의학의 발전이라는 명분하에, 당장 큰 돈도 되지 않고, 남들이 알아주지도 않으며, 그 결과가 확실하게 보이지도 않는, 이런 일에 이렇게 까지 매달리며 아등바등 살아가야 하는 이유가 무엇인가?"라는 질문에 대하여 "나는 인간의 고통에 맞서서 싸우는 의학의 길에 들어선 사람으로, 내 전문 영역에서 아직 해결되지 않고 있는 문제들을 해결해 나가는 일에 내 삶을 바치는 것이, 나의 소명이고 내가 살아가는 이유이다"라고 생각하는 사람들만이 그 모든 내적, 외적인 어려움들을 극복하고 결국은 한 부분에서 뚜렷한 기여를 할 수 있는 "최고 수준의 전문가"가 될 수 있기 때문인 것이다. 의대교수가 되고 나서, 처음부터 이것이 명확해지는 것은 어려울 수도 있다. 그러나 의대교수 임용 후 점차 이 부분의 소명이 스스로에게 명확해져 가는 것이 중요하다. 이것에 성공하면 최고 수준의 전문가가 되는 것이고, 실패하면 일반 수준의 전문가로 머물게 될 것이다.

7. 최고 수준의 전문가는 "청출어람(靑出於藍)"을 만들어 내는 사람이다

자신은 최고의 수준에 도달하였다 할지라도, 자신에게 그것을 배우고 있는 후학들이 없거나, 또는 배우고 있다 할지라도, 그 후학들이 선생인 자신만큼 해내는 수준에 도달하지 못한다면, 그는 진정한 의미에서의 "최고 수준의 전문가"가 아니다. 전문가란 자신만 전문가가 아닌, 다음 세대의 전문가를 키워내는 사람이고, 그것도 그냥 키워내는 것이 아닌, "자신의 가르침을 통하여 배출해 내는 사람들이 자신보다 더 높은 완성을 이룰 수 있도록 돕는 사람"이며, 결국은 "차세대가 더 큰 미래의 발전을 이루도록 하는 데 디딤돌이 되어 주는 사람"을 의미하기 때문이다. 즉, 청출어람(靑出於藍)을 만들어 내는 사람인 것이다.

그래서 최고 수준의 전문가들은 일반 수준의 전문가들과는 다르게, 처음부터 "차세대 교육"에 대한 관심을 크게 가지는 특징을 보인다. 거꾸로 표현하면, 최고 수준의 전문가가 될 가능성, 잠재력을 가진 사람들은 그것을 굳이 "교육"이라고 명명하지 않는다 할지라도, 늘 "차세대 교육"을 생각하고 그 교육을 더 잘할 수 있게 되도록 노력하는 일에 어떤 형태로든 헌신한다. 그래서 그 과정을 통하여 자기 후배 교수들에게, 연구강사, 전공의, 그리고 의대 학생들에게 강렬한 영향을 끼친다. 그들에게 하나의 모델이 되고, 그를 따라 그 일을 하고 싶어 하는 욕구, 또는 꿈을 가지게 한다. 그런 의미에서 최고 수준의 전문가는 자신이 스스로 의식하지 못하는 "매력"을 차세대 후학들에게 가진다. 그래서 긴 세월이 흐른 후에, 누군가가 왜 그 전공 영역, 그 세부 전공 영역을 하게 되었는가에 대한 질문을 받았을 때, 또는 전공 영역은 달라도, 왜 그런 태도를 가지고 최고 수준에 도달하는 전문가가 될 수 있었는가를 질문 받았을 때, "내가 오래전 어느 교수님을 만났기 때문이었다."라고 대답이 나오도록 하는 그 사람이 최고 수준의 전문가인 것이다.

우리는 모두, 누군가의 영향을 받아 오늘의 내가 된 존재들이다. 그리고 우리가 그것을 의식하든 아니든, 그것을 의도하든 아니든, 우리는 누군가들에게 늘 노출되고, 무언가를 보여주고 있는 존재들이다. 그 보여 주고 있는 것이 후학들에게 긍정적이고 건설적인 자극이 되도록 하는 데, 우리는 더욱 도전할 필요가 있다. 그것이 최고 수준의 전문가가 되는 방법이기도 하다.

III 결론

일반 수준의 전문가를 넘어서서, 최고 수준의 전문가가 되는 것은 사실상 매우 어려운 일임에 틀림없다. 그 어려움을 모두 이겨내고, 정말로 최고 수준의 전문가가 되기 위하여는 자신에게 주어진 많은 제약 조건들과 한계를 극복해 내야 하기 때문이다. 그래서 이것은 결국 내적인 힘을 필요로 한다. 그리고 이런 내적인 힘은 타인으로부터 받는 것이 아니라, 스스로 자신의 내부 안에서 끌어내야 하는 것이다. 이와 관련된 세 가지 경구들을 소개함으로써 이 글을 마치고자 한다.

경구 1

"어려움을 만나지 못한 사람은 참으로 가장 불행한 사람이다. 그것은 신께서 나의 게으름과 나태함으로 인해 문득 나를 잊으셨다는 분명한 증거일 뿐이다."

이 말은 로마시대의 정치가이자 작가인 키케로(Marcus Tullius Cicero, BC 106–43)가 한 말이다. 살아있고 역동적인 물고기만이 강물의 격류를 거슬러 상류로 올라갈 수 있다. 죽은 물고기는 시체로 둥둥 떠서 흘러 내려갈 뿐이다. 강물의 격류에 맞서지 않고 있는 상태란, 결국 죽은 상태, 신으로부터 생명을 빼앗긴 상태라는 것이다.

경구 2

"신이 인간에게 선물을 하실 때는 꼭 그 선물을 풀기 어려운 문제의 포장지로 포장하여 주신다."

이 말은 세계적인 기업 컨설턴트로 활동하고 있는 브라이언 트레이시(Brian Tracy, 1944~)가 한 말이다. 좋은 선물은 결코 값싼 포장지로 엉성하게 포장되어 우리에게 주어지지 않는다. 그것이 더 좋은 선물, 더 값비싼 선물일수록, 그 포장지는 더 질기고, 그 포장은 단단하게 되어 있다는 것이다.

경구 3

"서두르지 마라. 무슨 일이든 내 마음대로 되는 게 아니라는 걸 알게 되면 불만은 사라진다. 인내는 무사장구(無事長久)의 근원이요 노여움은 적이라 생각하라. 이기는 것만 알고 지는 일을 모르면 해가 그

몸에 미치게 된다. 자신을 책망 할지언정 남을 책망하지 말라. 미치지 못함은 지나침보다 낫다. 풀잎 위의 이슬도 무거우면 떨어지기 마련이다.

이 말은 일본 역사상 가장 혼란스러웠던 시기인 센고쿠 시대를 최종적으로 종식시키고 400년 에도시대를 연 도쿠가와 이에야스(1543~1616)가 한 말이다. 그는 강력한 경쟁자였던 오다 노부나가, 도요토미 히데요시와의 대결에서 끝없는 인내심을 발휘하였고, 결국에는 최후의 승자가 된 사람이었다. 그는 "인내"라는 영역에서 최고 수준의 전문가였다.

의대교수가 된다는 것은 곧 일반 수준의 전문가에서 최고 수준의 전문가로 나아가야 하는 책무를 가진다는 것이다. 의대교수는 그 길 위에 서있는 존재이다.

후기

이 글은 2023년과 2024년에 저자가 몇몇 의과대학에서 주제 강연을 한 내용을 정리한 것이다. 이 책의 13장에서 언급되듯이, 의대교수가 된다는 것은 큰 특권이자 책무이다. 그리고 해결하고 극복하여야 할 스트레스와 과제가 너무도 많은 위치이기도 하다. 그런 의대교수들이 진정한 최고 전문가가 될 수 있도록 어떤 안내 지침과 격려를 드리는 것이, 시니어 의대교수의 또 다른 특권이자 책무라 생각하면서 쓴 글이었다.

오헌석, 성은모, 배진현, 성문주, 최고 수준 전문가와 보통 수준 전문가의 특성 비교 분석. 아시아교육연구, 10(4):105-135, 2009.

Gonzalo J.D., Hammoud M.M., Starr S.R., Systems Thinking in Health Care: Addressing the Complex Dynamics of Patients and Health Systems, in Skochelak. S.E., et al., Health Systems Science. 2nd ed., Philadelphia, PA. Elsvier Press, pp.21-36, 2021.

Herling, R.E., Expertise; The Development of an operational definition for human resource development, In Torraco R.J., (ed.), Academy of human resource development, Baton Rouge, LA: AHRD, pp.715-722, 1998.

CHAPTER 15

미래 의학교육을 준비하시는 의대학장님들께

I 시작하는 말: 의사 국가고시 성적이 의학교육을 말하는 것일까?

매년 연말 연초가 되면 전국 의대학장님들은 성적표 하나씩을 받아든다. 바로 의사 국가고시의 실기 시험 및 필기시험 결과이다. 우리나라 의사 국가고시는 매년 합격률이 95% 내외로 나오고 있기 때문에, 각 대학의 입장에서 보면 본과 4학년의 5% 정도 되는 학생 숫자가 불합격자가 될 가능성을 가진다. 특히 성적이 나쁘게 나온 해가 되면 학교 안은 술렁거린다. 느닷없이 의과대학 동창회의 주요 관심 사항이 되고, 학장 임기를 맡기도 전에 이루어졌던 지난 4년간의 모든 교육에 대한 총체적 책임을 현직 학장이 져야 하는 것처럼 되기도 한다. 무엇보다도 재단, 대학 본부, 교수들의 의학교육에 대한 관심이 갑자기 높아진다. 그 전까지는 임상으로 돈 많이 벌고, 연구 논문을 많이 내는 것에 온통 집중하던 분위기에서, 갑자기 '대학 본연의 자세'로 돌아가 교육에 관심을 가지게 되는 것이다. 그래서 뜻밖에도 그동안 교육에 투자하자고 요청해 왔으나 받아들여지지 않던 많은 일들이 갑자기 승인되기도 한다.

그러나 여기 한 가지 질문이 있다. 정말 국시 성적이 좋으면 그 대학은 의학교육을 잘 시행한 것일까? 물론 국시 성적은 잘 나와야 한다. 그것은 최소한의 기준이고, 그 기준조차 달성하지 못하면서 의학교육을 이야기하기는 어려울 것이다. 그러나 의학교육의 본질은 '탈락자'에게 있는 것이 아니다. (표준분포상, 고등학교 때까지만 공부를 잘하고, 그 이후부터는 전혀 공부를 하지 않는 의대생들은 반드시 존재하기 마련이니까). 의학교육의 본질은 그 '합격자'들에게 있다. 그들은 정말 향후 30~40년 씩 의사로서 훌륭히 활동할 수 있는 능력을 다 갖추게 교육되어 졸업하고 있는 것일까? 미래의 우리나라 국민들과 인류에게 당당할 수 있는 그런 준비를 의학교육을 통하여 시행한 것일까? 국시 성적을 넘어서서, 앞으로 의사로 활동할 의대생들을 어떤 방향으로 가르쳐 나가야 할지에 대한 세계적인 추세, 그리고 필자의 생각을 모아 다섯 가지로 정리해 보았다. 이 글을 일차적으로는 학장님들께 드리는 글이지만, 동시에 모든 의대교수님들에게 드리는 글이기도 하다.

II 의학교육이 나아가야 할 다섯 가지 방향

1. 새로운 지식을 습득하고 다룰 줄 알게 하는 의학교육 (Active Learning Education)

의학계의 가장 큰 특징은 의학지식이 계속 폭발적으로 증가해 나간다는 것이다. 2020년 정도가 되면 의학 지식의 양이 2배로 느는 데까지 73일 정도 걸릴 것이라는 보고가 있었으니, 이제 그 지식의 양은 더 빠르게 폭발적으로 증가해 가고 있을 것이다. 물론 가장 기본적인 의학적 용어, 개념, 지식은 그대로 존재할 것이다. 그러나 적어도 '최신 지식'이라고 이야기할 수 있는 내용은 학생들의 입학 시점과 졸업 시점에 따라 상당히 달라질 것이다. 그동안 의학교육의 핵심은 학생들에게 "무엇을 알게 할 것인가?"를 가지고 고민하고 가르치는 것이었다. 그러나 앞으로 의학교육의 핵심은 학생들에게 "어떻게 새로운 지식에 접할 줄 알게 하고, 그것을 비판적으로 평가하면서 적절하게 자신의 의료에 적용할 수 있도록 만들 것인가?"가 된다. 이것은 교과서에 쓰여 있는 내용을 많이 암기하고 있는 것과는 상관없는 능력이다. 그런 정보는 진료실 컴퓨터나 핸드폰 안에 내장되어 있는 의료 인공지능에 이미 다 저장되어 있기 때문이다.

따라서 의학교육은 앞으로 두 가지로 구성되어 질 것이다. 첫째, 지식과 정보의 전달과 습득이다. 그런데 이것은 소위 "대형 강의"를 통하여 이루어지지는 않을 것이다. 지식과 정보를 전달하는 데 있어, 모든 학생들을 같은 시간에 같은 장소에 모아 놓고, 같은 내용으로 수동적으로 앉아 듣게 하는 것 자체가, 미래 학생들(사실은 현재의 학생들을 포함하여)에게 너무도 비효율적인 방식이기 때문이다. 이미 고등학교 입시 준비에서부터, 테드(TED) 강의, 수많은 유튜브 강의에 이르기까지, 동영상을 통하여 최신 지식을 습득하는 것에 아주 능숙한 미래 세대는 굳이 자기 대학의 교수님 강의로 지식을 얻어야 한다는 생각을 하지 않는다. 따라서 앞으로의 대학 교육에서는 강의실에서 직접 강의하는 일들은 사라지게 될 것이다. 강의 형태의 교육은 모두 동영상으로 제작되어 학생들은 자신들의 수준과 상황에 맞추어 그 동영상을 한 번 또는 여러 번 들으며 여러 자료들과 함께 학습을 하게 될 것이다. 둘째, 주어진 지식과 정보에 대한 비평적 사고를 통한 검토와 분석, 그리고 통합이다. 학생들은 여러 책자나 자료, 동영상 등을 통하여 이미 자신이 습득한 지식을 가지고 수업 시간에 들어와, 교수가 제시하는 실제 사례들에 적용해 보고, 그것을 비판적으로 분석하고 토론하면서 자신의 사고능력을 높인다. 이것이야말로 학생이 교실에서 직접 교수와 만나 받고 체험하게 되는 교육이다. 이런 형태의 수업은 현재 거꾸로 학습(Flipped Class)이라는 이름으로 이루어지고 있으며, 미국 하버드 의과대학은 2015년부터 대형 강의 없이 이런 수업만으로 교육을 시행하고 있다. 우리나라의 의학교육도 지금 이런 방향을 향하여 나아가고 있다.

2. 실제로 환자를 대할 수 있도록 하는 의학교육 (Competency-based Education)

의학교육은 기본적으로 임상의사를 양성하는 교육이다. 그리고 임상의사는 실제 상황에서 환자의 생명과 건강을 "정말로" 지켜주고 도움을 줄 수 있어야 한다. 따라서 의학교육은 그 어떤 교육보다도 아주 실제적인 능력을 분명하고 정확하게 가지도록 하는 것이 당연히 필요하다. 그러나 유감스럽게도 그동안의 의학교육은 이런 점에서 많은 허점을 가지고 있었다. 학생들과 전공의들은 "구경"을 하면서 그들의 실습 훈련을 받았고, "언젠가 때가 되면 다 할 줄 알게 된다."라는 이야기만을 들어야 했다. 그런 교육과정이 너무도 길었고, 모호하며, 비효율적이었다. 따라서 현재 의학교육은 각 학년별, 연차별 학습 및 능력 목표가 분명하게 정립되고, 실제로 그것을 할 수 있는가의 여부를 확인하는 교육을 향하여 가고 있다. 세계적으로는 임상실습 교육에 장기추적통합 임상실습(LIC: Longitudinal Integrated Clerkship), core－EPAs(Entrustable Professional Activities), 교육과 수련에서의 단계

목표(Milestone)와 같은 개념들이 도입된 이유가 여기에 있는 것이다. 우리나라 의사 국가고시에서도 임상 술기 시험이 도입된 것은 이런 점에서의 전진을 의미하였다. 따라서 학장으로서 학생들의 임상실기 교육을 구체적으로 들여다보고, 개선할 점들을 찾아보는 것은 매우 중요한 의미를 가진다. 보통은 1, 2학년의 강의 내용과 방식에는 관심을 가지지만, 실습 교육에는 큰 관심들을 가지지 못하기 때문이다.

3. 함께 일할 수 있는 의사를 만드는 의학교육

이미 의료는 의사 혼자서 시행하는, 의사 중심의 행위가 아니다. 궁극적으로 환자의 건강을 회복시키고 증진시키는 목적을 이루는 데 있어, 의사는 그 전체 중 특정한 부분의 일을 담당하는 세부 전문가 중 한 명으로 존재하기 때문이다. 따라서 미래 의사를 타 직종 전문가들과의 대화 및 공동 활동이 가능한 사람으로 키우는 것은 의학교육의 핵심 사항 중 하나이다. 그리고 그 안에서의 리더십을 발휘할 수 있도록 교육시켜야 하는 것이다(이 책의 9장 전문직 간 교육(Interprofessional Education) 참조).

이러한 협력 능력은 첫째, 병원 안에서의 다른 의사들과의 협업 능력을 의미한다. 이때 중요한 것은 도움을 적절히 요청하는 능력을 키워야 하는 것과 동시에, 도움을 요청받았을 때 적극적이며 효율적으로 도울 수 있는 능력을 가지는 것이다. 이것은 환자 중심의 생각을 하면서, 불필요한 배타의식, 경쟁의식 등에서 자유로울 때 가능한 일이다. 따라서 그에 대한 교육을 학생 때부터 하는 것은 매우 중요한 의미를 가진다. 둘째, 간호사, 간호조무사, 다양한 의료기사, 병원 행정담당자들과의 협업 능력을 갖추도록 하여야 한다. 병원의 모든 활동은 철저하게 팀플레이로 이루어진다. 그런데 의사가 그 팀의 일원이라는 의식을 가지지 못하면 수많은 문제들이 발생한다. 이런 협업 능력을 갖추도록 하는 데 있어 중요한 것은, 타 직종이 받는 교육 내용 및 그들의 활동 능력 등을 충분히 알고 이해하는 것, 그들과 가급적 낮은 학년 때부터 환자 사례들을 가지고 각자의 전문 영역적 지식과 시각을 가지고 토론하고 환자에게 도움을 주는 경험을 공유하는 것 등이다. 학생 때 여러 직종의 사람들이 함께 진료 봉사 체험을 가지는 것은 이런 점에서 큰 효과가 있는 것으로 알려져 있다. 셋째, 병원을 넘어서 사회의 다양한 자원들을 병원 및 환자 치료와 연결시켜, 더 효과적이고 효율적인 치료와 돌봄이 이루어질 수 있도록 할 수 있는 능력을 가지도록 하는 것이다. 그런 의미에서 학생들은 재학기간 동안 정치, 경제, 사회, 문화, 종교 등의 다양한 영역의 사람들, 기관들과 만나고, 그들의 이야기를 듣고, 그들과 함께 사회적 고통, 환자 치료와 지원을 생각하는 경험을 가지도록 만들어 가는 것이 필요하다. 예를 들어 외국인 노동자나 결혼이주자들을 돕는 지원봉사기관 사람들과 만나고, 그들의 활동에 참여하는 경험을 가지도록 하는 것은, 향후 더 넓은 국제 진료 활동을 할 수 있도록 만드는 토대가 된다.

4. 미래 혁신을 만들 수 있게 하는 의학교육 (Education for Innovation)

미래의 모든 의사들이 다 직접적으로 연구를 하여야 하는 것은 아니다. 그러나 모든 의사들은 그가 어떤 활동을 하든, 그것이 연구와 연결되게 된다. 의사의 모든 진료 행위는 빅데이터에 들어가는 것이 되며, 그 빅데이터를 가지고 이루어지는 중요한 연구들은 결국 모든 의사들의 협동 결과가 될 것이기 때문이다. 따라서 미래의 의사들은 자신들이 하는 의료행위가 미래 의학혁신과 연구에 의미를 가진다는 인식을 가지고, 그것에 적합하게 의료 활동을 할 수 있도록 교육되어져야 한다. 그리고 그중 일부 의사들은 진짜로 연구를 수행할 것이다. 인공지능은 과거에 만들어진 정보를 체계적으로 조합하여 알려줄 뿐이고, 현재 눈앞에 펼쳐진 새로운 문제에 대한 새로운 답을 주는 것은 아니다. 그것은 모두 미래 의학연구자들의 몫이다. 그러기에 의학교육의 일부 내용은 이러한 연구 능력 함양과 연관되어 이루어지도록 하여야 한다. 이런 내용의 교육들은 정규 교육과정에 포함시켜 운영되는 동시에, 학교가 강력하게 지도하고 지원하는 학생 동아리 활동을 통하여 좀 더 자발적이고 적극적으로 하는 것을 유도할 수도 있을 것이다.

5. 프로페셔널리즘을 가지도록 하는 의학교육 (Education for Professionalism)

의사가 의학과 의료에 대한 정보와 지식을 독점하고 있던 시대는 이미 지나갔다. 이제는 환자와 보호자들이 인터넷을 통하여 의사보다도 더 많은 정보를 가지고 의사 앞에 나타나는 일들이 많아졌다. 앞으로 이런 현상은 더욱 강화될 것이다. 결국, 의사는 "정보와 지식을 가지고 있는 사람"이 아니라, 그 정보를 통합하고, 중요한 우선순위를 설정하여 "최종 결정을 내리는 것을 돕는 일을 하는 전문가"가 될 것이다. 이때 중요한 것은 환자와 보호자의 개인적 상황과 마음에 대한 이해, 사회와 문화에 대한 이해, 의료제도 및 의료재정과 연관된 이해, 이 상황이 가진 윤리적이고 도덕적, 종교적, 법적 측면에 대한 이해

등과, 이 모든 것을 통합하여 환자 및 보호자가 최선의 선택을 할 수 있도록 도와주는 의사소통 능력일 것이다. 따라서 의학교육은 단순히 생물학적 지식을 가지는 것만으로는 구성될 수 없다. 의학교육 안에 소위 인문사회의학적 교육이 포함되고 수행되어져야 하는 이유이다. 여기에는 난민, 가난, 통일과 같은 사회적 이슈도 포함되어야 한다.

꼭 의사가 되고 싶었던 것이 아니었음에도 불구하고, 고등학교 및 대입 시험 성적이 좋아서 의대에 "어쩔 수 없이" 입학한 학생들이 많이 있다. 그리고 상당수의 학생들은 의사라는 직업이 그들에게 잘 맞지 않을 것이라고 보여지는 경우들이 있다. 누구가의 이야기를 진심으로 공감하며 들어주고, 그들을 정성껏 돌보며, 그것에 보람과 행복을 느끼지 못할 것처럼 보이는 학생들도 있기 때문이다. 그러므로, 그들이 의학교육을 통하여 의사로서의 태도, 보람, 행복을 가질 수 있도록 하는 교육을 시행하는 것은, 의학교육의 핵심이 된다. 이것은 강의를 통하여 가르쳐서 이루어지지는 않을 것이다. 아마도 의사로서의 활동에 큰 보람과 행복을 느끼는 선배 의사들과 만나는 경험, 공동 활동 속에서의 체험들을 통하여 이루어 질 것이다. 그것이 의학교육이 되어야 한다.

III 마치는 말: 의학교육에 의미 있는 기여를 하였던 학장이 되는 방법 세 가지

1. 의학교육 전문가들을 잘 활용할 줄 알아야 한다

현재 전국의 의과대학들은 의학교육학교실, 의학교육지원실 등의학교육과 연관된 전문 조직들을 가지고 있고, 그 안에서 일하고 있는 전문가들을 가지고 있다. 이들 의학교육 전문가들은 임상의학이나 기초의학 교수를 하시면서 의학교육에 관심을 가지고 공부도 하고 학회도 참석하면서 의학교육 발전에 헌신하기를 원하는 분들일 경우가 많다. 또는 의사가 아니면서 교육학 박사로서 교원인 분들도 있고, 의사면서 교육학 박사학위를 가지고 계신 전문가들도 있다. 이들은 일반적으로 의학교육에 대하여 큰 열정을 가지시고, 전 세계 및 우리나라 전체 의학교육의 흐름에 정통하고, 의학교육을 좀 더 장기적 관점에서 보며, 교육 혁신이 이루어져야 한다는 의견들을 가지고 계실 때가 많다. 학장이 되기 전까지, 대학의 전체 교육 운영에 참여할 기회를 가지셨던 분들도 계시고, 전혀 그렇지 않았던 분들도 있을 수 있다. 그러나 중요한 것은 학장이 되는 순간부터 교내 및 교외의 의학교육 전문가들을 적극적으로 잘 활용할 수 있어야 한다는 것이다. 그렇게 하면, 본인이 의학교육 전문가가 아니더라도, 훌륭하게 대학의 의학교육을 발전시켜 나갈 수 있다.

2. 학장단 - 의학교육 전문가 - 전체 교수 간의 균형과 조화를 만들어 내는 것이 중요하다

의과대학에는 의학교육에 있어 고유한 특징들을 가지고 있는 세 집단이 있다(이 책의 4장 참조). 첫째, 학장단이다. 의학교육에 대한 직접적인 책임과 권한을 가지고 있지만, 동시에 지속적인 전문성은 가지지 못한 경우가 많다. 그리고 전체 교수들의 교육에 대한 의견을 수시로 듣게 된다. 둘째, 의학교육학 교실 등에 속하여 있는 의학교육 전문가들이다. 이들은 지속적인 전문성과 매우 큰 열정 및 헌신적 태도를 가지고 있지만, 실제적인 권한과 책임을 가지고 있지는 않으며, 때로는 전체 교수들의 생각과는 다른 방향을 추구하는 경우들도 있다. 셋째, 일반 교수들이다. 이들은 학생들을 현장에서 직접 가르치는 가장 중요한 역할을 하지만, 너무도 바빠서 의학교육에 그다지 관심도 없고, 지속적인 전문성을 가지지도 않은 상태일 때가 많다. 어느 의과대학의 교육이 잘 발전한다는 것은 이런 뚜렷한 특징을 서로 나누어 가진 이 세 집단이 얼마나 서로를 존중하고 협력하며 교육 활동을 할 수 있는가에 달려 있다. 이러한 상호 존중과 협력의 분위기, 문화를 만드는 역할과 책임은 당연히 학장에게 있다. 그것이 학장의 역량이다.

3. 미래를 위한 투자를 하여야 한다

대개 학장의 임기는 2년, 4년 등으로 짧은 편이다. 학장으로서 학생 교육에 관여할 수 있는 시간은 매우 제한적인 것이다. 그래서 미래의 대학 의학교육을 위한 투자와 노력을 해야 한다. 그것은 첫째, 앞으로 의학교육을 담당해 주었으면 하는 교수들에게 의학교육에 대하여 활동할 수 있는 기회를 만들어 주는 것이다. 그래서 그 분들을 신중하게 선택한 후에 의학교육 관련 위원회에 위원으로 들어가게 하여 꾸준히 활동을 하며 경험을 가지도록 하는 것이다. 둘째, 국내외의 의학교육 관련 학술대회에 가급적 많은 교수님들이 참석하도록 학장이 독려하고 지원하는 것이다. 그렇게 되면, 아주 짧은 시간에 매우 많은 정보와 자극을 효과적으로 받을 수 있다. 셋째, 만일 가능하다면 본인의 임기 중 한 번쯤 미국 의학교육학술대회(11월), 유럽 의학교육학술대회(8월) 등에 직접 참석하며, 이때 차세대 의학교육 담당자들을 동행해 데리고 가는 것이다. 단 한 번만 나가도, 세계 의학교육이 어떤 방향으로 얼마나 빠르게 변화해 가는지를 알게 되고, 그것이 우리 학생들의 미래 경쟁력을 결정하게 될 것이다.

의과대학에서 교육을 할 수 있는 기회를 가진다는 것은 엄청난 특권이다. 이 특권을 정말 특별하게 잘 사용하기를 바라며 노력하는 교수들을 만나는 학생들은 행복하다. 그리고 그런 노력을 격려해 주고 지원해 주는 학장을 만나는 교수들은 행복하다. 학생과 교수들이 행복해 한다면, 그 학장은 행복한 학장이다.

후기

이 글은 한국의과대학의학전문대학원협의회(KAMC)에서 출간된 <의과대학에서 학장하기>(2020, KAMC)에 '의대학장과 의학교육'이라는 제목으로 실렸던 저자의 글이다. 이 글은 이 책의 4장 <의학교육의 갈등구조 이해 및 변화관리> 의 내용과 이 책에서 의학교육의 미래에 대하여 다룬 다양한 장의 내용들을 바탕으로 작성된 것이기도 하다. 많은 의과대학 학장님들에게 의학교육이란 사실상 낯선 영역일 때가 많다. 진료와 연구에서 탁월한 업적을 내시면서 학장직에 취임하시게 되지만, 학생 교육은 학생 때 수업받은 경험, 전공 내용을 가지고 학생 강의하였거나, 과목 책임교수 맡았던 것 정도가 전부이고, 의과대학의 전체 의학교육에 대한 업무와 활동에는 참여해 보지 않으셨던 분들이 많을 수 있기 때문이다. 그래서 학장직을 맡으면서 대학의 연구 및 교육에 대하여, 특히 교육에 대하여 무언가 좋은 발전을 이루어 보려는 의욕은 있으시지만, 그 과정에서 방향과 방법상의 어려움을 겪게 되는 경우들도 있을 수 있다. 그래서 KAMC에서 <의과대학에서 학장하기>를 발간하면서, 이러한 내용을 하나의 코너로 넣어 주신 것에 대해 감사드린다. 더불어 이 글이 신임 학장님들께 작은 도움이라도 되기를 바란다.

PART

04

의학교육의 현장

CHAPTER 16

연세의학교육의 과거*

I 시작하는 말

지난 130여 년 동안 우리나라에서는 서양식 의학을 도입하고 교육하는 일에 있어 끊임없이 새로운 도전과 성취가 있어 왔다. 그래서 이제는 전 세계적으로도 높은 의료 및 의학교육 수준을 가지게 되었다. 이러한 과정에는 국내 모든 의과대학들, 의학교육자들의 헌신이 중요한 역할을 하였다. 연세대학교 의과대학(이하 연세의대)은 우리나라에서 최초로 서양식 의학교육을 시작하여 지금에 이르렀기에, 한국의학교육의 현재는 연세의대 의학교육의 흐름과 깊은 연관을 가진다. 본 글에서는 특히 지난 20여 년간 한국의학교육이 어떤 방향을 향하여 나아갔고, 그 가운데 연세의대에서 이루어진 의학교육이 어떤 역할을 하였는지를 생각해 보고자 한다.

한국의학교육의 시작은 연세의학교육의 시작으로 거슬러 올라간다. 1885년 한국 최초의 서양식 병원으로 설립된 광혜원–제중원[1]은

* 이 글은 연세의학사 20권 1호 pp.51–63(2017)에 〈한국 의학교육의 현재와 미래, 연세의학교육의 역할을 중심으로〉라는 제목으로 실렸던 것이다.

1) 박형우, 제중원, 서울: 몸과 마음, p.69, 2002.

그 설립 시기부터 조선인을 의료인으로 양성하는 것을 목표로 하였다. 그에 따라 1886년 16명의 학생을 대상으로 최초의 서양식 의학교육을 실시한 제중원 의학당에서 한국의학교육이 시작된다.[2] 그리고 1908년 제1회 졸업생 7명이 배출되었고, 이들은 우리나라 최초의 의사면허 1번부터 7번까지의 취득자가 된다.[3] 1914년 졸업생들의 '졸업 후 교육과정'으로서 국내 최초로 병원의 인턴 제도가 시작되었다.[4] 이후 1917년 세브란스 연합의학전문학교로 개칭하게 되었고,[5] 1957년 연희전문학교와의 합동을 통해 연세대학교 의과대학이 된다.[6] 1971년 미국의 미네소타 의과대학의 샤이드만 교수를 초빙하여 의학교육의 목적과 목표, 교육과정 개편 등을 정리하여 세계 의학교육의 흐름에 맞춘 한국 의학교육의 방향을 제시한 바 있다.[7] 1996년에는 국내 최초로 의과대학 내에 독립된 학과로서의 의학교육학과를 개설하여 오늘에 이른다. 이런 연세의학교육의 흐름은 한국 의학교육과 함께 진행되었는데, 지난 20여 년간 한국의학교육의 흐름은 크게 '의학교육의 전문화', '교육과정의 혁신', '학생개발'의 세 가지로 정리할 수 있다. 다음에서 구체적인 내용을 보도록 한다.

---

2) 朝鮮通報, 朝野新聞, 明治 19년(1886년) 7월 29일자 기사. 제중원 의학교 입학생 명단 있음.

3) 박형우, 제중원, 서울: 몸과 마음, p.273, 2002.

4) 박형우, 세브란스와 한국 의학교육의 여명, 청년의사, p.199, 2006.

5) 박형우, 세브란스와 한국 의학교육의 여명, 청년의사, p.345, 2006.

6) 연세대학교 의과대학, 의학백년, 연세대학교 출판부, pp.175－184, 1986.

7) 연세대학교 의과대학, 의학백년, 연세대학교 출판부, pp.218－219, 1986. (이때의 보고서 제목은 'The Undergraduate Curriculum at Yonsei University College of Medicine: A Report to the China Medical Board'였다)

Ⅱ 본론

1. 의학교육의 전문화를 이루어 오다

최근 20여 년 동안 한국 의학교육의 가장 중요한 변화가 있었다면 그것은 의학교육의 전문화가 이루어졌다는 것이다. 그 전까지 의학교육에서는 전통적인 강의 교육 및 도제식 침상 옆 가르침(Bedside Teaching) 교육이 가장 중요하고 의미 있는 것이라 생각하여 왔다. 그래서 교수들은 개인적으로 과거 자신이 학생 때 받은 교육을 토대로 각자 자신이 생각한 좋은 방법에 따라 학생들을 가르쳤다. 현대 교육학의 이론이나 방법, 타 학문 분야의 새로운 교육 방식 등에는 별로 관심을 가지지 않았다. 그러다가 한국 의학교육의 패러다임을 근본적으로 바꾸는 일들이 발생하였다. 먼저 한국의학교육학회의 설립(1983년), 한국의과대학학장협의회 설립(1984년)과 활성화 등이 의학교육의 전문화의 기본틀을 만들게 되었다. 그리고 1996년 한국 최초로 연세의대에 독립된 학과로서 의학교육학과가 창설되었다.[8] 당시까지 국내의 일반적인 인식은 "의과대학에서 행해지는 모든 교육이 의학교육인데 의학교육학과라는 것이 별도로 만들어져 운영되어야 하는 이유가 무엇인가?"라고 질문하는 정도였다. 그러나 의과대학 내 각 교실, 학문 단위의 교육을 넘어서, 의학교육의 전체적인 철학과 원칙, 방향과 전략을 제시하여 의학교육의 수준을 높이는 기능을 하는 의학교육학과의 창설은 연세의학교육의 커다란 전환점이 되었고, 동시에 전국 모든 의과대학들에게도 의학교육을 새로운 시각과 틀 속에서 수행해 나가도록 하는 커다란 기폭제가 되었다. 그 후, 한국의학교육평가원의 설립(2003

8) 연세대학교 의과대학 의학교육학과, 도전과 혁신－의학교육학과 20년, 2016.

년), 한국의과대학의학전문대학원협회(KAMC)의 설립(2008년) 등으로 이어지면서, 의학교육은 어느 분야보다도 더 전문화되는 발전을 이루게 되었다.

1996년 연세의대의 의학교육학과 창설은 연세의대의 교육 전통과 깊은 연관을 가지고 있다. 연세의대는 기독정신, 개척정신 및 협동정신의 설립이념을 토대로 교육 분야에서 전문성을 갖추고 설립이념을 실천하는 인재를 양성하는 역사적 전통을 가지고 있었다. 그리고 교내에서는 1971년부터 이어져 온 교육계획위원회(Committee of Medical Educational Planning)가 그 중심 역할을 하여 왔다.[9] 이 위원회에서는 1985년 의학교육의 연구와 실행을 전담하는 전문 기구의 설립 필요성이 논의되기 시작하였다. 당시의 기록(1985년 의학교육 전문부서 개설에 대한 논의서)은 다음과 같이 말하고 있다.

> 1971년에 교육 계획위원회를 조직하고 1972년부터 전면적인 의학교육 계획에 착수하여 새롭고도 효과적인 교육방법과 제도에 대한 연구가 활발하게 진행되어 많은 발전을 이루었다. 그러나 그 간의 투자한 시간과 노력에 비하여서는 가히 만족할 만한 성과를 거두었다고 자족하기에는 미흡한 점이 있으며 어떤 면에서는 원점으로 돌아간 일까지도 있다고 사료된다. 이러한 결과에 대한 이유로서는 여러 가지가 있을 수 있겠으나 이를 전달하는 기구가 전문적인 연구 기구의 성격을 띠기보다는 자문위원회의 성격을 띠고 있으며 그 위원회의 구성인원이 너무나 빈번하게 교체되어 체계 있고 책임 있는 업무를 수행하지 못한 데 주인(主因)이 있

9) 연세대학교 의과대학, 의학백년, 연세대학교 출판부, pp.219－222, 1986.

다고 사료된다. 따라서 앞으로의 체계 있는 발전을 위하여는 독립된 연구 기구의 성격을 가진 전문연구소로의 발전이 기대된다.

전기한 필요에 따라 다음의 사업을 갖는다. 1) 의학교육에 관한 정보 및 자료 수집과 제공, 2) 의학교육에 관한 연구 및 조사, 3) 의학계열 교수요원의 훈련 및 교육, 4) 의학교육 자재의 개발 및 서비스, 5) 의학교육 발전을 위한 자문

이를 위하여 필요성(Need) 및 요구도(Demand)에 대한 조사를 시행한다. 1) 과거의 의학교육관계의 각종 자료를 대상으로 의학교육 연구소의 필요성 검토, 2) 요구도에 대한 조사: 학교로서의 요구(Demand as a school), 교수로서의 요구(Demand as a professor), 학생으로서의 요구(Demand as a student)

(1985년 연세의대 교육계획위원회 회의 자료에서 발췌함)

위의 논의서가 나온 지 10년이 지난 1996년 2월 마침내 연세대학교 의과대학의 정식 직제로 '의학교육학과'가 개설되었다. 당시 의학교육학과의 개설은 세 가지 메시지를 가지고 있었다. 첫째, 과거 경험에만 의존하던 의학교육에서 학술적으로 교육학적 바탕을 가진 의학교육으로 변화되어야 한다는 것이었다. 둘째, 모든 의대교수들의 일반적인 업무로 받아들여졌던 진료, 연구, 교육 영역 중에서 교육 영역이 전문화되어야 한다는 것이었다. 셋째, 이제부터는 의학교육의 발전을 위하여, 의학 이외에 교육학 등의 타영역 전문가들이 의과대학에 구성원으로 들어오게 된다는 것이었다. 연세의대 의학교육학과의 신설을 계기로 그 이후 전국 41개 의과대학은 다양한 형태로 의학교육 전문

기구를 신설하게 되었고, 의과대학에서 의학교육 관련 교육, 연구 및 지원을 담당하는 교육학 등의 타전공 분야 전공자가 2017년 현재 80여 명에 달하게 되었다.

2. 교육과정 혁신을 이루어 오다

세계 의학교육의 흐름은 계속하여 변화되어 왔다. 그 흐름을 정리하면 전통적 커리큐럼에서 개혁된 커리큐럼으로, 교과목 중심의 교육에서 기관 및 계통 중심의 통합 교육으로, 강의 중심 학습에서 토론 중심의 그룹 학습으로, 과다한 학습 분량 소화에서 핵심 및 선택 과목으로, 목표 없는 교육에서 사전에 목표를 설정하고 그 결과를 확인하는 교육으로, 지식 중심의 교육에서 임상 수기, 태도 강조 교육으로, 가르침(Teaching) 중심의 교육에서 배움(Learning) 중심의 교육으로, 지식전달자로서의 교수에서 복합적인 역할자로서의 교수로 요약할 수 있다.[10),11)] 한국 의학교육은 이러한 방향으로 꾸준히 변화를 모색하였었고, 그 가운데 연세의대는 당시로서 혁신적인 두 번의 교육과정 개편을 이루어 그러한 세계적 의학교육 흐름에 대응하였다.

1) Curriculum Development Project 2004(CDP 2004)[12)]

의학 교육과정(Curriculum)은 교육의 청사진으로서, 의과학 지식

10) 백상호, 의학교육의 미래, 연세의학교육 10(1)1–8, 2008.

11) 전우택, 의학교육의 미래, 1판, 박영스토리, 2016.

12) 연세대학교 의과대학 CDP 2004 위원회, 연세대학교 의과대학 Curriculum Development Project 2004 보고서, 2002.

의 급증, 의료 및 사회 환경의 변화, 세계적인 교육 패러다임 전환 등에 따라 지속적으로 변화되어야 하는 과제를 가진다. 과거부터 전통적으로 이루어져 온 의학교육 교육과정은 몇 가지 특징을 가지고 있었다. 첫째, 엄청난 시간의 강의 중심으로 구성되었다는 것이다. 특히 하루 7~8시간씩 계속되는 본과 1, 2학년의 교육은 많은 시간을 가지고 많이 가르치는 것이 교육을 잘 시키는 방법이라는 생각에 기반을 두고 있었다. 둘째, 모든 과목을 필수교과목으로 운영하는 것이었다. 입학하여 졸업할 때까지 모든 학생들은 모두 똑같은 교과목을 이수해야만 하였다. 그 학생이 무엇에 관심을 가지고 있는지, 앞으로 자신의 진로를 어떻게 구상하고 있는지 등은 전혀 고려 대상이 아니었다. 셋째, 교육 대부분은 철저히 기초의학, 임상의학 교육으로 구성되어, 미래 의사로서 가져야 하는 프로페셔널리즘, 사회와 세계에 대한 이해와 성찰 능력 등은 정규 교과목에서 거의 다루어지지 않았다. 그런 것은 학생 각자가 수업 시간 외의 과외 활동에서 배우면 된다고 생각하였다. 이런 흐름이 전국적으로 있는 가운데, 연세의대는 전통적인 의학교육과정에 대한 변화를 추진하게 된다. 바로 '광혜교육과정'이라 명명된 새로운 교육과정 개발 프로젝트(Curriculum Development Project 2004), 이름하여 CDP 2004가 그것이었다. 2004년에 연세의대에 도입된 새로운 교육과정은 다음과 같은 특징을 가지고 있었다.

첫째, 강의식 교육 시간을 기존의 60%로 줄였다. 모든 강의와 실습을 오전 중에만 배치하도록 하였다. 자신들의 강의 시간을 한 시간이라도 더 확보하려고 애쓰는 모든 교실들과 교수들에게 이것은 "불가능한 요구"였다. 그러나 국제적 경쟁력을 갖춘 새로운 교육과정을 도입하기 위하여 강의식 교육 시간은 과감히 줄이는 것이 불가피하다는 결정을 대학은 하였다. 이것은 다른 의과대학들에서 교육에 관심을 가지고 애쓰시던 교수들에게 하나의 신호탄이 되었고 결국 10년 정도 안에 거의 모든 의과대학들도 연세의대와 유사한 교육과정을 도입하게 된다. 나머지 오후 시간은 선택과목, 인문사회의학 교육, PBL, 학생 연구 활동, 자율 활동 등으로 구성되었다.

둘째, 의과대학 내에 많은 선택과목을 개설하여 운영하였다. 국내 최초로 학생들은 본과 기간 중 수십 개의 다양한 개설 선택과목 중 4~6개의 과목을 선택하여 공부를 하게 되었다. 이로써 졸업 시 학생들의 성적표에 기록되는 이수 교과목 명칭은 학생에 따라 다르게 되었다. 그리고 이에 따라 교수들의 교육에 대한 의식에도 변화가 생기기 시작하였다. 과거에는 교수가 반드시 전체 강의에 들어가 강의를 하여야만 자신이 학생들을 교육한 것이라고 생각하였다. 그러나 선택 과목이 활성화되면서 교수의 관심 분야와 특징을 살린 다양한 소규모 선택과목이 오히려 그 주제에 관심을 가진 학생들과 긴밀한 관계를 맺고 가르칠 수 있어 더 보람도 있고, 이것이 나중에 학생들의 전공 선택과도 연관된다는 것을 알게 되었다. 선택 과목의 도입은 아직 국내의 소수 대학에서 시도되고 있지만, 맞춤형 교육을 추구하는 미래 의학교육에 있어 이것은 중요한 의미를 가지는 것이라 할 수 있다.

셋째, 인문사회의학 교육과정이 체계적으로 시행되게 되었다. 인문사회의학이란 인문학이나 사회과학의 영역과 의학을 연결하여 학생들로 하여금 의료와 의학을 더 넓은 지평으로 바라보고 지도자로서 활동할 수 있는 근본적 소양과 시각, 책임감을 가지도록 하는 영역을 의미한다. 일반적으로 의학교육에서는 프로페셔널리즘, 의사소통, 의사학, 의료윤리, 의철학, 국제의료 등의 교과목을 통하여 그 내용을 가르친다. 예전까지 의학교육은 기초의학과 임상의학이라는 두 개의 큰 축으로만 구성되었었는데, 새로운 교육과정에서는 거기에 인문사회의학이라는 축을 더하였다. 이에 따라 국내 최초로 본과 1학년 첫 분기부터 시작하여 본과 4학년 2분기까지, 매 분기마다 인문사회의학 교과목이 체계적으로 들어가게 되었다. 그 후 많은 의과대학들의 교육과정에도 이것이 큰 흐름이 되었다.[13] 일반적으로 이러한 교육과정의 내용은 의과대학 교수들에게는 생소한 것이었기에 초창기에는 의학교육학과가 이러한 교육에 상대적으로 참여를 많이 하게 되었으나, 점차 이루어진 교수개발에 의하여 관련 위원회 중심으로 인문사회의학교 교육이 시행되게 되었다.

2) Curriculum Development Project 2013(CDP 2013)[14]

이상과 같은 특징을 가졌던 CDP 2004가 도입되면서 연세의대 의학교육에 변화가 왔다. 그리고 세계 및 한국 의학교육에는 성과중심교육(Outcome Based Education)[15]의 필요성이 강하게 주장되었다. 이것은 구체적이고 분석적으로 바람직한 의사상에 준하는 기준과 목표를 제정하였고 이를 명확하게 달성하는 교육을 강조하는 것이라 할 수 있다. 연세의대는 이러한 세계 의학교육의 흐름과 국제경쟁력을 높여야 하는 요구 앞에서 다음과 같은 새로운 문제의식을 가진다. 첫째, 이미 의과대학에 들어온 학생들은 국내 최고 수준의 수재들인데, 이

13) 전우택, 김상현, 오승민, 인문사회의학, 청년의사, 2010.

14) 연세대학교 의과대학 교육계획위원회·CDP 2013 사업단, CDP 2013 Report, 2012.

15) 안덕선, 한국의 의사상: 좋은 의사양성, 의학교육논단 16(3):119–125, 2014.

학생들이 각자 자신들의 미래 전문 영역에서 활동하기 위한 준비를 학생 때부터 철저히 해나가는 대신, 마치 고등학교 때와 마찬가지로 학교의 정해져 있는 교과서적 지식 암기와 그에 의한 등수 경쟁에 매몰되어 정작 필요한 자기개발을 하지 못한다는 근본적인 문제가 있다는 것이었다. 치열한 교내 등수 경쟁이 진정한 국제 경쟁력을 낮추는 모순을 만들고 있는 것이었다. 둘째, 그 결과 외국의 의대생들은 자신들이 앞으로 할 전공 분야의 논문을 읽고 교수들과 연구한 연구물을 학회에 가서 발표하고 있을 때, 그리고 전 세계의 보건의료 문제 현장에 들어가 미래 책임자로서의 다양한 인턴 경험을 하고 있을 때, 우리 학생들은 자신이 앞으로 전공하지도 않을 내용들의 교과서 내용, 기출문제 암기에 밤을 새고 있었던 것이다. 그런데 학생들에게 그런 이야기를 해주고 연구를 하고 사회와 제3세계 지역에 들어가라 이야기하여도 학생들은 그러다가 등수가 떨어질까 봐 감히 그러지 못하는 문제를 가지고 있었다. 진정한 의미의 자기개발이 이루어지지 못하고 있는 것이었다. 셋째, 등수 경쟁에 매몰된 학생들은 의과대학 기간 동안 서로를 존중하고 함께 일하는 능력을 가지도록 훈련되는 공동체 체험을 하지 못하고, 교수들과도 의미 있는 사제관계를 맺고 지도를 받는 일들이 없다는 것이었다. 이것은 향후 의사로서 활동할 때 자신에게 맞는 진로 선택의 어려움, 동료 의사들과 간호사들, 진료 보조인력, 연구원 등과 함께 공동의 목표를 향하여 일하는 능력과 높은 수준의 프로페셔널리즘을 배양하지 못하는 문제 등으로 연결되는 것이었다. 이런 문제들의 해결을 위하여 연세의대가 시도한 것이 2013년부터 도입된 새로운 교육과정 개발(Curriculum Development Project 2013), 즉 CDP 2013이었다. 이것은 다음과 같은 세 가지 내용을 가지는 교육과정 변혁이었다.

첫째, 상대평가를 절대평가로 바꾸었다. 과거 의과대학의 성적은 A, B, C 등의 등급으로 나뉘었고, 더 구체적으로는 숫자로 된 점수로 평가되었다. 그래서 학생들은 1점이라도 더 점수를 받고, 그래서 한 등수라도 더 높은 등수를 얻어야만 하였다. 그렇게 해야만 졸업 후 자신이 원하는 전공과에 갈 수 있었기 때문이었다. 그러다 보니 학생들은 그야말로 밤잠을 자지 못하고 성적 경쟁을 해야 하였다. 그러나 문제는 그렇게 밤을 새워 공부를 하면 할수록 학생들의 국제 경쟁력은 더 떨어진다는 모순이었다. 그래서 대학이 택한 방법이 절대평가의 도입이었다. 이에 따라 점수와 등수를 없애고 모든 교과목은 오직 통과(Pass)와 탈락(Non-pass)으로만 평가하도록 하였다. 학교와 교과목이 원하는 엄격한 수준에만 도달하면 그 과목은 통과로 표시된다. 이제 모든 학생들은 1점 더 받으려고 애쓰지 않게 되었다. 그러면서 졸업 후 자신이 원하는 과를 가기 위하여 학생들은 자신들의 능력과 업적을 성적 등수가 아닌, 연구와 국제의료 활동 등 다른 것으로 보여 주어야만 하였다. 이와 같은 성과 중심 교육의 도입은 세계적인 흐름인 동시에 한국의학교육에서도 중요한 과제가 되었다.[16] 국내 대학에도 성과 중심 교육을 도입한 사례가 있지만 평가제도의 전환이 수반되지 못한 한계를 가지고 있었는데 이러한 연세의대의 혁신적인 학생평가 방법의 도입은 국내 의학교육계에 새로운 가능성을 제시하였다.[17],[18],[19]

16) 한재진, 외국 의과대학에서의 성과중심교육과정 개발, 의학교육논단, 15(1) 19-24, 2013.

17) 전우택, 의학교육의 미래, 1판, 박영스토리, pp.35-43, 2016.

18) 안신기, 연세대학교 의과대학 절대평가 중심의 학생평가제도 도입과 초기 경험, 연세의대 학습공동체 지도교수 평가 워크숍 자료, 2015.

둘째, 학생들의 연구, 사회 활동을 최대한 지원한다. 등수가 없어진 학교에서 학생들은 더 바빠졌다. 자신들의 선배들은 숫자가 적힌 성적표 하나만 내면 그것으로 평가가 다 되었는데, 이제 학생들은 모두 동일한 점수가 표기된 성적표를 가지게 되었기 때문이다. 그러면서 학생들은 자신들의 관심과 능력을 보여줄 수 있는 새로운 일들을 하여야만 하게 되었다. 그 점에서 대학은 학생들에게 세 가지 영역의 활동을 요구하였다. 첫째, 연구 활동이다. 모든 학생들은 학생 기간 중 아주 엄격하고 완성도가 높은 창의적인 연구계획서를 제출하여야만 졸업을 할 수 있도록 하였다. 그리고 능력이 되는 학생들은 그 계획서에 맞추어 연구비를 지원받아 교수의 지도를 받으며 직접 논문을 쓰도록 하였다. 이를 위하여 예과부터 본과에 이르기까지 연구방법 교과목이 개설되어 있고, 학생들은 자신들의 연구물을 연구 축제 등의 프로그램을 통하여 발표하는 시간을 가진다. 그 결과, 최근 학생들이 저자인 SCI급 논문들이 급격히 늘어가고 있다. 이는 기존의 지식 중심 교육을 넘어 창의, 탐구 중심의 교육과정을 도입한 것이라는 측면에서 인공지능시대의 의학교육이 나아가야 할 바에 대한 시사점을 가진다. 둘째, 사회 지도자로서의 준비활동이다. 국내외 보건의료기구, 비정부기구, 국회의원 사무실이나, 국가 의료행정기관, 중앙 일간지들이나 또는 의료전문지 등의 인턴으로 들어가 국내 및 해외 보건의료이 가지고 있는 문제의 파악과 그 해결을 위한 시도, 경험들을 축적하도록 한다. 이런 활동 경험들과 그 결과물들이 졸업 후 전공 과를 지원할 때 중요한 자료가 된다. 셋째, 봉사 및 선교활동이다. 국내 및 해외의 소외지역 사

19) 허지회, P/NP 제도 및 LC 도입 배경, 연세의대 학습공동체 지도교수 평가 워크숍 자료, 2016.

람들을 대상으로 하는 의료봉사, 의료선교적 활동들을 하고 그 경험과 결과물을 만드는 것 역시 학생들에게 매우 중요한 활동으로 요구된다. 보통 학생들에 따라 위의 세 가지 중 한 가지 또는 두, 세 가지의 활동을 하면서 자신의 포트폴리오를 만들어 간다. 대학에서는 연구 활동, 사회활동이나 봉사선교활동을 위한 다양한 체계적 지원들을 한다.

셋째, 학습공동체를 구성하여 운영한다. 절대평가로 학생들을 평가하면서 학생들이 적극적으로 자기개발과 활동을 하지 않는다면, 학생들은 소위 "놀기 좋은 환경"을 가진다는 의문들이 있었다. 이것을 해결하기 위하여 도입한 것이 학습공동체(Learning Community)의 구성과 운영이었다. 이것은 미국의 일부 의과대학들이 학생들의 프로페셔널리즘 교육, 술기교육, 인성교육, 진로지도 등을 위하여 운영하고 있는 교수와 소수 학생 간의 긴밀하고 지속적인 학습 집단을 형성하여 운영하는 것을 의미하는데[20),21),22)] 연세의대는 학교의 여러 상황에 맞추어 이러한 학습공동체를 구성하여 운영하기 시작하였다. 이것은 CDP 2013에서 이루어진 핵심적 변화 중 하나였고, 동시에 한국 의학교육의 큰 흐름 중 하나였던 학생개발과도 연결되기에, 이에 대한 내용은 다음 이어지는 부분에서 자세히 설명하도록 한다.

---

20) Rosalyn W. Stewart, Allison R. Bakery, Robert B. Shochet, Scott M. Wright. The new and improved learning community at Johns Hopkins University School of Medicine resembles that at Hogwarts School of Witchcraft and Wizardry, Medical Teacher, 29:353-357, 2007.

21) Kristi J. Ferguson, Ellen M. Wolter, Donald B. Yarbrough, Jan D. Carline, Edward Krupat, Defining and Describing Medical Learning Communities: Results of a National Survey. Acad Med, 84:1549–1556, 2009.

22) Aubrie Swan–Sein, Lisa Mellman, Dorene F. Balmer, Boyd F. Richards. Sustaining an Advisory Dean Program Through Continuous Improvement and Evaluation. Academic Medicine, Vol. 87, No. 4, pp.523–528, 2012.

3. 학생 개발을 만들어 오다

의과대학이 학생들에게 요구하는 학습량은 방대하다. 그리고 학문의 특성상 매우 엄격하고 권위적인 문화가 교수-학생 간 형성된다. 그러다 보니 교수들은 학생들을 산만한 대형 강의실과 정신없이 바쁜 임상 실습 현장에서 기계적으로만 만나게 된다. 그 사이에 친밀하고, 인격적이고, 지속적인 관계 형성도 없고, 자신들의 진로 선택에서부터 개인적 발전과 성숙을 위한 가르침의 시간과 만남을 가지지 못한다. 또한 학생들 사이에서도 늘 서로가 결국은 경쟁자라는 의식이 있어 진정한 의미의 동료들을 만들고 팀으로 활동하는 능력을 가지지 못하며, 학습에 문제가 발생하는 학생들은 결국 혼자서 힘들어 하다가 도태되는 일들이 반복되어 왔다. 그러다 보니 의과대학이라는 공간은 늘 살벌하고, 진정한 의미의 의사됨, 프로페셔널리즘을 체험하고 교육받는 공간이 되지 못하는 한계를 가지고 있었다.

한국 의학교육은 이러한 문제를 해결하기 위하여 많은 노력들을 하여 왔다고 할 수 있다. 단순히 입학시켜 공부시키고, 의사국가고시에 합격시켜 의사를 만들어 졸업시키면 되는 것을 넘어, 그 이상의 교육을 시도해 온 것이다. 그래서 많은 의과대학들이 학생상담을 강화하고, 연세의대에서 시작된 소위 "담임반 제도"(한 명의 교수가 소수의 학생들을 담당하여 4년간 개인적 지도를 하는 제도) 등을 도입하여 운영하기도 하였다.[23] 이러한 시도들이 상당한 도움이 되기도 하였으나, 위에서 언급한 문제들을 근본적으로 해결하지는 못하였다. 그것은 지금도 여

---

23) 전우택, 의학교육의 미래, 1판, 박영스토리, pp.196-232, 2016.

전히 한국 의학교육의 큰 과제로 존재하고 있다.

이런 가운데 연세의대는 이 문제의 근본적 해결을 위한 시도를 시작한다. CDP 2013의 일환으로 2014년부터 도입된 학습공동체(Learning Community, 이하 LC로 약함)가 그것이다.[24),25)] 학습공동체는 의사로서의 직업 전문 정체성의 형성(Professional Identity Formation)을 긍정적이고 의미 있는 의대교수-동료-선후배 사이의 관계 속에서 만들어 내는 시도라고 할 수 있다. CDP 2013에 의해 도입된 절대평가제는 학습공동체가 도입될 수 있는 토대를 만들어 주었다. 전체 LC는 4개의 공동체로 구성되며, 이들 각 공동체를 필라(Pillar)라 명하였다. 4개의 필라 이름은 대한민국 현대의료의 역사를 열었고, 조국의 독립과 의학의 발전에 힘썼던 연세의대 졸업 동문 김필순, 박서양, 홍석후(1회 졸업생), 이태준(2회 졸업생) 동문을 기리어 각각 명명하였다. 2017년 현재 각 필라 내에는 5명의 지도교수가 있고, 각 교수에 의하여 5개의 지도그룹(class)이 만들어져 있다. 그래서 총 20명이 LC 지도교수로서 활동하고 있다. LC 교수들은 학생들과 4년간 지속적으로 멘토링 관계를 형성하여 개개인의 자기 개발, 진로 탐색, 임상 기본 술기를 포함한 전문가적 소양을 함양할 수 있도록 한다. LC는 임상 기본 술기 및 인문사회의학 교육 과정을 진행함에 있어서 기본적인 학습단위가 되며, LC를 중심으로 한 공동체 활동을 통해서 연세의대의 전통과 가치 및 의료 전문직의 책무성과 윤리를 공유하도록 한다. 활동의 핵심은

24) 연세대학교 의과대학 LC 위원회, 연세대학교 의과대학원 연세의대 학습공동체(Yonsei Medical Learning Community) 지도교수 2014학년도 활동보고서, 2015.

25) 안신기, 연세대학교 의과대학 학습공동체를 통한 학생지원, 연세의대 학습공동체 지도교수 평가 워크숍 자료, 2016.

학생들이 LC 지도교수들과의 개인별 성찰면담을 진행하는 것이다. 1~2학년은 시작 시 면담 및 분기학습 후 성찰면담을 진행한다. 학생들은 성찰면담을 위해 자신의 학습 성과의 요약, 학습자로서 자신의 장점과 개선해야 할 점, 역량과의 관계 및 학습계획을 담은 성찰보고서를 작성하고, 지도교수들은 이 성찰보고서에 제출된 자료가 적절한지, 역량과의 관계의 추론이 논리적이며 합당한지, 학습계획이 실제적이고 실현가능한지 등을 일정한 기준에 따라 평가하고 지도한다. 시기별 지도의 주안점을 보면, 1학년 1학기는 의과대학생활의 적응, 이후 2학년까지는 자기주도적인 학습 역량의 양성을, 나아가 3~4학년에는 진로지도가 되도록 하고 있다(학기별 면담). LC 지도교수들은 학생들을 4년간 지속적이며 긴밀한 관계하에 지도하므로 과거에 비해 학생 개개인에 대한 훨씬 더 깊이 있는 이해에 근거하여 진로지도를 할 수 있게 되었다. 학생들의 이러한 성찰활동과 자기 개발은 학습 포트폴리오를 통해서 구성해 가도록 했으며, 매 학년의 최종성찰 보고서에는 1년 전체에 대한 성찰과 더불어 자신의 이력서를 기술하도록 하여 전문가로서의 자기성찰과 개발의 기회가 될 수 있도록 하고 있다. 이러한 포트폴리오는 연세의대가 목표로 하는 졸업성과를 학생들이 제대로 구비하였음을 증명해 주는 유용한 자료가 될 것이다. LC 지도교수들의 학생 지도는 전술한 바와 같이 개인 별로 이루어지는 성찰면담에 더하여 자신이 지도하고 있는 학생들을 하나의 공동체로 만나는 다양한 형태의 활동을 통해 이루어지고 있다. 점심시간을 통해 이루어지는 '점심식사 모임(Lunch-bag Meeting)', 주말과 여가시간을 활용한 등산, 영화 관람, 전시회 관람 혹은 가정방문 등의 활동이 지도교수별로 이루어졌다. 2016년 2학기의 경우, LC 지도교수들은 자신이 지도하는 학생들과 평균 5회 정도 만났으며, 활동이 활발한 LC는 10회 이상 만남이 이루어지기도 하였다. 이것은 과거에는 예상할 수 없었던 매우 큰 변화이다. LC를 통해서 학생들은 교수와의 집중적인 면담 경험을 가지게 되었으며, 관계 중심의 지도가 매우 자연스럽게 이뤄지고 있다.[26)]

이러한 학습공동체 구성과 운영은 한국 의학교육에 새로운 시도가 되고 있다. 학생들은 LC 지도교수들을 친근하게 여기고 편안하게 상의할 수 있는 대상으로 여기게 되었다. 또한 학습에 도움이 필요한 동료들에게 적극적인 도움을 주는 팀문화가 만들어졌다. 그리고 같은 필라 안의 선후배들은 과거 동아리 속에서의 폐쇄적이고 경직된 문화가 아닌, 새로운 학습 체험을 나누는 존재들이 되어가고 있다. 그러나 무엇보다도 가장 큰 변화라면 복도를 지나가는 학생의 이름을 멀리서도 불러 줄 수 있는 교수들이 학생들 가까이에 늘 있게 된 것이라고 할 것이다. 학생을 지식 주입 대상으로만 보는 것이 아니라, 함께 대화하고 성장시켜야 하는 미래의 의사로 여기는 경험의 축적은 향후 한국 의학교육에 중요한 모델이 될 것이다.

III 미래를 향한 과제

지난 20년간 한국 의학교육의 발전은 급속하게 이루어져왔다. 그러나 우리가 발전하고 나면 이미 세계의 선진 의학교육은 또 저만치

26) 이민걸, Learning Community Class Hour 운영사례, 연세의대 학습공동체 지도교수 워크숍 자료, 2017.

앞서 움직여 나가고 있었다. 아직 선진국 대열에 들어서지 못한 우리 나라로서, 우리는 더 발전하고 노력하는 수밖에 없을 것이다. 이제 한국 의학교육과 연세의학교육이 바라보고 있는 새로운 과제들은 다음과 같이 정리할 수 있다.

첫째, 학습방법에서 혁신을 만들어 내야 한다. 디지털 모바일에 익숙한 학생들을, 같은 시간에 같은 장소에 모아놓고 수동적인 주입식 강의를 통하여 무언가 학습을 하도록 하는 교육의 패러다임 자체를 바꾸는 일을 구상할 필요가 있다. 그것이 가진 비효율성과 제한된 학습효과 때문이다. 그런 의미에서 다양한 학습 문건과 동영상 자료, 인터넷 자료 등을 통하여 스스로 적극적인 학습을 미리 하고, 수업 시간에는 교수와 과제 중심의 토론을 함으로써 자신의 지식을 통합하고 정리하며 그와 함께 평가도 받을 수 있는 소위 Flipped Learning과 같은 학습 방법 자체의 변화와 개발이 필요하다. 그리고 이에 적합한 교육 공간을 대학이 가지도록 하는 것도 필요하다.

둘째, 인공지능 시대의 의학과 의료에 맞는 교육으로 전환하여야 한다. 다양한 인공지능 의료기기가 이미 현실화되었다. 이것이 미래 의료에 미칠 영향은 분명히 심대하다. 따라서 의학교육은 미래 의료 특성에 맞추어 변화되어 가야 한다. 무엇보다 인공지능을 이용하여 활동하는 능력을 높이는 교육이 필요하다. 그리고 인공지능이 더 잘할 수 있는 패턴인식, 지식 분류, 기계학습, 편견 없는 판단, 무한한 정보저장 등은 인공지능이 하도록 하고, 인간 의사가 더 잘할 수 있는 상식의 사용, 딜레마 해결, 윤리적 판단, 공감과 의사소통, 상상력과 창의력 등을 더 잘할 수 있도록 교육하는 것이 의학교육 안에서 더 구체

적으로 실현될 수 있도록 하여야 할 것이다.[27),28),29)]

셋째, 자신과 미래에 대한 진정한 호기심과 열정, 책임감을 가진 사람들을 키워낼 수 있어야 한다. 주어진 의학과 의료의 틀에서 자신의 삶을 평생 의료인으로 살아가려 하는 사람들은 이미 충분히 많다. 그러나 인류와 사회가 필요로 하는 미지의 영역에 뛰어들어 새로운 의료, 의학, 세상을 만들어 낼 수 있는 의사들의 숫자는 계속하여 절대적으로 부족하다. 그리고 그 부족으로 인하여 인간은 계속하여 고통과 혼돈을 겪을 것이다. 그래서 여기서 필요한 것은 의학을 공부한 학생들이 가지는 자신의 인생과 미래 사회에 대한 진정한 호기심, 열정, 그리고 세상을 향한 책임감이다. 의학교육이 학생들로 하여금 그런 것을 가지도록 하는 일에 늘 새롭게 도전하여야 할 필요가 있다. 비록 가장 어려운 일일지라도 그것이 미래 한국 의학교육의 과제이고 연세 의학교육의 과제이다.[30)]

27) 예병일, 인공지능 시대에 더 중요해질 침상 옆 교육, 의학교육논단 18(2): 58-64, 2016.

28) 이강윤, 김준혁, 인공지능 왓슨 기술과 보건의료의 적용, 의학교육논단 18(2): 51-57, 2016.

29) 최윤섭, 인공지능: 미래 의사역할을 대체할 것인가, 의학교육논단 18(2): 47-50, 2016.

30) 전우택, 임정택 외, 의학적 상상력의 힘, 21세기 북스, 2010.

Ⅳ 마치는 말

한국 의학교육은 지난 20여 년간 큰 발전을 이루었다. 그것을 만들기 위하여 많은 대학, 많은 분들의 큰 수고가 있었다. 그리고 그 가운데 연세의학교육이 있었다. 연세의학교육이 한국 의학교육에 기여한 부분도 있지만, 동시에 타 의과대학들의 교육에 대한 열정과 변화를 향한 노력들이 연세의학교육에 큰 자극이 되고 더욱 분발하게 만드는 일들도 많이 있었다. 그리고 그런 과정들을 통하여 한국 의학교육은 발전하여 왔고, 이제 세계적인 경쟁력을 가진 의료로서 변화되어 가고 있다. 한국 의학교육에 올바른 방향 설정과 과감한 도전과 혁신이 있어, 세계 최고 수준의 의사들과 의료 활동으로 인류에게 공헌하게 되기를 기대한다.

후기

이 글은 2017년 4월 10일에 있었던 연세대학교 창립 132주년, 통합 60주년 기념 학술심포지엄 '한국 의학교육의 과거, 현재, 미래'에서 <한국 의학교육의 현재와 미래 – 연세의학교육의 역할을 중심으로>라는 제목으로 발표된 것이다. 이와 같은 제목으로 학술지 <연세의학사>(20권 1호 pp.51-63, 2017)에 실렸었다. 원고 집필에는 연세의대 의학교육학교실 연구강사인 김아영 선생이 함께 하여 공동저자가 되었다. 연세의대는 1885년에 우리나라 최초의 서양식 의학교육을 시작한 학교였고, 1996년 우리나라 최초로 의과대학 내에 의학교육학과를 설치한 학교였다. 그 사실은, 소속된 일원으로서 큰 자부심을 주는 일인 동시에, 큰 부담이기도 하였다. 늘 처음 가는 길을 가야 했고, 그래서 가장 먼저 도착하는 기쁨도 있었으나, 가장 크고 심각한 시행착오를 겪기도 하였다. 이 글에서는 2017년까지의 연세의대 의학교육의 역사를 돌아보았고, 그 시점에서의 미래에 대한 제언을 하였다. 역사 사실과 그 해석에서는 지금과 큰 차이가 없으나, 그때 제언한 내용이 그 후 어떻게 반영되어 왔는가를 보는 것은 흥미 있는 일이다. 그것은 다음 장인 16장 "연세의학교육의 현재와 미래"에서 볼 수 있다.

박형우, 제중원, 서울: 몸과 마음, 2002.

박형우, 세브란스와 한국의료의 여명, 청년의사, 2006.

백상호, 의학교육의 미래, 연세의학교육 10(1)1−8, 2008.

신전수, Learning Community Pillar Hour 운영사례, 연세의대 학습공동체 지도교수 워크숍 자료, 2017.

안덕선, 한국의 의사상: 좋은 의사양성, 의학교육논단, 16(3):119−125, 2014.

안신기, 연세대학교 의과대학 절대평가 중심의 학생평가제도 도입과 초기 경험, 연세의대 학습공동체 지도교수 평가 워크숍 자료, 2015.

안신기, 연세대학교 의과대학 학습공동체를 통한 학생지원, 연세의대 학습공동체 지도교수 평가 워크숍 자료, 2016.

안신기 부성희, 연세대학교 의과대학 의학전문직업성 교육 경험의 반성적 고찰, 의학교육논단, 14(1):25−36, 2012.

안신기, 의과대학 교육과정 개편에 대한 통시적 고찰−연세대학교 의과대학을 중심으로, 연세대학교 인문사회의학 협동과정 박사논문, 2018.

연세대학교 의과대학 교육계획위원회 회의록, 1985.

연세대학교 의과대학 CDP 2004 위원회, 연세대학교 의과대학 Curriculum Development Project 2004 보고서, 2002.

연세대학교 의과대학 교육계획위원회·CDP 2013 사업단, CDP 2013 Report, 2012.

연세대학교 의과대학 LC 위원회, 연세대학교 의과대학−의학대학원 연세의대학습공동체(Yonsei Medical Learning Community) 지도교수 2014학년도 활동보고서, 2015.

연세의대 의학교육학과, 도전과 혁신−의학교육학과 20년, 2016.

연세대학교 의학사연구소, 제중원 130년과 근대의학, 역사공간, 2016.
연세대학교 의학사연구소, 한국근대의학의 기원, 연세, 역사공간, 2016.
연세의료원 120년사 편찬위원회, 인술, 봉사 그리고 개척과 도전의 120년, 1권 한국의 현대의학 도입과 세브란스(1885-1945), 2005.
예병일, 인공지능 시대에 더 중요해 질 침상 옆 교육, 의학교육논단 18(2):58-64, 2016.
이강윤, 김준혁, 인공지능 왓슨 기술과 보건의료의 적용, 의학교육논단, 18(2):51-57, 2016.
이민걸, Learning Community Class Hour 운영사례, 연세의대 학습공동체 지도교수 워크숍 자료, 2017.
전우택, 의학적 상상력의 힘, 21세기북스, 2010.
전우택, 의학교육의 미래, 1판, 박영스토리, 2016.
전우택, 김상현, 오승민, 인문사회의학, 청년의사, 2010.
최윤섭, 인공지능: 미래 의사역활을 대체할 것인가, 의학교육논단, 18(2): 47-50, 2016.
한재진, 외국 의과대학에서의 성과중심교육과정 개발, 의학교육논단, 15(1) 19-24, 2013.
허지회, P/NP 제도 및 LC 도입 배경, 연세의대 학습공동체 지도교수 평가 워크숍 자료, 2016.
Aubrie Swan-Sein, Lisa Mellman, Dorene F. Balmer, Boyd F. Richards, Sustaining an Advisory Dean Program Through Continuous Improvement and Evaluation, Academic Medicine, Vol. 87, No. 4, pp.523-528, 2012.
Kristi J. Ferguson, Ellen M. Wolter, Donald B. Yarbrough, Jan D. Carline, Edward Krupat, Defining and Describing Medical Learning Communities: Results of a National Survey, Acad Med. 84:1549-1556, 2009.

Stewart Rosalyn, Bakery Allison, Shochet Robert, Wright Scott, The New and Improved learning community at Johns Hopkins University School of medicine, resembles that at Hogwarts School of Witchcraft and Wizardry, Medical Teacher 29: 353-357, 2007.

CHAPTER 17

연세의학교육의 현재와 미래

I 시작하는 말 - 왜 의학교육인가?

세계적으로 의학교육은 끊임없이 변화하여 왔다. 의과학 지식의 폭발적 증가와 그 변화 속도의 가파른 증가, 세계화되는 상황하에서 각 국가들의 사회 및 보건 환경의 급격한 변화, 인류의 새로운 지식을 습득하는 방식과 교육 방식의 변화, 새로 등장하는 보건의료 문제들에 대한 해결방안을 제시할 수 있는 연구 능력 필요성의 증가 등이 계속하여 의학교육의 개혁을 요구하였다. 이에 따라 의과학의 발전 속도만큼 빠르게 의학교육의 내용과 방식 역시 변화하게 되었고, 그에 대한 국제적인 경쟁 역시 치열하게 되었다. 미래 의학의 주도권은 의학교육의 혁신을 먼저 이룬 그룹에게 갈 것이라는 것을 각 나라의 의과대학들은 모두 의식하였기 때문이다. 이러한 가운데 연세대학교 의과대학은 1996년 우리나라 최초로 의학교육학과를 신설하였다. (2017년부터는 의학교육학교실로 승격되었다.) 이것은 의과대학 안에 의학교육을 전문적으로 다루는 기구를 설치한 최초의 사례가 되었다. 그 이후, 국내의 많은 의과대학들이 그를 뒤이어 이러한 성격을 가진 기구들을 만들었고, 현재 활발히 활동 중에 있다. 의학교육학과를 설치하여 의학교육 개혁을 뒷받침할 기구를 만든 연세의대는 그동안 의학교육에 있어 세계적 경쟁력을 갖추기 위하여 총 3회의 새로운 교육 시스템을 만들어 시행에 들어간 바 있다. CDP(Curriculum Development Project) 2004와 CDP 2013, CDP 2023이 그 예이다. 이 숫자들은 새로운 교육 커리큘럼이 처음 도입되는 해를 의미한다. 매번 새로운 교육 시스템을 만들어 도입할 때마다 4년 여의 준비 기간 동안 60~100여 명의 교수들이 참여하여 방대하고도 집중적인 작업들을 하였었다. 이 중 CDP 2004와 CDP 2013에 대하여는 앞의 16장에서 다루었기에 이 장에서는 CDP 2023에 대하여 설명드린다.

II 연세의학교육의 현재: CDP 2023

연세의대는 3년간의 준비 기간을 거쳐 2023년부터 CDP 2023을 시행하였다. 모든 의학교육의 변화에서 늘 그러하듯이, CDP 2023 준비과정에서도 치열하게 진행된 수많은 토론이 있었고, 그야말로 한 단계, 한 단계씩 준비하고 시행하게 되었다. CDP 2023의 특징을 세 가지로 정리한다면 다음과 같다.

1. 기본의학 교육 과정의 핵심화

기본의학 교육 과정이란 의과대학 교육 과정의 앞부분으로서 병원 임상 실습을 나가기 전, 강의실과 실험실에서 교육을 받는 과정을 말한다. 이 기간 중 해부학, 생화학, 생리학, 미생물학 등의 기초의학적 내용과 내과, 외과, 소아과, 산부인과 등과 연관된 임상의학적 내용들, 그리고 인문사회의학적 교육들을 주로 강의실과 실험실, 실습실 등에서 교육받게 된다. 전통적으로 의과대학은 보통 본과 1학년과 2학년 기간, 즉 2년간 이런 기본의학 교육 과정을 밟도록 하여 왔다. CDP 2004에서도 기본의학 교육과정의 2년 기간은 그대로 유지하면서 1일 학습 시간을 줄이는 방식으로 기본의학 교육과정의 핵심화를 시도하였다면, CDP 2023에서는 기본의학 교육과정의 기간 자체를 2년에서 1년 반으로 줄이는 변화를 이루었다. 의학지식의 폭발적 증가에 따라, 교수님들은 가르쳐야 할 사항들이 더 많아진다고 생각하는 가운데, 오히려 강의 등으로 이루어지는 기본의학 교육과정 기간을 줄인다는 것은 상황에 맞지 않는다는 이야기도 있었다. 이것에 대한 생각은 다음과 같았다. 첫째, 이미 폭발적으로 증가하고 있는 의학 지식의 양은, 아무리 교육 시간을 늘린다 할지라도, 강의실 강의로는 다 커버할 수 없는 상황이 되었다는 것을 의미하였고, 이제는 "기존의 지식을 습득하는 것으로서의 학습"은 그 의미가 점차 줄어들고, "새로운 지식을 습득하는 방법을 익히는 것으로서의 학습"이 학습의 핵심이 되면서, 오히려 기존 지식의 습득 기간은 줄이고, 연구 등의 활동을 통하여 스스로 학습하고, 새로운 지식을 창출하는 방향으로 교육 프로그램이 변화해 나가야 함을 반영한 교육 과정의 변화가 필요하다는 것이다. 의학 지식의 증가로 인하여 오히려 기본의학 교육과정 기간을 더 늘리려 하는 국내의 일반적 추세에 반하는 결정이었으나, 외국의 유수 의과대학들 역시, 이 기본의학 교육과정 기간을 더 줄이려는 시도들을 하고 있는 것을 깊이 생각해 볼 필요가 있다. 둘째, COVID-19 기간을 겪으면서, 모든 강의는 현장 강의가 아닌 실시간, 또는 사전 녹화된 동영상 강의로 이루어졌고, 그 강의 영상들은 다 저장되었다. 즉 학생들에 대한 교육은 꼭 같은 시간에 같은 강의실에 모아놓고 해야 한다는 생각이 강제적으로 바뀌게 된 기간이었던 것이다. 이것은 새로운 CDP 2023 교육 변화에 큰 영향을 끼쳤다. 셋째, '무엇을 가르칠 것인가'보다는 무엇을 가르치지 않을 것인지, 그리고 가르치는 것도 어떤 심화 정도를 가지고 단계적으로 가르칠 것인지를 구분하는 것이 교육의 핵심 사항이 되었다는 것을 인식할 필요가 있게 되었다는 것이다. CDP 2023에서는 기본의학 교육과정을 2년에서 1년 반으로 줄이는 것과 동시에, 강의 시간의 구성에 있어, 가장 기본적인 강의 앞부분의 70% 시간 동안에는 "기본과정"으로 다루어 학생들이 반드시 알아야 할 내용을 다루도록 하고, 평가를 하여, "통과(Pass)"된 학생들은 나머지 30%의 교육 시간을 "심화학습"으로 나아가게 하고, "통과하지 못한(non-pass)"된 학생들은 이 30%의 시간 동안 재학습과 재평가의 시간을 가지도록 한 것이 큰 변화가 되었다. 이렇게 함으로써 반드시 알아야 할 내용은 모든 학생들이 다 알도록 하고, 능력이 더 우수한 학생들은 심화학습을 할 수 있는 체계를 만들었다. 이것이 기본의학 교육 과정의 핵심화가 되었다.

2. 임상실습 교육의 체계화

그동안의 CDP 2004와 2013에서 이루어진 교육과정 개편은 사실상 많은 부분이 본과 1, 2학년의 기본의학 교육과정과 예과 교육의 개편에 집중된 측면이 있었다. 교육의 내용이나 평가 방법 등이 모두 강의 위주로 이루어지는 기본의학 교육과정의 변화였던 것이다. 그러면서 사실상 의학교육의 핵심이라고 할 수 있는 임상실습의 변화는 충분히 추구하지 못한 측면이 있었다. 이에 CDP 2023에서는 이러한 임상

실습을 본질적으로 변화시키려는 시도를 하였다. 모든 학생들이 공통으로 받아야 하는 임상실습 교육을 4개의 코어(Core)실습으로 재편하였다. 과거에는 임실실습 교실 단위로 각각 독립적으로 이루어졌던 임상실습을 주제별로 묶어 각각의 코어 단위로 구성하여 총 4개의 코어실습 안에서 유기적으로 연결된 임상실습을 하도록 하였다. 이에 따라 Medical Core(내과학), Surgical Core(외과학, 흉부외과학, 마취통증의학, 신경외과학, 비뇨의학), Brain, Behavior, Holistic care Core(정신과학, 신경과학, 응급의학, 가정의학, 영상의학), Women and Children Core(소아과학, 산부인과학)의 4개 코어실습이 구성되어, 그 안에서 서로 유기적 실습교육이 진행될 수 있도록 전체 실습 시간을 구성하게 되었다. 그리고 실습 시 다루어져야 할 내용을 명확히 하고, 그에 대한 평가 체계를 강화하여, 소위 '관광 실습'이 되지 않도록 하는 체계를 갖추었다. 그리고 인문사회의학 교육에서도 처음으로 2주간의 독립적인 실습기간을 넣어, 통합적인 실습교육을 시도하게 되었다.

3. 미래를 향한 교육의 개별화

기본의학 교육 과정을 1학기 줄이고, 임상실습도 코어실습 1년으로 체계화함에 따라, 남은 기간은 1년 반이 되었다. 의대 교육과정에서 매우 긴 기간인 이 기간의 핵심은 학생들로 하여금 "자기주도적으로 자기의 개별화된 자기개발을 하도록 하는 것"에 집중하도록 하는 것이다. 이 기간 중 학생들은 스스로의 선택에 따라 학술연구 집중과정, 기초의학, 임상의학, 인문사회의학 각 영역에서 개설되는 선택과목을 중심으로 하는 미래심화과정, 특성화 선택과정 등을 통하여, 자신의 좀 더 세분화되고 전문화된 미래를 구체적으로 준비할 수 있도록 하였다. CDP 2013에서 절대평가의 도입과 함께 이루어진 학생연구 강화는 그 후 학생들이 제1저자 등으로 쓴 SCI 논문들이 1년에 30편씩 나오는 엄청난 결과를 만들어 냈다. 물론 여러 시행상 어려움이 있었으나, 학생들이 스스로를 '연구를 하는 존재'로 인식하게 되었다는 것은 큰 변화였다. 그래서 연구에 집중하기 원하는 학생들은 더 긴 기간을 연구에 매진할 수 있는 시간을 확보할 수 있는 시스템을 가지게 되었다. 또한 선택 임상실습 기간이 이때 주어진다. 그래서 코어 임상실습에 들어가지 않는 전공과들에 대하여 학생들이 스스로 선택하여 임상실습 기간을 가질 수 있도록 하고, 여기에 더하여 세부심화 임상실습, 지역사회 임상실습, 장기추적통합임상실습(LIC: Longitudinal Integrated Clerkship) 등을 통하여, 학생들이 자신들의 진로 및 전공과 선택에 맞춘 다양한 임상실습을 할 수 있도록 하여, 임상실습의 개별화가 이루어졌다. 모든 의대생들은 각기 저마다 다른 강한 개성과 능력, 미래에 대한 계획을 가지고 있음에도 불구하고, 의대 교육은 전체 학생들에게 천편일률적이고 강제적으로 주어지던 것을 극복하려는 교육 철학이 만들어낸 결과였다. 미국과 같은 의전원 체제가 아니라서, 학생들이 좀 더 구체적인 미래 진로를 생각하면서 의대에 들어온 것이 아니었기에, 자신들의 미래에 대한 설계와 준비를 의대 기간 뒷부분에 집중적으로 가지도록 하는 것이 우리나라의 실정에 맞춘 틀이라 할 수 있다. 이런 세 가지의 특징을 가지고 CDP 2023은 시행되었다.

III 연세의대 의학교육의 미래 과제

2000년대 들어 연세의대 의학교육은 뚜렷한 방향을 가지고 꾸준히 그 변화와 개혁을 이루어 왔다. 그러면 현 시점에서 연세의대 의학교육이 가지고 있는 미래 과제는 무엇이라고 할 수 있을까? 여기서 그것을 다섯 가지로 정리해 보기로 한다.

1. 학습 방식 자체의 획기적 변화가 필요하다

문제는 '가르치는 것'이 아니라 '학습하는 것'이다. 교수님들이 자신이 '가르치면' 학생들은 '배우고 학습할' 것이라고 생각하지만, 사실은 그렇지 않다. 아무리 가르쳐도, 학습하는 것은 전혀 다른 문제이기 때문이다. 아무리 앞에서 열변을 토하는 강의를 하여도, 학생들은 핸드폰 만지작거리고 있거나, 졸고 있거나, 옆 학생과 소곤거리고 있다면, 가르치기는 하였으나, 학습하지는 않은 것이 되는 것이다. 따라서 진정한 학습이 이루어지기 위한 교육을 만드는 것은 영원한 교육의 과제이다. CDP 2023에서 이러한 학습 방식을 바꾸기 위하여 노력하였고 분명한 진전을 이루어 제도적 틀까지는 만들었다고 할 수 있다. 그러나 학생들의 실제 학습 방법이 바뀔 수 있도록 하는 체제는 아직 도입되지 못하였다. 즉 모든 학습을 위한 강의는 오직 미리 준비된 강의 동영상이나 학습 자료를 통하여 우수한 지적 능력을 가지고 있는 학생들이 사전에 스스로 '개별 학습' 시간으로 가지도록 하고, 그 이후에 있게 되는 제한된 시간에 교수님과 동료들과 함께 하는 '공동 학습' 시간을 통하여, 자신들이 개별적으로 학습한 내용들을 통합시켜 보고, 실제 문제 해결을 해 보고, 그것을 하나의 팀원이 되어 경험하는 소위 거꾸로 학습(Flipped Learning)과 팀바탕학습(Team Based Learning)이 이루어져서 정리되도록 하는 것으로 학습이 이루어지도록 하는 것을 향하여 나아가야 할 것이다. 이것은 외국 유수 의대들에서 시도되고 있는 시스템이고, 우리나라에서도 일부 의과대학들이 그 시도에 나선 방식이다. 더구나 앞으로 AI의 발달은, 일종의 학습 혁명을 만들어 낼 새로운 공간을 만들어 낼 것이기에, 이것은 더욱 중요한 학습 변화를 만들어 내는 추진력을 가질 것이다.

2. 실습 교육에 있어 학생이 진료팀의 진정한 일원이 되어 활동하고 학습할 수 있도록 만들어 주어야 한다

의사는 이론을 다루는 사람이 아니다. 현장에서 고통받고 있는 인간을 실제적으로 돕는 일을 하는 사람이다. 그래서 의사를 양성하는 교육 역시, 철저히 현장에 참여하여, 선배 의사들이 인간의 고통을 어떤 시각으로 보고, 어떤 방법을 가지고 접근하며, 그래서 그 결과가 어떠하였는지를 직접 같이 경험하도록 하는 것이 의학 교육의 본질이 되어야 한다. 그러나 국민들의 권리 의식이 발달하면서 충분히 훈련되지 않은 의사, 더구나 의대생이, 자신의 몸을 만지거나 진찰하거나, 관찰하는 것조차도 크게 불편해 하고, 반대하는 환자 분들과 보호자분들이 있는 상황이다. 그러다 보니, 의대생들은 의료 현장에서 자꾸 밀려나가고, 그저 회진을 따라 도는 정도, 또는 동영상이나, 모의 술기센터 안에서 인형 등을 가지고 하는 실습밖에는 하지 못하는 일들이 발생을 하면서, 의대를 졸업하였으나, 환자 진료와 시술은 하지 못하는 기이한 상황이 되고 있다. 우리나라에서는 의대를 졸업한 후에, 다시 1년간의 인턴 기간을 거치고 다시 레지던트 기간을 거치게 되어, 그때 뒤

늦고도 비효율적으로 필요한 임상 교육을 더 받을 수 있는 것은 사실이다. 그러나 문제는 학생들이 그 긴 임상실습 교육을 받으면서 진료팀의 일원으로 환자의 진단과 치료, 사후 관리에 이르기까지에 참여하여 현장에서 진정한 지식과 술기, 태도, 가치 등을 배울 수 있는 기회를 제대로 가지지 못한다는 것이다. 결국 의사 국가시험을 지식적인 측면에서만 준비하고, 그 외의 모든 것은 교육에서 포기되는 문제가 발생하고 있는 것이다. 이 문제의 원인을 단순히 국민들의 의식수준, 법제의 미비 등으로만 돌려서는 안 될 것이다. 정말로 학생들을 좋은 의사로 키워내기 위하여는 진료팀의 일원으로 학생들이 들어와, 그들 수준에서 참여하고 기여하고 학습할 수 있도록 하는 섬세한 프로그램과 팀 활동의 운영이 이루어지는 그런 임상실습이 될 수 있도록 하는 의과대학과 교수님들의 획기적인 노력과 변화가 있어야 할 것이다.

실제로, 국가적으로 필수의료의 수요가 더욱 증가하면서, 전공과목과 상관없이, 모든 의사들은 필수의료에 연관된 임상 수행 능력을 가져야 하는 필요가 생겼다. 향후 국가의 의료 수련 시스템 속에서 지금의 인턴 기간 등에서 필수의료 관련 수련을 받도록 할 수 있지만, 그와는 별도로 의과대학 기간 중의 임상실습을 통한 교육은 별도의 목표와 내용을 가져야 하는 측면이 있다. 의대 졸업 후의 인턴 또는 필수임상교육 수련 기간이 좀 더 술기와 관련된 교육을 받는 것에 집중된다면, 의과대학 임상실기 교육 기간 중에는, 환자의 상태에 대한 기초의학과 임상의학, 인문사회의학 내용의 통합적 시각과 대응 방안에 대한 훈련이 그 핵심이 되어야 할 것이다. 그런 의미에서, 지금 이루어지고 있는 임상실기 교육의 내용은 많은 부분에서 더 강화되고 보완되어야 할 부분들을 가진다. 이번 CDP 2023에서는 4개의 각 코어실습 별로 별도의 인문사회의학 관련 프로그램들을 운영하도록 하여, 그러한 임상실기 교육의 통합적 성격을 더욱 강화한 측면이 있다. 이것이 향후 더욱 심화된 진전을 이루어, 학생들이 정말로 환자의 고통을 통합적으로 이해하고, 도움을 줄 수 있는 존재들로 바뀌어 갈 수 있도록 하는 임상실기 교육이 되어야 할 것이다. 그에 맞는 내용, 운영, 평가 방법의 개발과 적용은 향후 의학교육의 중요한 과제가 될 것이다. 또한 가장 최첨단 시설과 세부 인력들을 가지고 있는 대학병원에서만의 실습교육을 탈피하여, 1, 2차 의료기관 및 사회복지 시설 등에서의 임상실습 프로그램이 더 체계적으로 이루어지도록 하는 것이 중요할 것이다.

3. 미래 의학과 의료에 맞는 의사들을 키워내야 할 것이다

인공지능 시대에 들어서면서, 의사의 역할은 급격히 변해갈 것이 예상되고 있다. 이 예상은 크게 세 가지로 정리할 수 있다.

첫째, 아마도 의사의 역할 자체도 양극화될 것이다. 단순한 의료행위를 하는 의사들의 기능은 인공지능과 그에 의하여 움직이는 정교한 로봇에 의하여 대체할 가능성이 크다. 그러나 그 인공지능에 넣어줄 새로운 데이터를 만들어 내기 위하여 새로운 연구들을 기획하고 수행하는, 즉 데이터를 새로 생성해 내는 연구하는 의사들, 그리고 그런 로봇을 개발하여야 하는 의사들의 역할은 점점 더 커져갈 것이다. 한국의 의료와 의학이 그 가운데 어떤 역할을 하는 의학을 추구할 것인가가 결국 한국의 의료뿐 아니라, 한국의 경제 수준을 결정지을 가능성이 크다. 그런 의미에서 미래 의학에 맞는 의사를 키워낸다는 것은 더 극대화된 지적 호기심과 지적 도전정신을 가진 의사들을 얼마나 키워낼 것인가에 연결된다. 안정되고 안이한 미래의 활동을 생각하고 있는 의사들을 배출하는 의학교육이 되지 않도록, 학생들과 수련의들에게 얼마나 새로운 지적 자극을 강렬히 줄 수 있는 교육 콘텐츠와 교육 시스템을 운영할 수 있을 것인가에 대학의 가장 큰 역량이 모아져야 할 것이다. 그리고 그것은 전혀 다른 차원의 융합 연구들을 할 수 있는 의사들을 키워내는 것과 연관될 것이다.

둘째, 더 엄격한 윤리적 기준을 가지고 움직이는 의사들을 요구할 것이다. 인공지능의 기계적 대응은 그 인공지능의 알고리즘을 만드는 사람들의 엄격한 윤리성이 없으면 매우 위험한 도덕적 해이를 가져올 것이다. 예를 들어 특정 약물의 효과를 과대 해석한 데이터들이 입력되면 이것은 큰 의료적 재난이 될 것이기 때문이다. 따라서 의료윤리에 대한 성찰을 진심으로 할 수 있는 의사들을 키워내는 교육의 새로운 개혁들이 필요할 수밖에 없을 것이다.

셋째, 사회와 인간의 고통에 대한 더 큰 책임의식을 가진 의사들을 키워내는 교육의 도전이 이루어져야 할 것이다. 모든 데이터 분석과 의학적 의료적 판단을 인공지능이 대신 해주면, 그 지시에 따라 하도급처럼 일하는 의사들이 있게 되고, 그렇게 되면, 의사들은 전문가로서의 책임감을 상실하게 될 가능성이 크다. 그것은 이들의 의사로서의 프로페셔널리즘 상실과도 연결이 될 것이다. 결국 의학과 의료의 본질에 대한 이해를 하지 못한 단순한 하급 기술자 역할만을 하면서 살아갈 위험성이 커진다는 것이다. 이런 상황에서 의사의 역할은 의학 자체보다도 인간의 고통에 더 포괄적으로 접근하는 능력을 가진 전문가로 새로 변신되어야 할 부분들이 생길 것이다. 예를 들어 경제력이 없는 국가에서는 인공지능이 아무리 최적의 치료법을 제시하여도 그것을 수행할 수 없을 것이다. 따라서 각 국가나 경제 수준에 따른 최적의 방법을 찾는 것이 인공지능을 통하여 이루어 질 수 있도록 만들어 가는 일은, 새로운 연구 결과를 만들어 내는 것보다 더 중요하고 어려울 수도 있을 것이다. 이것은 의사의 사회적 책임감을 필요로 한다. 그러나 의대생들에게 이러한 근본적 사회적 책임감을 함양하는 교육은 단순한 의과학적 지식을 가르치는 것과는 비교도 안 되게 어려운 일이기에 이것은 향후 미래 의학교육의 중요 과제가 될 것이다.

4. 큰 변화에 따르는 작은 후속 보완들을 유능하게 하여야 한다

연세의대의 큰 변화 방향은 전 세계적 의학교육의 개혁 흐름에 비추어 보았을 때 비교적 정확하게 이루어져 왔다고 할 수 있다. 그러나 그 방향이 맞았다고, 자동적으로 그 실제 운영이 성공적으로 이루어지는 것은 아니다. 방향의 큰 변화는 기존의 방식과 많이 다를 수밖에 없어 실제 도입과 운영에서 크고 작은 많은 과제를 가진다. 그리고 대학은 그러한 과제를 적극적이고도 유능하게 해결해 나가야 한다. 이 과정에서 중요한 것은 세 가지이다. 첫째, 실행상 나타나는 표피적인 크고 작은 문제들과 근본적인 큰 변화 방향 자체의 의미와 중요성을 혼동하지 않고 정확히 인식하는 것이 필요하다. 새로운 시도에서 몇 가지 운영상의 문제가 발생했다고 새로운 시도 자체를 뒤집는 일이 없어야 한다. “No Pain, No Gain” 은 여기서도 당연히 적용되는 원칙이다. 둘째, 예상되거나 이미 발생한 과제들을 해결하기 위하여 의대 교육의 세 주체인 '학장단'–'의학교육 전문가 집단'–'교육에 참여하는 일반 모든 교수'들의 유기적이고도 효율적인 의사소통과 협동이 중요하다. 결국 좋은 교육을 하는 대학은 이 세 집단의 성공적 연계 전통에서 만들어진다. 셋째, 교육 전문성이 증가하여야 한다. 의학 내 각 영역에서도 끊임없이 세분화된 전문성이 극대화되고 있다. 그리고 그것은 의학교육 영역에서도 마찬가지이다. 자신의 상식과 과거 경험, 그리고 감(感)만을 가지고는 다양한 크기와 내용으로 발생하는 교육 관련 과제들을 제대로 해결하기는 어렵다. 따라서 전체 교수들과 의학교육에 좀 더 다양하게 심층적으로 참여하는 교수님들의 의학교육 전문성을 좀 더 키워주기 위한 지속적이고 체계적인 교수개발 프로그램이 더욱 강화되어 그에 대한 효과적인 인센티브 제공 방식이 만들어져야 할 것이다.

5. 통합적 교육을 시킬 수 있도록 하는 교수개발 프로그램의 정밀한 운영이 필요하다

우리는 그동안 학생 교육을 변화시키기 위하여 교육 커리큘럼과 학생들을 바꾸려는 것에 모든 에너지를 쏟아 부었다. 그러나 유감스럽게도, 학생 교육을 변화시키는 본질적인 것은 커리큘럼이나 학생이 아니었다. 그것은 교수였다. 결국 교육은 교수들이 변한 만큼만 변한다. 따라서 교육의 변화를 위한 교수개발 프로그램이 얼마나 체계적이고도 정밀하게 이루어질 수 있냐가 모든 것을 결정한다는 것을 인식할 필요가 있다. 특히 교수개발에서 우리가 노력하여야 할 것은 학생 교육이 기초의학, 임상의학, 인문사회의학의 통합 교육이 이루어질 수 있도록 할 수 있는 교수들을 체계적으로 키워내는 것이라 할 수 있다.

기초의학 교수는 기초의학만 가르치고, 임상의학 교수들은 임상의학만 가르치고, 인문사회의학 교수들은 인문사회의학만 가르친다면, 그 교육은 "죽은 교육"이 된다. 실제 환자는 기초의학적 문제, 임상의학적 문제, 인문사회의학적 문제를 동시에 가지고 의사 앞에 나타나는데, 그것도 그 문제들이 너무도 유기적으로 복잡하게 얽혀서 나타나는데, 정작 학생들은 마치 살아있는 환자가 아닌, 죽은 시신의 잘려져 있는 사지, 몸통, 머리를 받아 공부하고 있는 것과 마찬가지이기 때문이다. 그러나 교수들은 일반적으로 자신이 전공한 내용만을 가르치려 한다. 그래서 진정한 융합도 어렵고 통합도 어려운 것이다. 이것은 기초의학자에게 임상 내용을 전문적으로 공부하라는 것은 아니다. 그러나 임상의사들과 적극적인 융합적 노력을 할 수 있는 시각과 열린 마음, 그리고 협력할 수 있는 능력을 가져야 한다는 것이다. 임상의사들이 인문사회의학적 전문가가 되기는 어려울 수도 있다. 그러나 임상 현장에서의 인문사회의학적 측면의 중요성을 인식하고 그 전문가들과 함께 그 주제에 대한 고민을 하면서 대화하고 협력할 수 있는 시각과 태도, 능력을 가지는 것은 필수적인 것이다.

일반적으로 의과대학에서의 교수개발 프로그램은 세 단계로 이루어진다. 첫째, 모든 교원들을 대상으로 하는 것이다. 대형 강의법, 소규모 강의법, 토론수업 진행법, 시험문제 출제방법, 학생 평가 방법, 학생 상담 방법 등에 대한 것들이 일반적인 교수개발 내용이 될 수 있다. 둘째, 어떤 교육 프로그램이나 교과목의 책임자들을 위한 프로그램이다. 여기서는 교과목 구성 및 운영 방식, 학생 평가 방식 구성 방법, 프로그램 평가, 교수들의 팀워크 리더십 등을 다룰 수 있다. 셋째, 대학의 의학교육 전체 방향과 가치, 철학을 정하고 큰 틀을 만드는 역할을 하여야 하는 리더들을 위한 프로그램이다. 여기서는 세계 의학교육의 동향, 교육 철학과 정신, 대학의 교육 체계 구성을 위한 요소, 최고 리더십 교육 등이 포함될 것이다. 이러한 교수개발 프로그램이 체계적이고도 효과적으로 진행되어 나갈 때, 의학교육은 지속적 발전을 진행할 수 있을 것이다. 결국, 교육은 학생이 아니라 교수에게 달린 일이다. 그런 의미에서 연세의대의 경우, 동곡의학교육원 내에 교수개발센터를 두고 이에 대한 체계적 활동을 하려고 시도하는 것은 미래 의학교육을 위한 준비로서의 의미를 가진다고 할 것이다.

연세의학교육의 미래는 연세의대만을 위한 것이 아닌, 우리나라 40개 의과대학 전체의 교육 미래이기도 하고, 나아가 아시아와 세계 의학교육의 미래이기도 할 것이다. 이미 전국의 40개 의과대학은 그 미래를 위하여 치열한 노력들을 하고 있으며, 그것은 진정으로 마음 든든한 일이기도 하다. 앞으로 더 큰 미래를 위하여 함께 그 일들을 해 나갈 수 있게 되기를 기대한다.

후기

이 글은 연세의대의 세 번째 의학교육 개편으로서 2023년부터 도입된 CDP 2023의 특징을 소개하고, 이에 더해 향후 연세의대가 추구해 나가야 하는 방향에 대해 제언한 것이다. 사회와 환경, 과학기술과 의과학, 그리고 학생과 교수는 끊임없이 변화해 나가기에, 의학교육에 있어 변화란 불가피한 것이기도 하고, 하나의 책무이기도 하고 운명이기도 하다. 때로는 변화에 대응하기도 하고, 때로는 선제적으로 움직여 변화를 유도하기도 하는 의학교육의 변화 역할이 의과대학 내에서 늘 살아 움직이기 기대한다. 연세의대는 이런 의학교육의 변화와 미래 준비를 위한 기구를 별도로 구성하여 활동하고 있다. 다음 18장에서 소개되는 연세동곡의학교육원이 그것이다.

CHAPTER 18

연세동곡의학교육원[1]의 목표와 활동

I 개원의 이유: 미래를 위한 의학교육, 그 시간차 게임

교육은 "미래"를 바라보는 일이다. 오늘 우리 앞에 있는 의대생들과 전공의들을 열심히 가르치는 이유는 이 학생들과 젊은 의사들이 "미래"에 훌륭한 의사로서 활동하기를 바라기 때문이다. 그런 의미에서 의학교육이란 "미래"를 위하여 현재 속에 존재하는 일종의 "시간차 게임"이다.

그런데 그 의학교육은 다시 두 개로 나뉜다. 첫째는, 지금 내 앞에 있는 학생들과 전공의들을 최선을 다하여 가르치는 일이다. 즉 "미래를 위한 현재"에 최선을 다하는 것이다. 둘째는, 아직 내 앞에 나타나지 않은, 미래에 내 앞 또는 내가 하는 학문과 전공 영역 앞에 나타날 학생들과 전공의들이 지금보다 더 나은 교육을 받을 수 있도록, "미래 교육"을 준비하는 것이다. 즉 "미래를 위한 미래"에 최선을 다하는 것이다. 이 둘은 서로 연결되어 있으면서도 완전히 다른 것이다.

1) 연세의대 산하로 2021년 8월 1일에 설립하여 활동에 들어간 미래 의학교육을 위한 전담 기구이다.

지금 현재의 교육을 최고 수준으로 만들기 위하여 노력하는 것이, 지금과는 모든 면에서 완전히 달라질 미래에 이루어질 의학교육의 최고 수준을 보장하는 것은 아니기 때문이다. 이것은 마치 전기차 시대로 접어드는 지금 시대에, 복잡한 내연기관 엔진을 수리하는 법을 최선을 다하여 조수에게 가르치는 자동차 정비 장인의 모순된 모습 속에서 볼 수 있다. 미래의 사회와 의과학 기술, 그리고 의료의 상황 변화에 대하여 의학교육은 끊임없이 예측을 하면서 그에 대한 대응과 준비를 단기, 중기, 장기적 안목에서 철저히 해 나가야 하는 이유가 거기 있는 것이다.

의학교육이 이런 준비 작업을 할 수 있는 방법은 두 가지가 있다. 첫째, “미래” 의학교육을 집중적으로 준비하는 의대 내 기구를 만들어 그 활동을 하는 것이다. 둘째, 그런 조직을 통하여 미래 의학교육을 준비하는 일을 좀 더 집중적이고 전문적이며 지속적으로 할 수 있는 일정 숫자의 교수 집단을 의대 내에 만들고 그들을 지원하고 개발하는 것이다. 의대 모든 교수님들이 의학교육에, 그것도 미래 의학교육 준비에 신경 쓰시고 헌신하기는 어렵더라도, 의대 교수님들 중 일부만은 이 일을 위하여 선도적으로 미리 준비 활동에 들어가야 한다.

현재 의학교육을 담당하여 활동하고 있는 많은 의대 내 조직, 기구들은 우리 앞에 있는 학생들의 교육을 위하여 그 최선을 다하고 있고 자랑스러운 결과들을 만들어 내고 있다. 그 활동들은 매우 중요한 일이며, 앞으로도 변함없이 교육의 큰 축을 담당할 것이다. 그리고 동시에, 미래의 의학교육을 대비하고 준비하는 또 다른 축이 의학교육 내에서 작동하도록 할 필요가 있다. 그래서 이 두 개의 축이 양쪽 날개가 되어 세계 의학교육의 하늘로 비상할 수 있도록 하려는 것이 연세의대에 동곡의학교육원이 만들어진 이유이다.

II 준비와 여정

동곡(東谷) 김건철 장로님과 그 가족들은 2014년부터 2023년까지 총 121억 원을 '동곡사람세움기금'으로 연세의료원에 기부하셨다. 그 중 총 88억 원이 의과대학에 기부되었다. 2019년에 일차로 38억을 기부하실 때 의학교육의 미래를 위하여 사용해달라고 요청하셨다. 이에 따라 기부자의 큰 뜻을 기반으로 동곡의학교육원의 개원 준비 작업에 들어갈 수 있었다. 이후 의학과 의료의 미래를 책임질 인재를 양성하는 교수진을 후원하는 '동곡석좌교수'제도의 설립과 운영을 위해 추가로 50억원을 기부하셨다. 한국의 의학교육 역사상 "의학교육"만을 위하여 이렇게 큰 기금을 의학 교육기관에 기부하신 예는 없었고, 이것은 한국에서 최초의 서양의학 교육기관이자 현재 최고의 의학교육기관으로 존재하고 있는 연세의대에게 또 다른 자극과 격려, 그리고 도전의 "사건"이 되었다.

동곡의학교육원의 구체적인 개원 준비 작업은 2019년 당시 장양수 의대 학장님의 지시로 만들어진 TF(책임자 박용범 당시 교육부학장)를 통하여 시작되었다. 2019년 12월 6일 1차 회의를 시작으로 2020년 6월 22일까지의 총 13차에 걸친 회의를 통하여 동곡의학교육원의 개념 설정, 현재 연세 의학교육이 가진 과제 평가, 향후 동곡의학교육원이 담당할 미래 준비를 위한 사명, 기존 교육 관련 기구들과의 역할 분담 등이 논의되어 그 최종 보고서인 〈연세의대 의학교육원 TFT 보고서〉

가 2020년 7월 2일 의과대학에 제출되었다. 이에 따라 동곡의학교육원 설립안은 2020년 7월 19일 의과대학 상임교수회의를 통과하였다. 그 후 윤동섭 의료원장님과 유대현 전 학장님을 비롯한 의료원 정책회의 구성원들의 신중하고 면밀한 검토 끝에 2021년 7월 30일에 의료원 정책회의를 통과하였고, 동곡의학교육원장과 산하 4개 센터의 센터장 발령이 2021년 8월 1일자로 이루어짐으로써 마침내 동곡의학교육원의 개원이 이루어지게 되었다. 국내에 그 전례가 없는 매우 "특별한" 목적을 가지고 만들어진 의대 내 기구이었기에, 일단 2년간 운영하여 본 후에 정식 직제 조직으로 전환할지 여부를 결정하기로 하면서 동곡의학교육원은 시작되었다. 따라서 2년간은 일종의 Task Force 조직으로 운영이 된 셈이었다. 그러면서 다양하고 열정적인 2년간의 활동이 있었고, 그에 대한 평가가 이루어진 후, 의과대학과 의료원에서는 연세동곡의학교육원을 의과대학의 정식 직제로 만들기로 결정하였고, 2023년 8월 1일자로 재단이사회의 승인을 받아 마침내 연세동곡의학교육원은 의과대학 정식 직제 조직이 되어 2기 활동을 시작하게 되었다. 이 과정에서 윤동섭 의료원장님과 이은직 학장님의 큰 수고가 계셨다.

III 연세동곡의학교육원의 4개 센터와 그 활동

동곡의학교육원은 개원 시 네 개의 산하 센터로 구성되어 시작하여 현재에 이르고 있다.

첫째, 교육개발센터이다. 여기서는 우리 대학 의학교육의 미래 마스터플랜을 준비하고 기획하는 일을 담당한다. 전통적으로 우리 대학에서 교육계획위원회가 담당하여 온 역할을 이어받았다. 우리 대학은 약 10년을 주기로 새로운 의학교육 커리큘럼을 개발하고 도입하여 왔으며, 새 커리큘럼의 도입되는 연도의 숫자를 붙여 그 커리큘럼을 호칭하여 왔다. 이에 따라 그 첫 번째 새로운 CDP가 2004년에 도입되어 CDP 2004가 되었고, 그 이후, CDP 2013이 도입되었으며, 세 번째로 CDP 2023이 3년간의 준비 기간을 통하여 2023년부터 시작되었다. 교육개발센터는 이와 같이 새로운 교육 방향을 설정하고 그것을 현실화시키는 것의 중추적 역할을 한다. 1기 센터장으로는 CDP 2023 사업단의 부단장을 담당하였었던 박용범 교수(내과학교실), 부센터장으로는 조준호 교수(응급의학교실)가 수고하셨고, 2기 센터장으로 임범진 교수(병리학교실), 부센터장으로 어경진 교수(산부인과학교실)가 활동하고 있다.

둘째, 교육평가센터이다. 연세대학교 의과대학은 한국의학교육평가원의 새로운 평가인증 기준인 ASK 2019가 적용된 이후에 국내 의과대학 중 최초로 6년 인증을 획득한 대학이다. 이때 우리 대학이 받은 제안 사항 중 하나는 의과대학에 의학교육을 집행·운영하는 기구와는 별도로 교육의 질을 관리하는 독립적인 교육평가 기구가 필요하다는 것이었다. 교육평가센터는 의과대학 교육과정, 입학에서 졸업까지의 교육의 과정, 학습 환경, 교육 자원, 교육성과 등 의과대학 교육프로그램 전반을 포함하고 있는 평가지표를 개발하였으며, 이를 바탕으로 주기적으로 교육프로그램 평가 활동을 수행함으로써 의학교육의 질을 체계적으로 개선하고, 미래의 의학교육을 준비하는 작업을 해나갈 것이다. 이에 따라 매년 교육프로그램 평가 결과 보고서가 발간되어 보고되고 있다. 1기에 이어 2기에도 센터장으로는 최준용 교수(내과학교실), 부센터장으로는 김혜원 교수(의학교육학교실)가 활동하고 있다.

셋째, 교수개발센터이다. 현재 의학교육의 핵심은 “교수”이며, 미래 의학교육의 핵심도 “교수”이다. 연세의대의 미래, 그리고 연세의학교육의 미래는 모두 “교수”에게 달려 있다. 따라서 교수들이 가지고 있는 뛰어난 잠재력을 얼마나 잘 개발할 수 있도록 지원하는가에 연세의대의 미래가 달려 있다. 교수개발센터는 신임 교수 발령 시점부터 은퇴하는 시점까지의 전 과정에서 주기별로 최선의 맞춤형 교수개발 프로그램을 기획하고, 운영하는 활동을 담당한다. 또한 교수들 사이의 네트워크를 만들어 소속감과 공동 협력 활동의 효율화를 높이는 기능도 하고 있다. 센터장으로는 1기 동안 곽영란 교수(마취통증의학교실), 임범진 교수(병리학교실)가 활동하였고, 2기부터는 강영애 교수(내과학교실)이 활동하고 있다. 부센터장으로는 김도영 교수(피부과학교실)가 1기에 이어 2기에도 활동하고 있다.

넷째, 교육연수센터이다. 연세의학교육은 국내에서 가장 앞선 교육이면서 동시에 가장 혁신적인 의학교육이라는 점에서 전국의 의대 교수들에게 늘 중요한 관심 사항이자 벤치마킹 대상이다. 교육연수센터는 이러한 수요에 대응하기 위해 체계적인 시스템을 구축하여 연세의학의 정신과 교육을 더 널리 퍼져 나가도록 하는 일을 담당한다. 그에 따라 국내 여러 대학들을 대상으로 하는 교육 워크숍 등을 시행하고 있다. 동시에 KOICA 프로젝트 등을 통하여 우리 대학이 대규모로 진행하고 있는 베트남, 우즈베키스탄 등에 대한 해외 의학교육 지원 활동을 기반으로, 교육연수센터는 제3세계의 의학교육 미래 준비를 지원하며, 의학교육을 넘어서서 다양한 학술 분야의 연수 프로그램이 최고 수준에서 이루어질 수 있도록 지원할 것이다. 또한 미래를 준비하는 중요 주제들을 교육연수센터를 기반으로 먼저 지원하는 활동들이 이루어져서, 근거중심의학, 입원의학 등의 활동을 체계적으로 조직화하고 지원하는 활동을 하고 있다. 센터장으로는 1기에 박희남 교수(내과학교실)에 이어 라선영 교수(내과학교실)가 활동을 하여 2기에도 계속 이어 활동하고 있으며, 부센터장으로는 신재일 교수(소아과학교실)가 1기에 이어 2기에도 활동하고 있다.

Ⅳ 미래로, 더 미래로

"최고의 미래 의학교육"은 저절로 이루어지는 것이 아니다. 그것은 반드시 사전에 "준비"되어야 한다. 그런 의미에서 동곡의학교육원의 개원은 연세의학교육 역사에 한 획을 긋는 일이 되었다. 그러나 개원했다는 그 사실 자체로 그 목적이 다 이루어지지는 않을 것이다. 그 안에 들어와 적극적이고 헌신적으로 활동하시는 교수님들이 있어야, 비로소 그 미래 준비는 완성되어 갈 것이다. 그런 의미에서 동곡의학교육원의 설립 시점부터 40여 명의 겸무교원들이 참여하였다는 것은 매우 중요하고 큰 의미를 가지는 일이다. 자신의 원 소속 교실이 있는 교수님들이 동곡의학교육원 겸무교원으로서 각 센터에서 활동하심으로써 연세의학교육의 미래 준비 활동이 실제로 시작되었기 때문이다. 향후 많은 교수님들이 적절한 시점에 겸무교원으로 참여하여, 대학의 미래와 의학교육의 미래를 열어나가는 동곡의학교육원의 활동에 동참하시고 주도하여 주시기를 부탁드린다.

설립하고 나서 단지 만 2년이 지나갔음에도 불구하고, 그사이에 엄청난 변화가 세계와 의학교육계를 휩쓸었다. COVID－19의 안정화로 인하여 3년간 오직 온라인으로 진행되었던 모든 의대 강의 교육은 다시 오프라인 강의로 바뀌었다. 그러나 이것은 단순히 과거로의 회귀를 의미하는 것이 아니라, 온라인 교육을 이미 경험한 학생들과 교수들에게, 새로운 개념과 형태의 오프라인 교육이 이루어져야 함을 보여주는 계기가 되었다. COVID－19 기간 중 매우 제한적으로 조심스럽게 진행되었던 임상실습 교육도, 그 본질과 내용을 다시 생각하게 하면서 재개되었기에, 많은 새로운 과제를 교수들에게 주는 일이 되었다. 그사이에 높은 기능을 가진 Chat－GPT가 상업적으로 일반화되면서, AI를 어떻게 의학과 의학교육에 접목시킬 것인가는 이제 추상적이고 개념적인 질문이 아니라, “당장 오늘” 응답하고 해결하여야 하는 “실제적 과제”가 되었다. 방사능 물질의 해양 투기, 극심해지는 기후온난화와 자연재해, 국제적인 경제적 빈부격차와 그에 따른 보건의료 문제의 양극화, 한국적 상황에서의 의사 정원 및 수급문제, 필수의료의 불안정화, 특정 전공과목들을 기피하는 졸업생들의 진로지도 문제 등은 어떤 의미에서 의학교육의 근간을 흔들고 있다. 그러면서 새로운 코로나 바이러스 변종에 따른 세계적 대유행의 위험은 더 커져만 가고, 그와 같은 새로운 의학적 위협이 인류를 덮치는 것에 대한 의과학적 해답을 주어야 하는 의사과학자들의 책임이 더 막중해지면서, 그런 의사과학자들을 어떻게 양성하고, 그들이 제대로 활동할 수 있도록 생태계를 만들 것인가 등이 의학교육의 현안이 되었다. 이것들은 당장 오늘 의과대학에서 진행되고 있는 의학교육과 거리가 있는 것처럼 보이면서도, 사실은 당장 오늘 어떤 형태로든 강력하게 반영되어야 하는 과제인 것이다.

연세동곡의학교육원이 이런 모든 미래의 도전에 응전하는 책임 있고 전문적이며 지속적인 기구가 되기를 기대한다. 교육원을 통하여 그 수많은 문제들이 제기되고 분석되고, 그에 대한 해결책이 만들어져 미래를 준비할 수 있게 되기를 기대한다. 그래서 연세의대의 그 도전이 아시아와 전 세계의 의학교육 미래에 하나의 모델로서 제시되기를 기대한다. 연세의대와 세브란스는 언제나 "미래"를 향하여 전진하는 그 정신으로 시작되었고, 여기까지 왔으며, 앞으로 더 나아갈 것이기 때문이다.

후기

연세동곡의학교육원은 연세의대 산하로 2021년 8월 1일에 설립되어 활동에 들어간 미래 의학교육을 위한 전담 기구이다. 필자는 개원 시부터 교육원장을 맡아 현재까지 활동하고 있다. 의과대학 내에서 교육 관련 기구가 어떻게 조직되고 운영될 수 있는가를 보여 줄 수 있는 하나의 예로서 여기에 소개하였다. 이 글은 저자가 2021년 8월 1일 교육원을 개원을 하면서 그 개원사로 쓴 글 <연세의학교육의 미래를 향하여 동곡의학교육원이 날개를 펴다>(연세의대 Faculty Magazine, 33권, pp.8-9, 2021) 및 2년 후 정식 직제화되면서 쓴 <정식 직제조직으로 한 단계 더 올라간 동곡의학교육원 2기가 시작되다>(연세의대 Faculty Magazine, 37호, pp.23-27, 2023)의 두 글을 합하여 수정 보완하였다. 의학교육의 현장은 늘 숨 가쁘게 돌아간다. 어떤 의미에서는 단 하루도 바람 잘 날이 없다. 그러나 나무들은 바람 속에서 그 뿌리가 깊어지고 줄기가 굵어지며 꽃이 피고 열매를 맺는다. "흔들리지 않고 피는 꽃이 어디 있으랴?" 도종환 시인의 시 구절이다.

EPILOGUE

나가는 글

내가 지금 알고 있는 것들을 20년 전, 그 본과 시절에 알았더라면

(2001년 2월)

더 치열하게 시간을 보내었으리라.

학생회 활동을 더 열심히 하였으리라.
동아리 활동도 더 열심히 하였으리라.
더 많은 선후배들과 인생을 논하였으리라.
가을 축제 분극의 밤에 더 여러 번 참석하였으리라.

아무리 동아리 활동 등 다른 활동들을 많이 하여도
다른 불필요한 일들을 잘 조절만 한다면
시험공부를 할 시간은 여전히 충분하다는 것을 알고 행동하였으리라.

자신들에게 다가오는 학생들에게 마음을 활짝 열어 놓고 기다리시던,
그러나 지금은 은퇴하신 교수님들과
더 인간적이고 의미 있는 만남을 더 많이 가졌으리라.
그래서 그 분들의 지혜와 지식에서 더 많은 보물을 찾아냈으리라.

외국에 여행 갈 기회가 있다면 결코 놓치지 아니하였으리라.
어차피 공부가 되지 않는 시간에 어리석게 책 앞에 앉아
시간을 죽이지는 않았으리라.

더 철저히 매일 일기를 썼으리라.

마음이 늘 학교 성적에 얽매여는 있으나
성적에서 자유로운 마음을 가져야 하는 순간에는
과감하고 한량없이 자유로워졌으리라.
내가 읽을 대부분의 책은 그 본과 시절에 읽은 것임을 알고
더 열심히 읽었으리라.

결국 나중에 결혼에 이르지는 못하였다 할지라도
나의 삶을 찬란하고 풍성히 만들어 주었던 그 이성의 친구들에게
좀더 따뜻한 배려를 하여 주었으리라.

재시에 걸렸다고 세상이 무너지는 것도,
나의 자존심이 없어지는 것도 아님을 알고
좀 더 당당하였으리라.

의과대학이라는 이 조그만 세계 속에서 내가 배우고 경험한 그것들이
실은 내가 앞으로 이 넓은 세상 속에 살면서 필요로 되는
대부분의 도구라는 것을 알고
좀 더 열심히 이 기간을 보내었으리라.

의대 실습을 돌면서 만난 나의 도움을 필요로 했던
그 환자들과 보호자들에게,
내가 실습 학생이라는 이유만으로 그리 소극적이지만은 아니하였으리라.
의대에 다녀 바쁘다는 이유로
초등학교 때부터의 동창 친구들과 만나는 것에 그리 인색하지는

않았으리라.

의대 기간을 밤새도록 컴퓨터 앞에 마주 앉아 보낸 사람들은
결국 그런 길을,
어떤 기초 연구 결과에 몸을 떨던 그 감동을 즐기던 사람들은
결국 그런 길을 걷게 된다는
그런 단순한 원리를 좀 더 일찍 깊이 생각하였으리라.
그래서 가급적 나의 길을 미리 생각하고 더 적극적으로
나의 미래에 대한 준비를 하였으리라.

성경을 더 철저히 많이 읽고 깊이 공부하였으리라.
그것이 결국 나의 삶을 규정지을 것이라는 것을 인식하면서....
더 많은 시간을 기도하는 훈련에 보냈으리라.
더 많은 사람들과 신앙에 대한 이야기를 나누며 살았으리라.
그것이 결국 그들의 삶에 결정적인 영향을 끼칠 것이라는 것을
예상하면서.

자식을 자랑스러워하는 아버지와 더 많은 이야기를 하며 지내었으리라.
바쁜 의대생 자식의 따뜻한 말 한마디를 그리워하는 어머니에게
그런 말을 조금은 더하였으리라.
의대생으로서의 나의 어려움과 고생을 이해하지 못하는 가족들에게
그리 많이 실망하지는 않았으리라.

시험공부가 아닌, 내가 정말 관심 있는 의학 영역에 대한
더 깊은 공부에
며칠 밤쯤을 더 지새웠으리라.

결국 의대시험 공부는 가장 중요한 것부터 순서대로 해 나가는 것이
가장 효과적이라는 것을 좀 더 일찍 깨달았으리라.
족보를 쫓아다니던 그 초라하고 불안한 눈을 덜 두리번거렸으리라.
나의 친구들에게 어쩌다 구한 족보를 더 많이 일찍 가르쳐 주었으리라.
일단 치고 난 시험의 결과는 다 잊어버려도
전체적인 의대 생활에는 큰 지장이 없음을 좀 더 일찍 깨달았으리라.

학교 성적이 나를 규정하는 것이 아니라
내 마음속에 있는 꿈과 그것을 향해 꾸준히 걸을 수 있는
나의 성실함이
나를 규정한다는 것을 알고 좀 더 침착했으리라.

결국 인간관계란 술 잘 마시는 것에 달린 것이 아니라
한 인간의 진실성에 달려 있다는 것을 좀 더 일찍 깨달았으리라.

성탄절 다음 날 시험이 있더라도
성탄절에는 좀 더 의미 있고 풍요롭게 남에게 베푸는 시간을
2시간만은 마련하였으리라.

나의 본과 시절에는 특성화 선택과정이 없었지만,
나 스스로라도 그런 시간을 만들어 즐겼으리라.

아무리 어려운 상황에서라도 나의 도움을 필요로 하는 후배에게
좀 더 기꺼이 시간을 내어주었으리라.
사이가 나빠진 기숙사의 같은 방 사람에게 먼저 말을 걸었으리라.

결국 4년의 의과대학 시계는 거꾸로 달아도 그렇게 흘러가는 것임을

알았으리라.

그리고 그 시간이 우리의 예상이나 기대만큼 결코 그리 길지 않음을 예측하였으리라.

많은 긴장과 스트레스에 가득 찬 이 의대의 기간이
실은 내 삶에 있어 가장 찬란한 기간이며,
이 기간 동안 나는 어떠한 모습으로든지 완성된다는 것을
내가 20년 전 알았더라면.

그리고 무엇보다도 20년 후 내가 이런 글을 쓰게 될 줄 알았더라면.

나는 좀 더 다른 의대 4년간을 보내었으리라.
20년 전에 이것들을 알았더라면.

하지만
이제 나는 안다.

다시 20년 뒤에 나는 오늘을 기억하면서
다시 그 후 지나간 20년에 대한 이야기도
이와 같이 하게 될 것이라는 것을.

그것을 준비하는 것이 지금의 삶이라는 것을.

📖 후기

이 글은 2001년 2월 필자가 그해 본과 진입생들을 대상으로 하는 오리엔테이션 프로그램 준비를 하며 쓴 것이다. 학생들에게 본과 생활에 대한 안내와 지도를 좀 더 재미있고 인상적으로 하기 위하여 당시 인기를 끌고 있던 류시화 시인이 편집하였던 <지금 알고 있는 것을 그때도 알았더라면>이라는 시집에 나오는 시의 제목과 형식을 빌려 패러디하여 쓴 것이다. 이 글은 이 책의 1판에도 실었었다.

1981년에 의대 본과를 진입하였던 저자였기에, 이 글을 쓸 당시가 정말로 저자에게는 20년 전 본과 이야기를 쓰는 것이었다. 원래는 그 한 번의 교육을 위하여 썼고 학생들에게 글을 나누어주면서 끝난 것이었기에, 그 후 필자는 이 글을 잊고 있었다. 그런데 얼마 지나지 않아 이 글을 잘 보았다는 다른 의과대학의 학생들, 의사들의 인사를 받기 시작하였다. 내가 알지 못하였던 다양한 인터넷 블로그 등에서 이 글을 보았다는 것이었다. 정말로, 그리고 과분하게도, 당시 이 글은 많은 블로그에서 사용되었고, 전국의 의예과 및 의과대학, 의전원 학생들에게 꽤 유명한 글이 되어 버렸다. 어떤 학생들은 필자를 '그 글의 저자'로서만 알고 있는 신기한 경험도 하게 되면서 짧은 글이 가지고 있는 힘을 실감하기도 하였었다.

이제, 글의 말미에 언급하였던 20년 후의 글을 써야 했던 시기에서 또 다시 20년도 훌쩍 넘긴 시점이 되었다. 필자에게 이 글로 교육 받았던 본과 진입생들은 이제 다 중년의 의사들이 되어 버렸다. 이미 의대를 졸업한 지 40년이 지나간 필자로서, 이 글은 하나의 추억이고, 동시에 의학교육을 담당하며 살아온 삶에서 학생들과 같이 호흡하기 원하였던 그 초심을 기억하게 하는 글이기도 하다. 오늘도 어려운 여건 가운데서 의학교육을 위하여 정성스레 의대생들 앞에 서시는 전국의 모든 의대교수님들께 이 글을 바치면서 책을 마친다.

INDEX

찾아보기

저자소개

전우택

저자 전우택은 현재 연세대학교 의과대학 의학교육학교실 교수 겸 연세동곡의학교육원 원장이며, 한국의학교육학회장을 역임하였다.

1985년 연세의대를 졸업하였다. 1989년 정신건강의학 전문의 자격, 1994년 연세대학교에서 의사박사학위(정신의학)를 취득하였다. 1994년부터 연세의대 정신건강의학과에서 교수 생활을 시작하였고, 1997년부터 1999년까지 미국 하버드 의과대학 사회의학과(Department of Social Medicine)와 하버드 난민 프로그램(Harvard Program of Refugee)에서 fellow로 활동하였다. 정신과 영역에서는 주로 사회정신의학 영역에서 연구를 하여 탈북자, 난민, 사회적 트라우마, 북한과 통일에 대한 연구들을 하였으며, 한국자살예방협회 이사장, 통일보건의료학회 이사장, 대통령 직속 통일준비위원회 민간위원, 한반도평화연구원 원장 등을 역임하였고, 현재는 통일부 통일미래기획위원회 위원으로 활동하고 있다.

2005년부터는 연세의대 의학교육학과로 소속을 옮겨 의학교육학과 교수 및 학과장으로 활동하면서 정신과학교실 및 인문사회의학교실 겸무교수로 있어왔다. 의학교육 학술지인 <의학교육논단>의 편집인 및 대한의학회 교육이사, 한국의학교육학회 의학교육지원단(MERCI) 단장 등을 역임하였다.

통일 관련 대표저서로는 <사람의 통일을 위하여>(단독, 2000), <사람의 통일, 땅의 통일>(단독, 2007), <웰컴 투 코리아>(공동저자, 2006), <통일 실험, 그 7년>(대표편저자, 2010), <통일에 대한 기독교적 성찰>(대표편저자, 2015), <평화에 대한 기독교적 성찰>(대표편저자, 2016), <트라우마와 사회치유>(대표편저자, 2019), <한반도 건강공동체 준비>(대표편저자, 2019, 2021), <평화와 반평화>(대표편저자, 2021), <통일보건의료의 미래>(대표편저자, 2023) 등이 있다. 의학교육 관련 대표저서로는 <사회의학 연구방법론>(단독, 1999), <의료의 문화사회학>(대표편저자, 2002), <의학적 상상력의 힘>(대표편저자, 2010), <인문사회의학>(대표편저자, 2010), <예비의료인을 위한 진로선택 가이드북>(대표편저자, 2006, 2014), <의학교육의 미래>(1판, 단독, 2016) 등이 있다. 의료선교 관련 저서로 <의교선교학>(대표편저자, 2004), <땅 끝의 아침>(대표편저자, 2007) 등이 있고, 그 외 <정신의학과 기독교>(대표편저자, 2020)가 있다.

제2판
의학교육의 미래

초판발행 2016년 1월 30일
제2판발행 2024년 3월 1일
제2판2쇄발행 2024년 4월 1일

지은이 전우택
펴낸이 노 현

편 집 전채린
기획/마케팅 조성호
표지디자인 이은지
제 작 고철민·조영환

펴낸곳 ㈜ 피와이메이트
서울특별시 금천구 가산디지털2로 53 한라시그마밸리 210호(가산동)
등록 2014. 2. 12. 제2018-000080호
전 화 02)733-6771
f a x 02)736-4818
e-mail pys@pybook.co.kr
homepage www.pybook.co.kr
ISBN 979-11-6519-987-6 03370

정 가 15,000원